suhrkamp taschenbuch 628

Georg W. Alsheimer, Pseudonym für Erich Wulff, geb. 6. 11. 1926 in Reval, Professor für Sozialpsychiatrie und Mitdirektor der psychiatrischen Klinik an der Medizinischen Hochschule Hannover. 1961-1967 ärztliche und Lehrtätigkeit an der Universität Hué/Südvietnam, erlebt dort die Amerikanisierung des Krieges und engagiert sich zunehmend für den »Viet Cong«. Veröffentlicht diese Erfahrungen in *Vietnamesische Lehrjahre* (1968, 1972 st 73). Sagt vor dem Russell-Tribunal aus (1967), wird Mitglied der Internationalen Kommission zur Untersuchung der US-Kriegsverbrechen in Indochina (1971) und des Weltfriedensrates, Sprecher des »Antiimperialistischen Solidaritätskomitees mit Afrika, Asien und Lateinamerika« (1973) und Vorsitzender der »Gesellschaft für die Freundschaft zwischen den Völkern in der Sozialistischen Republik Vietnam und der Bundesrepublik Deutschland« (1976). Zwei Reisen in die Demokratische Republik Vietnam (Nordvietnam), 1970 und 1972.
Zahlreiche Veröffentlichungen auf dem Gebiet der Ethnopsychiatrie, der Sozialpsychiatrie und über Vietnam, vor allem in der Zeitschrift *Das Argument* (West-Berlin) und in seinem 1972 erschienenen Buch *Psychiatrie und Klassengesellschaft* (Athenäum-Verlag, Kronberg/Ts.).
Alsheimer kehrt in seine »Wahlheimat« zurück. Ein großer Teil der 68er Generation, für die Vietnam die Schlüsselerfahrung wurde wie 30 Jahre zuvor für viele der Spanienkrieg, wandte sich von Vietnam ab. Das Wiedersehen besonders mit Saigon, dem heutigen Ho Chi Minh-Stadt, ist zunächst angsterregend und gespenstisch. Die Narben des amerikanischen Alptraums sind noch allgegenwärtig. Nur wenige seiner Freunde von einst bekommt er zu sehen und auch nur in Gegenwart eines Schattens, der ihm überallhin folgt. So gerät die Konfrontation des Damals mit dem Heute zunächst zu einem Horrortrip, einem Verfolgungswahn. Alsheimer fürchtet sogar, verhaftet zu werden, weil er zuviel gesehen hat. Erst in Hué und Danang, wo einige seiner Freunde, frühere Viet Cong, ihm mehr Vertrauen schenken, kann er das Damals mit dem Heute verknüpfen, durchschaut aber auch die wahnerzeugende Logik des Verdachts, erkennt, was daran Angst ist, was Wirklichkeit. In dieser Krise seines politischen Credos verwandeln sich die gläubigen Visionen in einen gemäßigten, kritischen Optimismus. Den Prozeß, der zu dieser Einsicht führte, protokolliert Alsheimer in diesem Reisetagebuch, auch die Mühe und den Schmerz der Erinnerung – und das Neue, den Fortschritt, den er ebenfalls in Vietnam sah. Er mußte sprechen: denn Schweigen über Schwächen und Gefahren aus vorgeblicher Solidarität ist selbstzerstörerisch und schadet nur. So entstand ein aufregender Bericht.

Georg W. Alsheimer

Eine Reise nach Vietnam

Suhrkamp

suhrkamp taschenbuch 628
Zweite Auflage, 9.-15. Tausend 1980

Satz: LibroSatz, Kriftel
Druck: Georg Wagner, Nördlingen
Printed in Germany
Umschlag nach Entwürfen von
Willy Fleckhaus und Rolf Staudt.

Eine Reise nach Vietnam

Gebrauchsanweisung für verschreckte Leser

Dies Buch ist eine Liebeserklärung: an das Vietnam der Befreiung, an das befreite Vietnam. Eine etwas ungewöhnliche Liebeserklärung, gewiß. Ich mache sie, indem ich alles, was ich auf meiner Reise dorthin sah, alles was ich dabei empfand, hier sage, nichts verleugne, nichts zu beschönigen suche. Die rosaroten Schleier der Verliebtheit mußten dazu fallen, wie stets, wenn Verliebtheit in ein engeres Zusammenleben münden soll. Das war schmerzlich, führte mich in eine Krise. Übrig geblieben ist eine unerschütterliche Zuneigung, die nun auch Schwächen und Gefahren sehen kann, ohne daran zu zerbrechen. So ist es wenigstens bei mir. Ich hoffe aber, das beruht auf Gegenseitigkeit.

Die Krise, die den schönen Schein verscheuchte, zog mir zunächst den Boden unter den Füßen weg und setzte an die Stelle der Ansichtspostkartenwelt ein Gewirr von unüberprüfbaren Mutmaßungen, gemischt aus Wirklichkeitsfragmenten und meinem mitgeschleppten Angst- und Vorurteilsgepäck. Das Ergebnis war ein Verfolgungswahn, ein Horrortrip in buchstäblichem Sinne. Erst am Ende dieser Reise, aber noch immer unterwegs, fand ich wieder ein Stückchen festen Grunds. Auf dem stehe ich jetzt. Diesen Prozeß: – und die objektiven Voraussetzungen dazu, die ich in Vietnam antraf – protokolliere ich in diesem Reisetagebuch. Freilich nicht nur das allein: auch das Glück, die Mühe und den Schmerz der Erinnerung, nach so viel Jahren. Und das Neue, das ich sah. Der Kopf, man braucht ihn dazu ständig, und wie! genügt gleichwohl zum Lesen nicht – wie er auch zum Aufschreiben nicht ausreichte. Man muß mit auf die Reise gehen. Nach vorn, in die Zukunft geht sie: zugleich aber auch zurück, in die eigene Erinnerung, nach draußen um die halbe Welt, zugleich aber auch nach innen, zu den eigenen Ängsten, Wünschen, Illusionen. Ihr Ziel ist vorläufig und immer noch: Hoffnung.

Jeder, der dieses Buch liest und nicht mit von der Partie ist, wird Haare in der Suppe finden, viele Haare. Subjektivismus, ausgekotzter Seelenschleim, gekränkte Eitelkeit, Verrat an der Sache Vietnams, die uns heilig ist, Heuchler, Naivling, dieser auch von selbst reportierten Tatsachen noch immer unbelehrbare Utopist. Die Reihe ließ sich beliebig fortsetzen. Solche Einwände sind von allen Daheimgebliebenen zu erwarten: ob sie nun für die Sache Vietnams sind oder dagegen. Die einen verteidigen die auf dieser Reise in sich zusammengefallene Ansichtskartenwirklichkeit: sie können ohne sie nicht leben. Die andern lachen zwar höhnisch darüber: haben aber an ihrer statt eine eigene, andere. Ich setze sie nicht gleich: die einen bleiben meine Freunde, die andern meine Gegner.

War diese Reise nötig? Gehört ihr Protokoll an die Öffentlichkeit? Ich weiß, man wird es ausschlachten, vor allem meine und Vietnams Gegner werden es tun (sie wären bescheuert, wenn sie es nicht versuchten.) Dagegen kann ich mich nur dadurch wehren, daß ich ihnen schon hier erkläre: jedes herausgeschnittene Zitat, ja jede einzelne Szene, auf die sie sich berufen, ist eine Lüge, stammt nicht von mir. Wahr werden sie alle erst als Stationen dieser Reise. Nein, das ist keine dialektische Spitzfindigkeit, nur Sachlogik, d. h. einfacher Menschenverstand. Um in ihrer (der Ausschlachter) Vokabular zu bleiben: was sagt eine abgehangene Rehkeule wohl über das Leben dieser Gattung aus? Absurd? Was hat das eine mit dem anderen zu tun? Eben nichts (quod erat demonstrandum). Wer sich von solchen Tricks noch immer hinters Licht führen läßt, dem kann auch ich nicht helfen – für den fühle ich mich allerdings mit diesem Buch auch nicht mehr verantwortlich.

Ernster zu nehmen ist die Sorge, Menschen zu schaden, die in diesem Buch vorkommen. Ich hoffe – ja ich bin überzeugt davon – daß sie nicht gerechtfertigt ist. Denn an der Loyalität dieser Menschen zu ihrem Land und zu ihrer Regierung besteht für mich kein Zweifel. Nicht trotz, gerade wegen der solidarischen Kritik, die sie zu mir geäußert haben. Einige von ihnen haben mich selbst darum gebeten, ihre Äußerungen, auch die kritischen, der Öffentlichkeit zugänglich zu machen. So mußte ich diesmal nur wenige Namen verändern, anders als in den »Vietnamesischen Lehrjahren«, in denen viele Menschen, die hier unter ihrem richtigen Namen auftreten, noch mit Pseudonym beschrieben sind. Auch das ist ein Vertrauensbeweis für das neue, sozialistische Vietnam. Ein Namensverzeichnis, das auch die überflüssig gewordenen Pseudonyme aus den Vietnamesischen Lehrjahren in Klammern hinzufügt, soll es dem Leser erleichtern, die Personen beider Bücher aufzufinden.

Es gibt also kaum Gründe dafür, dieses Reisetagebuch nicht zu veröffentlichen. Aber es gibt auch Gründe dafür, es zu tun? Ja. Zunächst einen ganz persönlichen: behielte ich für mich, was ich auf dieser Reise gelernt habe – und wie sie mich verändert hat –, so könnte ich das Gefühl nicht loswerden, daß ich meine vietnamesischen Freunde belüge – und auch die Freunde, mit denen zusammen ich hier in der BRD in der Solidaritätsarbeit engagiert bin. Auch würde ich an diesen Erfahrungen, wenn ich sie nicht aus mir herausbrächte, ersticken. Zum anderen aber glaube ich, daß – auf lange Sicht – kein Engagement sich auf eine Schein- oder Wunschwelt gründen kann. Viele junge Menschen sind heute des politischen Engagements müde – oder sie finden gar nicht mehr dort hin. Sie wenden sich nur noch sich selber zu, ihren innersten Gefühlen und Empfindungen, die sie als Gegensatz zur veräußerlichten (und für sie deshalb schon verlogenen) Welt der Politik verstehen. Bestenfalls engagieren sie sich für ihr eigenes Seelenheil (wie in den Jugendsekten), oder für greifbare Probleme ihrer nächsten Umgebung, (wie in den verschiedenen Bürgerinitiativen). Wie früher das am weitesten entfernte (Cuba, Chile, China, Vietnam) so soll es jetzt das nächstliegende sein. Ich glaube nicht an eine solche Pendelbewegung als ein Naturgesetz. Man müßte die Gründe dafür suchen. Liegen diese nicht auch darin, daß viele junge Menschen sich betrogen fühlen, ja auch von uns, die wir ihnen – und uns selber – nicht das wirkliche Cuba, China, Vietnam vorgesetzt haben, sondern eben Heldengemälde oder eine rosafarbene Ansichtskartenwelt, die wir für die schon erreichte Wirklichkeit ausgaben: zu schön, zu grandios, zu tugendhaft bescheiden, um ganz wahr zu sein ... Sie hatten keine Möglichkeit, irgend etwas daran zu überprüfen, es zum Bestandteil ihrer Alltagswelt zu machen. Sie konnten es nur en bloc glauben – oder verwerfen. Und wenn sie des Glaubens müde wurden – oder ihn nicht aufrecht erhalten konnten, weil auf lange Sicht zuviel Informationen ihm widersprachen (vielleicht auch nur böswillige Gerüchte, von denen doch etwas hängen blieb) –, dann verwarfen sie eben alles. Sie kümmerten sich nur noch um sich selber – oder um Dinge, die sie anfassen und sehen konnten,

schon um nicht noch einmal einer Chimäre aufzusitzen. Dieser Rückzug hätte vielleicht verhindert werden können, wären sie – und wir mit ihnen – schon früher auf eine Reise gegangen, die unsere Utopien auf die Probe stellte: sie geschieden hätte in einen realen Kern, um den es immer noch zu kämpfen lohnt, in das, was fehlgelaufen ist, und in das schließlich, was noch zu tun übrigbleibt, um das Gewünschte zu erreichen: in Wirklichkeit, Plan und Hoffnung. Heldengemälde und Ansichtspostkarten können wir nur noch bewundern: sonst brauchen sie uns nicht, wir können uns in sie nicht einbringen. Hoffnung, Plan und Wirklichkeit aber haben wieder mit uns zu tun, sie sind nichts äußerliches mehr, wenn wir sie selbst – in uns, in unserer eigenen Utopie, geschieden und damit erst zu sich, zu uns befreit haben: als gleich notwendige, aber auch notwendig voneinander unterscheidbare Triebkräfte unseres Handelns. Vielleicht ist es dazu noch nicht zu spät, vielleicht finden dann auch wieder mehr Menschen zu dieser – ich hoffe es, hier etwas konkreter gewordenen – Utopie: Vietnam.
Deshalb, Gute Reise, Freunde!

Ich soll also wieder nach Vietnam. Die 7. Präsidiumssitzung der AAPSO, der afro-asiatischen Organisation für Völkersolidarität, zu der ich als Sprecher des Antiimperialistischen Solidaritätskomitees in der BRD eingeladen bin, findet im Januar 1979 in Hanoi statt. Natürlich möchte ich hinfahren, aber nicht nur für die drei Konferenztage und nicht nur nach Hanoi, sondern auch nach Hué, nach Saigon. Ich möchte Tuong wiedersehen: – sein Bild, wie er 1966, als Soldat der Befreiungsfront in den Bergen um Hué Nachtwache hält, hängt in meinem Zimmer. Und Dinh Cuong, der es gemalt hat. Buu Y, der Brecht-Liebhaber aus kaiserlichem Haus – er war der Dritte in diesem Freundeskreis; auch Trinh Cong Son gehörte dazu, dessen Protestlieder gegen den Krieg ich 1967 in die BRD mitbrachte, und Phan, Tuongs Bruder – damals der konsequenteste der Huéer Revolutionäre.

Xuan Que, meine Studentin, die zwei Jahre im Gefängnis war: jetzt soll sie Präsidentin der Huéer Frauenvereinigung sein, Triet, den Medizinstudenten, der damals mit ihr für die Befreiungsfront zusammengearbeitet hat. Und Le van Bach und Vo van Dai, die Kollegen vom Huéer Krankenhaus und der medizinischen Fakultät. Nguyen van Trung und Nguyen ngoc Lan, meine linkskatholischen Freunde in Saigon, deren Kampagne für die politischen Gefangenen Anfang der siebziger Jahre die Weltöffentlichkeit alarmiert hatte. Und schließlich Nghi: er war Ministerialbeamter des Saigoner Regimes und zugleich illegaler Kader der Befreiungsfront. 1968 ging er ins Maquis und heiratete dort Quynh-Hoa, Gesundheitsministerin der provisorischen revolutionären Regierung.

Was habe ich zu Que und zu Triet, den zwei Medizinstudenten der Befreiungsfront, gesagt, wenige Tage bevor ich Hué im November 1967 verließ? Daß ich gleich nach der Befreiung zurückkommen werde. Warum hat es solange gedauert?

30. 4. 1975. Duong van Minhs Kapitulation, das Ende des Krieges, die vollständige Befreiung Vietnams: ich war in Paris. Als das Radio morgens gegen 10 Uhr diese Nachrichten durchgab, mochte ich noch nicht daran glauben. Knapp 10 Tage zuvor hatten Thieus Truppen in Xuan Loc noch die von

den Amerikanern frisch gelieferten Erstickungsbomben eingesetzt. Und jetzt war der Sieg vollständig, endgültig. Am nächsten Tag marschierten Edith und ich mitten unter Hunderten von Vietnamesen in der großen Pariser Mai-Demonstration. Die vietnamesische Fahne trug ein sehr alter von der Last seiner Jahre gebeugter Mann, er mußte von zwei jungen Landsleuten gestützt werden, aber er hielt durch, den ganzen Weg von Nation über die Bastille bis zur Republique. Wir hüpften, tanzten, sangen. Später hörte ich, mein Freund Huan, der von Thieu aus dem Amt gejagte frühere Rektor der Huéer Universität, sei in Minhs Kapitulationskabinett, das 2 Tage amtierte, Vize-Premier und Verteidigungsminister gewesen. Phuong, seine Frau, die schwanger war, und seine beiden Kinder hatte er in den letzten Kriegstagen in die USA geschickt. Ein paar Monate später kam er ins Umerziehungslager. Dort ist er noch heute, drei Jahre nach dem Sieg.

Habe ich genug für ihn getan: Wir waren Freunde, eine Zeitlang fast Brüder. Dann trennten sich unsere Wege. Ich arbeitete für die Befreiungsfront, er glaubte noch immer an eine Zwischenlösung, an einen Kompromißfrieden mit Hilfe amerikanischer Waffen, aus dem die Buddhisten als stärkste politische Kraft und die Kommunisten (für ihn) schlimmstenfalls als Juniorpartner hervorgehen sollten. 1972 hatten wir uns zuletzt getroffen, in Würzburg bei Rupprecht und Barbara, meinen Huéer Kumpanen aus dem ersten Jahr (1961/62) während der Tage, als die Frühjahrsoffensive der Befreiungsfront seine Illusionen, die Kommunisten seien diesmal wirklich besiegt, wieder einmal zunichte gemacht hatte. Er war damals Senator der von Vu van Mau angeführten buddhistischen Opposition, die Thieu verjagen, aber mit der Befreiungsfront nicht zusammenarbeiten wollte, sondern allenfalls aus einer Position militärischer Stärke heraus mit ihr über eine Koalition verhandeln.

Irgendwann, spätestens nach dem Fall Hués und Danangs Ende März 1975, muß auch Huan eingesehen haben, daß dies Ziel nicht erreichbar war. Warum ist er dann aber geblieben? Wollte er nur dazu beitragen, daß unnützes Blutvergießen vermieden wird? Oder hoffte er zuletzt auf eine Koalition der Kommunisten mit der »Dritten Kraft«, wie sie das Pariser Abkommen vorsah? Auf alle Fälle hat er sich nicht zu den

Amerikanern in Sicherheit gebracht. Daß er ins Umerziehungslager müsse, hat er sicher nicht geglaubt. Und ich bin die ganzen Jahre über ein Gefühl der Schuld nicht losgeworden, daß ich ihm das eingebrockt habe: durch die »Vietnamesischen Lehrjahre«, aber auch durch die Solidaritätsarbeit, die – zieht man ihre weltweite Bilanz – zum Sieg der Befreiungsfront und der Demokratischen Republik Vietnam beigetragen hat. Ein Schuß Größenwahn liegt in diesem Schuldgefühl, ich weiß es, und doch kann ich es nicht ganz abschütteln. Wie viele Male habe ich mir gesagt, ich müsse hinfahren, mit Pham van Dong, dem vietnamesischen Ministerpräsidenten, über Huan reden, wenn es nicht anders geht, seine Freilassung als Gegenleistung für mein jahrelanges Engagement fordern. Ich habe es nicht getan, sondern mich nur bei der vietnamesischen Botschaft nach seinem Schicksal erkundigt.

So bin ich voll freudiger Spannung, die aber gemischt ist mit Sorge, mit Angst. Wie sieht das geeinte, sozialistische Vietnam aus, für das ich seit 1964 gearbeitet habe, ist es für den Menschen dort, wenn auch noch lange nicht, was sie sich wünschen, so doch noch immer eine Hoffnung? Oder habe ich dazu beigetragen, daß ein Vorhang sich geschlossen hat, hinter dem nun Angst, Mißtrauen, Verdächtigungen, Denunziationen regieren: Vielleicht habe ich 1970 und 1972 im Norden nur nichts davon gesehen, weil ich – außer den Leuten, mit denen man mich offiziell zusammengebracht hat – niemanden persönlich kannte? Bei dieser Reise, die mich zu alten Freunden, vertrauten Stätten führt, werde ich erfahren müssen, wie es um Vietnam heute steht. Die Wahrheit wird in mich eindringen, selbst wenn ich Augen und Ohren vor ihr verschließe: durch die Poren der Haut.

Bei der Mitgliederversammlung unserer Freundschaftsgesellschaft mit Vietnam, Mitte November in Bonn, spreche ich mit Nguyen Trung, dem Stellvertreter des Botschafters. Ich sage ihm, daß ich nach Hué möchte, nach Saigon. Daß ich meine frühere Arbeitsstelle, die medizinische Fakultät, wiedersehen will, und meine persönlichen Freunde. Wenige Tage vor Weihnachten bekomme ich endlich die Zusage: eine schriftliche Einladung der vietnamesischen Regierung für einen fünftägigen Informationsbesuch nach der Konferenz. Ich bin zu erregt, um noch zu fragen, warum es nur fünf Tage sein dürfen.

Am Sonntag, dem 8. Januar, morgens um 11, fliege ich von Hannover nach Berlin. Klirrender Frost hält beide Teile Deutschlands in seinem Griff. Mit Wolf Haug gehe ich durch den verschneiten Grunewald: auf einem kleinen, zugefrorenen See tummeln sich die Menschen, auf Schlittschuhen, auf Schlitten, zu Fuß, angetan mit bunten Wollmützen, Pullovern, Schals: von weitem lauter kleine, bewegliche Farbflecke auf weißblauem Grund, eine Breughelsche Idylle. Ich sage Wolf, daß ich in Vietnam auch unangenehme Fragen stellen möchte: nach den Umerziehungslagern, nach den verhafteten Buddhisten, nach Thich Thien Minhs Tod im Gefängnis, nach Huan. Wie meist in politischen Grundsatzfragen sind wir uns einig, unsere Haltung Vietnam gegenüber, ebenso wie gegenüber den sozialistischen Ländern und der DDR und der DKP müsse kritische Solidarität sein. So schwer diese Haltung uns Vietnam gegenüber fällt, das über Jahre Symbol unserer Hoffnung auf eine bessere Welt war: den Kommunisten der Sowjetunion, der DDR gegenüber haben wir sie in den letzten Jahren schon praktiziert. Ist der Vorwurf, der uns danach gemacht wurde, gerechtfertigt, daß diese Kritik, so berechtigt und notwendig sie von der Sache her sein mag, auch dem für bürgerliche Intellektuelle typischen Opportunismus entspringt, hervorgerufen durch das allgemeine Klima des Roll Back, der Rechtsentwicklung? Wollen wir uns wieder als Avantgarde der jeweilig herrschenden Bewußtseins-Entwicklung profilieren? Ich schiebe diese Frage, die sich mir bei der Einbeziehung Vietnams in unser Konzept der kritischen Solidarität sehr aufdringlich stellt, rasch beiseite.

Nach einigen Mühen gelingt es uns, den Grenzübergang ausfindig zu machen, an dem mein Transit-Visum für Berlin-Schönefeld liegt. Ich verabschiede mich von Wolf in der schneidenden Kälte, ein Flughafen-Minibus bringt mich direkt zum Wartesaal der AAPSO-Delegation. Dort ist es angenehm warm, es gibt einen Cognac, nach und nach treffen die Delegierten ein. Etwa 15 sollen es sein, die mit dieser Maschine von Berlin nach Hanoi fliegen. Gustavo ist dabei, der frühere Generalsekretär der Sozialistischen Jugend Chiles, den ich seit langem – flüchtig – kenne, und eine Landsmännin von ihm von der KPC, eine Kubanerin, eine Finnin, zwei Mongolen und vier Mitglieder der DDR-Delegation.

Der Generalsekretär des DDR-Solidaritätskomitees, Kurt Krüger, verläßt den Wartesaal für einen Augenblick und kommt ganz aufgeregt wieder, er hat gerade erfahren, daß das Pol Pot-Regime gestürzt und Phnom Penh in die Hände der Nationalen Einheitsfront zur Rettung Kampucheas gefallen ist. Wir trinken darauf, sind beruhigt, glücklich: Vietnam droht kein Zweifrontenkrieg mehr, und das Morden in Kampuchea hat endlich ein Ende gefunden. Dennoch spüre ich einen leisen, unvernünftigen Schmerz, als wenn ich etwas verloren hätte, was mir unbegreiflicherweise nahesteht, ja ein Stück meiner selbst ist. Was ist es? Hat dieses Regime trotz seiner Untaten eine Utopie der Reinheit, der Absolutheit und Kompromißlosigkeit, des »neuen Menschen« für mich symbolisiert? Das Unmögliche? Eine absurde Hoffnung? Die Faszination von Auferstehung und Tod? Viva la muerte? Bin auch ich anfällig dafür? Liegt unter dem Schutt von 1945 noch ein unbewältigter Rest Faschismus in meinen Ängsten und Wünschen begraben? Ich dränge diese Gedanken weit weg. Phnom Penh ist frei, und bald ganz Kampuchea. Die Menschen können aufatmen, und ich tue es mit ihnen. Aber die Erregung, die mich erfaßt hat und mir beinahe Tränen in die Augen treibt, wäre nicht so intensiv, wenn sie nicht auch verbotene Wünsche zum Schweigen bringen müßte.

Abflug. Mit Claude Gatignon, vom französischen Afrika-Komitee, finde ich Platz in einer kleinen komfortablen Kabine mit 1. Klasse-Sesseln. Die »richtige« 1. Klasse, mit Kaviar, Hummercocktails und Champagner, liegt vorne, hinter uns der Raum mit dem Rest der Passagiere. In der »richtigen« 1. Klasse sitzt der Präsident des DDR-Solidaritätskomitees, Kurt Seibt.

Claude, früherer Metallarbeiter, ist jetzt »maire adjoint« stellvertretender Bürgermeister, von Argenteuil, einem Pariser Vorort, er war im Oktober schon in Hanoi und Saigon, zur Vorbereitung unseres »Präsidiums«. Er ist direkt, gescheit, feinfühlig. Nur daß er keine Fremdsprache spricht, verrät, daß er kein Intellektueller ist, daß er seine Kultur nicht in die Wiege gelegt bekam, sondern erarbeiten und erkämpfen mußte. Er erzählte mir von den Schwierigkeiten der Vietnamesen, von den Härten der gegenwärtig laufenden Kampagne zur sozialistischen Transformation des Handels, von Spannungen in der

Partei. Auch davon, wie er in Saigon auf Schritt und Tritt bewacht wurde. Aus Argwohn allen Ausländern gegenüber? Zu seinem eigenen Schutz in einer Stadt, die noch Hunderttausende von Arbeitslosen beherbergt, in der es noch Elend gibt und Ausbrüche von Gewalt? Private Kontakte zwischen Vietnamesen und Ausländern seien noch immer verboten, sagt Claude.

Zwischen unsere Kabine und der »richtigen« 1. Klasse liegen die Toiletten. Mehrere vietnamesische Studenten aus West-Berlin begrüßen mich auf ihrem Weg von oder zu ihrem kleinen Geschäft. Sie fliegen – die meisten von ihnen zum ersten Mal seit vielen Jahren – wieder nach Hause. Dann sitzt Cay mir zu Füßen; sie kommt vom finnischen Friedenskomitee, es ist ihre erste Vietnam-Reise. Sie hat meine »Argument«-Artikel über die sowjetische Psychiatrie gelesen und möchte mich kennenlernen. Ich registriere: sie ist schmissig angezogen, bunte Farben, die gut zusammenpassen, überall rund ist sie und hat schöne Augen, leider aber auch etwas zuviel Akne-Narben im Gesicht. Von Zeit zu Zeit berühren ihre Knie mein Bein, ich spüre weiche Wärme, und bei jedem Satz bleibt ihr Blick einen Augenblick länger an mir haften, als es zu der Begleitung ihrer Worte nötig wäre. Diese winzige Zeitverschiebung eröffnet in unserer gerade erst entstandenen Bekanntschaft neben unserem engagierten, aber sachlichen Gespräch eine zweite, sinnlich getönte Dimension des Wunsches, noch nicht der Begierde, deren Begebenheiten wortlos, wie kontrapunktisch nebenher ablaufen. Das nervt mich ein bißchen, obwohl es mir auch schmeichelt. Aber ich kann mich noch nicht entscheiden, ob ich die damit einhergehende unterschwellige Erregung angenehm empfinden oder mit einer leichten Gänsehaut der Unlust beantworten soll. Deshalb atme ich auf, als Cay nach einer Viertelstunde wieder auf ihren Platz im Großraum zurückkehrt: aber ich blicke doch jedesmal hoch, wenn jemand die Kabine durchquert, um zu sehen, ob sie es nicht ist.

In Karatschi ist es schon ziemlich warm. Wir laufen durch die Duty-Free-Shops des Transit-Raumes. Elegante, dunkle Schönheiten in Saris oder Stewardess-Uniformen schweben durch den Saal, westlich voll aufgeschminkt. Die Verkäufer in ihren Läden, mit ihren Burnussen, ihren Hakennasen, ihren verwitterten Gesichtern sind wie ausgeschnitten aus orientalischen Märchenbilderbüchern. Claude sucht für einen Freund einen Fotoapparat, den er nicht findet, ich spiele dabei den Dolmetscher. Cay irrt durch die Etagen, ich schwebe an ihr vorbei, wie wattegedämpft sind alle Geräusche in der sterilen Flughafen-Atmosphäre.

Auf der Strecke zwischen Karatschi und Hanoi schlafe ich die meiste Zeit; auch Claude hat die Augen geschlossen. Ich habe Cay vergessen. Bilder meiner letzten Reise nach Hanoi, der Himalaya, die versengte Landschaft Indiens, die von oben aussieht wie eine trockene, aufgesprungene Brotkruste, unterbrechen mein Dösen. Dann fliegen wir Hanoi an: Sonne, Wolken, blauer Himmel, die graubraunen Wasserläufe, die hellgrünen Reisfelder, die Bambushütten fliegen erst langsam, dann immer rascher auf mich zu. Wie jedesmal, wenn wir landen, wird mein Mund trocken, die Kehle schnürt sich zusammen, die Brust wird eng: ich denke ganz intensiv an Edith, an Jonathan und Manusch, versuche mir ihre Gesichter vorzustellen, und daß wir uns alle fest in den Armen halten. Dann ist es vorbei, das Flugzeug rollt aus, zu auf das Empfangskomitee, das uns erwartet.

Begrüßt – und abgeküßt – werden wir von einem ganz alten, vornehm aussehenden Mann in hochgeschlossenem dunklen Nehru-Rock: dem Präsidenten des vietnamesischen Solidaritätskomitees. Sein Bild kenne ich von irgendwoher, obwohl ich ihn sicher noch nie geshehen habe. Später erfahre ich, es ist Hoang Minh Giam, Ho Chi Minhs Außenminister von 1946 bis 1954. Er hat nicht das dunkle, zerknitterte Gesicht der Revolutionäre, sondern die Studierstubenblässe und -glätte des Gelehrten. Nicht runzelig, sondern dünn und durchsichtig, ist seine Haut geworden. In einem kleinen Bus legen wir Delegierten dann die 40 Kilometer bis Hanoi zurück: ein langer Weg, denn wir sind auf dem neuen internationalen Flughafen gelandet, den es 1972 noch nicht gab.

Ein Auto mit einer Sirene fährt voraus. Lastwagen, Autos, Radfahrer, Fußgänger müssen rechts ran an den Straßenrand, wenn wir vorbeibrausen. Die Straße ist zugleich eine Art Deich. Schräg unter uns halbverfallene Hütten aus Bananenblättern. Es wimmelt von Kindern, Frauen, alten Leuten. Nässe, Pfützen vor der Tür: die feuchte Enge dieser Straßensiedlungen, die ich kenne, aber allzu schnell vergessen hatte. Im Krieg schien mir dieses Elend noch irgendwohin in Bewegung zu sein. Jetzt macht es auf mich eher den Eindruck von Stagnation: wie das stehende Wasser in den Pfützen.

Dann fahren wir hinein nach Hanoi. Die große Stahlbrücke über den roten Fluß, der Pont Daumier der Franzosen, ist notdürftig repariert: das letzte Mal mußten wir noch über eine Pontonbrücke. Einen Moment lang habe ich die Hoffnung, wir würden auf das Thong Nhut-Hotel zufahren, mit seinen Himmelbetten, seinen messingbesetzten Badesälen, der großen Hotelhalle mit den Ledersesseln und -sofas, die früher der Treffpunkt Tout-Hanois war. Es liegt im Herzen der Stadt, 2 Minuten entfernt von den Promenaden des kleinen Sees. Aber wir biegen vorher ab, fahren aus der Stadt wieder heraus, über eine trostlose Landstraße, sie führt an einer großen, schwarzbraunen Fläche vorbei, an der Menschen mit kleinen Schaufeln, aber auch mit ihren Händen herumkratzen: es ist nasser Kohlenstaub, den sie in ihre Tragkörbe füllen, liegengebliebene Reste einer Halde. Dann taucht der große See aus seinen Nebelschwaden auf. Auf Betonsäulen steht dort, in ihn hineingebaut und weitab von anderen menschlichen Behausungen, das Hotel Thang Loi, Siegesgeschenk der Cubaner an die vietnamesische Revolution. Es unterscheidet sich wohltuend von den Zementklötzen der Inter- und Intouristhotels, die mich, ich weiß auch nicht warum, an schwedische Modell-Strafvollzugsanstalten erinnern, mit ihren langen, niedrigen Fluren, den ohne Nischen und Rahmen in die Wände versenkten Türen, die so aussehen, als wären sie aus Eisen. Das Thang Loi hingegen ist ein ästhetisches Meisterwerk. Die Halle ist ein Innenhof mit Bäumen, Wasserläufen, kleinen Brücken, Bambusgesträuch, unüberdacht, und an kalten Tagen deshalb kaum benutzbar. Die Wohntrakte haben nur drei Etagen, sie sind durch Stege miteinander verbunden, die einen Swimming-Pool einschließen, jedes Zimmer hat einen Balkon, der den Blick zum See freigibt. Unter den kleinen Stegen, zur Landseite zu, patroullieren bewaffnete Milizionäre. Bis zur Stadt sind es ¾ Stunden zu Fuß. Die kurzen Spazierwege in den Programmpausen, die mir 1970 und 1972 die vielen Eindrücke verdauen halfen, aber auch das Gefühl der Autonomie wiedergaben, von hier aus stießen sie ins Leere, es gibt keine

Ziele für sie, nur 4 oder 5 Kilometer graue Landstraße. Ich fühle mich gleich eingeschlossen auf dieser Privilegierteninsel, eingeschlossen, ausgeschlossen, abgeschirmt, trotz der wie auf Seide gemalten Seelandschaft, trotz der Blumengärten hinter dem Hotel (die nur für die Milizionäre dort unten auf festem Boden, nicht für uns auf unseren Betonstegen zugänglich sind), trotz der Hotelgäste, des freundlichen Personals. Hotel, Landschaft, Kellner, Zimmermädchen, sie wirken künstlich, abgehoben vom Rest der Welt, wie Teile eines surrealistischen Gemäldes. Sie dürften eigentlich gar nicht da sein, und doch sind sie greifbar wirklich, ja wie für mich gemacht. Für heute gibt es noch kein Programm, und wenn es doch eins gäbe, so würde es uns telefonisch auf unsere Zimmer durchgegeben, bekommen wir freundlich mitgeteilt. Solange sollen wir uns ausruhen. Ich bin aber nicht müde. Unmutig, nervös, verärgert, weil ich Zeit verschwende (was neue Eindrücke, Erfahrungen angeht, nicht auf meine Kosten komme), drehe ich meine Runden auf den Betonstegen, um den noch leeren Swimming-Pool, vorbei an den beiden Wohntrakts, an den Eßsälen, wie ein Gefangener auf seinem Hofrundgang, ein Tiger in seinem Käfig.

Am nächsten Morgen, gegen ½ 6, geht es nach Ho Chi Minh-Stadt. Auf dem Flughafen müssen wir lange warten. Diesmal ist es Gia Lam, der kleine blumenumwachsene Flugplatz aus der Kolonialzeit. Der Minijet, in den wir dann einsteigen dürfen, erweist sich nach einer halben Stunde als nicht betriebsbereit. Wir tauschen das Flugzeug aus und endlich, gegen 10 Uhr, starten wir. Während wir die niedrigen Luftschichten durchqueren, dringt weißer Dampf – oder Nebel? in die Kabine. Er verschwindet nach wenigen Minuten wieder, und mit ihm die Angst. Unter uns liegt das Meer, in glasig grauen Flecken schimmert es durch die Watteschicht der Wolken. Nach einer Stunde taucht unversehens ein Stück Küste auf, eine dunkle Silhouette unten mit weißem Rand, die Signale von Vertrautheit zu mir aussendet, nach einigem Zögern erkenne ich jede Linie wieder: My Thuy, Thuan An, Cau Hai, der Strand von Lang Co, der Wolkenpaß und schließlich die liebliche tiefblaue Bucht von Danang, eingesenkt in die Marmorberge. Mir wird warm ums Herz, sechs Jahre meines Lebens kommen wieder näher, näher, kehren zu mir zurück.

Als wir aus der Maschine aussteigen, legt sich der hauchdünne Film feuchter Wärme wieder auf meine Haut, der zu meiner leiblichen Identität in diesem Lande gehört und von dem ich jetzt erst merke, wie sehr er mir in den ganzen Jahren gefehlt hat. Der nächste – bestürzende – Eindruck ist die wiedergekehrte Stille. Dann erst nehme ich die hohen Berge hinter uns wahr, die sich (wie 1961, als ich zum ersten Male hier war) dieser Landschaft wieder verbunden haben, nicht mehr ihre, durch den Krieg losgerissene, andere Seite sind, auf die die Bomber in den Jahren 1965 bis 1973 mit ihren tödlichen Lasten zuflogen, um sie noch weiter von der amerikanischen Enklave, die Danang damals war, abzusprengen. Überall blüht roter Hibiskus. Wie eine Villensiedlung mit gepflegten Gärten sieht der Flughafen auf den ersten Blick aus; erst auf den zweiten erkennt man die lange Reihe der Betonsilos, die die Amerikaner damals um jedes einzelne ihrer Flugzeuge herumgebaut hatten, um Kettenexplosionen bei Angriffen der Befreiungsfront zu verhindern. Sie sind leer. Auch die Berge verrosteten Blechs, die von der Militärbase übriggeblieben sind, haben die Vietnamesen zum größten Teil abgeräumt. Der Alptraum amerikanischer Macht, der Danang symbolisierte, dieser alles niederwalzende Alptraum, die Erde scheint ihn verschluckt zu haben. Noch blüht der Reis nicht darüber, noch sieht man die graubraunen Sandflecken abgetretenen Bodens, aber nur solche Narben sind übrig geblieben, die sich langsam schließen: so wie die Bombenkrater, die man aus der Luft noch überall wahrnimmt, an den Rändern schon bewachsen sind: ihre ehedem scharf ausgestanzten Konturen sind weicher geworden, als wäre jemand mit dem Radiergummi darüber gegangen.

Gerne wäre ich gleich schon in die Stadt gefahren, zum alten Hotel am Fluß, wo ich 1961 und 1962 übernachtet habe: ich erinnere mich noch an einen Sonnenaufgang, damals für mich exotisch schön, die Einzelheiten habe ich vergessen. Welch unvernünftige Sehnsucht bei einem halbstündigen Transit! Wir fliegen weiter. Unserem Dolmetscher, der noch nie im Süden gewesen ist, benenne ich die Flüsse, die Städte unter uns, zeige ihm die Dörfer der Montagnards, die brandgerodeten Berghänge, auf denen sie Reis anbauen, die Strohdächer ihrer Hütten: das Wellblech, das die Amerikaner ihnen aufzwangen, um die »befriedeten« Dörfer den Jagdbombern erkennbar zu machen, ist kaum mehr zu sehen. Wie eine langsam abgerollte Landkarte ziehen Ortschaften, Berge, Flüsse vorüber; für mich besteht diese Landschaft aus lauter déjà vus, ich sage voraus, gleich wird Pleiku auftauchen, die silberne Schlange des Do Nai, Bien Hoa . . . ganz aufgeregt bin ich, mein Atem geht schneller, Seibt, Krüger, Sommerfeld lächeln mir zu wie einem Kind, das seine Geburtstagsgeschenke nacheinander auspackt, sind aber gleichzeitig von meinen Wahrsagerkunststückchen beeindruckt. Dann landen wir in Tan Son Nhut.

Auch hier die übliche Begrüßung: das Empfangskomitee, angeführt vom Oberbürgermeister, wird begleitet von einer Dame im Ao Dai, in mittleren Jahren, sehr emanzipiert, mit dem Hauch Saigoner savoir vivre, der ihre Herkunft aus der guten Gesellschaft des cochinchinesischen Südens verrät. Sie erspart sich – (und uns) die antiimperialistischen Begrüßungsformeln, fragt wie der Flug war, wie es uns geht. Wir durchqueren das neue Flughafengebäude. Neu? Die Amerikaner haben es 1962 oder 1964 errichtet, als immer mehr ihrer Berater eintrafen und eine zügigere Abfertigung an mehr als nur einem Schalter erforderlich wurde. Wie oft habe ich an diesen Schaltern gestanden? Wie oft hat Huan mich hier in Empfang genommen, Christian, oder jemand von der Deutschen Botschaft? Wie oft habe ich hier, bei der Ein- oder Ausreise, in der Angst geschwebt, mitgenommene Briefe, verbotene Literatur, geschmuggelte Dollars würden in meinen Taschen oder meinen Koffern gefunden? 1963 und 1967 auch in der Angst, man ließe mich nicht mehr aus Vietnam heraus. 1967, als ich das Land schließlich verließ, war Tan Son Nhut der Flughafen mit der größten Verkehrsdichte der Welt, GI's grölten, man verstand sein eigenes Wort nicht mehr unter dem ständigen Geheul der Phantoms und Hercules. Auch hier ist es wieder die Ruhe, die Gemessenheit der Bewegungen, die mich betroffen macht. Die meisten Schalter sind unbesetzt, wir gehen durch zum kleinen Vorplatz, wo ehedem die großen, klapprigen amerikanischen Limousinen standen, deren Fahrer – wohl kleine Regierungsangestellte oder Beamte – einen je nach Inflationsstand oder Dollarkurs für 100, 200 oder 500 Piaster in die Stadt bringen wollten. Er ist nahezu leer. Ein Omnibus erwartet uns, ein Polizeijeep fährt vor uns her mit einer schrillen Sirene, die die Kreuzungen für uns leerfegt, obwohl in der Mittagshitze kaum jemand auf den Straßen ist. Die ersten Augenblicke finde ich mich nicht zurecht. Doch kaum fahren wir an, ist das déjà vu wieder da: jetzt wird es gleich rechts lang gehen, dann links, dann wird der Kontrollposten kommen, den die Amerikaner 1966 oder 67 hingebaut haben, um wegen der ständigen Bombenanschläge den Zugang zum Flughafen zu erschweren, (die Luxuslimousinen und Ausländer ließ man damals trotzdem ungehindert passieren); die ehemalige Residenz des Botschafters; mit von Ruedt habe ich 1966 dort gesessen und vorsichtig über Krieg und Frieden philosophiert; jetzt weidet eine Kuh vor dem Haus. Die große Einfallstraße, Ngo Dinh Khoi Cach Mang, wenig Geschäfte, kaum ambulante Händler, Cong Ly, hier links hat Huan gewohnt, immer schneller brausen wir durch die Stadt, die Straßenschilder mit den neuen Namen sind nicht zu entziffern, flashartig explodieren die Bilder, wie in einem tachystoskopischen Versuch, der meine Verarbeitungsfähigkeit sprengt, die sich daran rankenden Erinnerungen und Einfälle werden abgeschnitten, flattern weg wie Papierschnitzel. Thieus Präsidentenpalais bleibt durch seine schiere Größe einen Augenblick länger im Gesichtsfeld, 1962 wurde er bombardiert, von Freunden Uyens, die heute in Australien lebt, mein Freund Stanley Millet, ein amerikanischer Gastprofessor, geriet als Mitwisser in Verdacht und durfte zwei Monate nicht ausreisen. Über die Hai Ba Trung, sie heißt heute noch so, hier kann ich es zufällig lesen, weil wir in sie einbiegen müssen, geht es zum Fluß, an der Hinterfront der früheren Nationalversammlung vorbei, hier waren damals die billigen Ami-Puffs. Vor dem Hotel Cuu Long, dem ehem aligen »Majestic«, knirschen dann schließlich die Bremsen. Wir steigen aus, der übertourig laufende Film in meinem Kopf kommt allmählich in einem Standbild zur Ruhe. Aber als wenn ich mich zu lange im Kreis gedreht hätte, muß ich mich beim Aussteigen festhalten, um nicht zu fallen.

In der Hotelhalle erkläre ich unserer Gastgeberin – Ho thi Anh heißt sie –, daß ich Son, Phan, Lan und Nghi sehen möchte. Sie notiert alles, macht aber keine Versprechungen. Ich betone, daß ich diese Wünsche schon bei der vietnamesischen Botschaft in Bonn geäußert habe, und bei dem Dolmetscher des Solidaritätskomitees in Hanoi. Horcht sie jetzt auf? Ich habe sehr deutlich den Eindruck, daß ich Unangemessenes fordere, nicht zum ersten Mal übrigens, auch in Hanoi war das schon so. Der Dolmetscher, unser Reiseführer, die Saigoner Dame, sie sind alle etwas peinlich berührt, fast als wenn ich ihnen etwas Unanständiges vorgeschlagen hätte. Bringt es das Programm durcheinander? Ergeben sich Probleme für meine Sicherheit (immerhin, beim letzten AAPSO-Präsidium in Cypern wurde der Generalsekretär niedergeschossen) oder zwinge ich unsere hiesigen Gastgeber, Entscheidungen zu treffen, die über ihre Kompetenz hinausgehen; Kontakte zuzulassen, die Ausländern grundsätzlich verboten sind und nur von höheren Stellen ausnahmsweise genehmigt werden können? Jedenfalls bringe ich sie in eine mißliche Lage, die sie nicht einmal zugeben dürfen.

Die halbe Stunde, die uns bis zum Essen bleibt, nutze ich zu einem kleinen Spaziergang. Niemand folgt mir. Ich bin glücklich darüber, schelte mich selber wegen meines Argwohns vorhin in der Hotelhalle. Nun werde ich, heute abend oder morgen, ohne Aufsehen zu erregen, Huans Schwager Huong besuchen können, vielleicht auch bei Trung vorbeigehen, von dem Raoul behauptet, er sei im Gefängnis. Und bei meiner Rückkehr werde ich den Zweiflern antworten, auch in Saigon hätte ich volle Bewegungsfreiheit gehabt. Ich schlendere die ex-Tu Do entlang, die »Straße der Freiheit«, auf den Lam Son Platz zu, wo das 12-stöckige »Caravelle«, das alte Hotel Continental, die frühere Nationalversammlung, das Café Givral und Raouls seinerzeitige Wohnung liegen. In vielen der früheren Ami-Bars, jedes zweite Haus war eine, als ich 1967 Saigon verließ, haben sich heute kleine Handwerksbetriebe niedergelassen, es wird gewoben, geflochten, gestickt. Eine besonders große Bar ist zu einer Abendschule geworden. Ein paar Schneider gibt es, aber sonst nur wenig Geschäfte. Liegt das daran, daß Mittag ist? Die Straßen sind noch immer fast leer. Plötzlich stolpere ich über den kleinen, früher sehr teuren Antiquitätenladen, der immer noch Elfenbein und blaues Huéer Porzellan feilbietet. Er ist über Mittag geschlossen, existiert aber noch.

Gegenüber lag damals das Tu Do: tagsüber ein Straßencafé. Dort trafen sich die Politiker und Journalisten, mit der Continental-Terrasse und der »Pagode« war es ein Zentrum der Saigoner Gerüchte-Küche. Mit Stanley Millet habe ich dort gesessen, mit Hy, seltener auch mit Huan oder Bui Diem. Abends verwandelte es sich in einen Nachtclub, mit den hübschesten Taxigirls und den berühmtesten Chanson-Sängerinnen. Thanh Thuy hat hier, zu Madame Nhus Zeiten, ihre staatsgefährdenden melancholischen Liebeslieder gesungen. Verliebt hörte ich ihr zu; und ging dann mit einem Taxigirl nach Hause. Jetzt sind die Türen verschlossen, ich kann nicht ausmachen, was in dieser ersten Etage vor sich geht. Der Fluß der Erinnerungen setzt plötzlich aus, als wäre bei der Busfahrt eine Feder überbeansprucht worden und jetzt gesprungen. Eine fremde Stadt . . . Flüchtig fällt mir noch ein, daß es mir in der allerersten Zeit, im Herbst 1961, ähnlich ging, als Saigon noch nicht das widersprüchliche Geflecht aus persönlichen und politischen Freundschaften, sinnlichen Sehnsüchten, Arbeitsbeziehungen für mich war, der verwirrende, brodelnde Gegenpol zur Huéer Klarheit und Stille. Allerdings: damals, 1961, schien sich ein Mysterium orientalischer Exotik hinter der Fremdheit zu verbergen, Farben, Gerüche, Inschriften forderten zur Entzifferung auf. Davon spüre ich jetzt nichts, die Fassaden scheinen mit sich selbst identisch geworden zu sein, wirken schablonenhaft, ungriffig, leer: ich finde keinen Ansatzpunkt mehr, der mich ihnen näher brächte. Nur meine Haut widerspricht meinen Augen und meinem Hirn. Nach den gleichen Entfernungen wie damals kommt der Schweiß, und als ich an der Nummer 42 des Boulevards Nguyen Hué vorübergehe, wo ich 1961/62 ein paar Monate lang eine Stadtunterkunft hatte, zieht es mich plötzlich nach rechts, ich möchte zum 7. Stock hochfahren, den Ventilator andrehen, mich aufs Bett legen, dösen, mir Augen, Haare, Lippen des Mädchens ausmalen, das gleich an die Tür klopfen wird.

Im Majestic fahre ich zum Dachgeschoß hoch, zum Essen. Wann habe ich zuletzt in diesem Fahrstuhl gestanden? Mit Hartley, dem dickbäuchigen Linguisten, mit Ralph – er war Pianist hier, 63 – und Hartleys damalige Freundin, Kim Hoa, sang. Vor der Bar im Dachgeschoß sah man die Christbäume niedergehen, die die Ebene jenseits des Flusses in ein graugelbes Licht tauchten, rote Leuchtkugeln, die fahlen Blitze der Artillerie- und Bombeneinschläge. Das gedämpfte Rollen der schweren Waffen, ab und an das trockene Husten der Maschinenpistolen. Hier, aber auch in der Journalistenbar im 12. Geschoß des »Caravelle«, war das die Begleitung zum Flirt, zum Männergespräch, zum einsamen Drink. Ich habe das später, nach 65, kaum ertragen können und bin nie wieder in diese Bar gegangen: sie wurde zu dieser Zeit fast ausschließlich von Ami-Offizieren und ihren Freundinnen besucht, so sehr Militär-Etablissement, daß sogar manche Journalisten ungern hingingen, auch aus Angst vor Attentaten. Jetzt stehen die Sessel und Sofas leer, wie in einem gefilmten Traum, aus dem der Akteur unversehens erwacht ist, sind seine Gestalten einfach hinweggezaubert.

Ich setze mich zu Cay, Seibt, Krüger, Sommerfeld und Inge, der schmächtigen Leibärztin der DDR-Delegation an den Tisch. Es gibt Hors d'œuvres (Tomaten und Gurken), panierten Fisch, Beefsteak frites und als Nachtisch Papaya mit den kleinen grünen Zitronen. Die Abfolge der Gänge, die Gerüche locken wieder die Bilder von damals hervor: der große Eßtisch bei Hy, die Sesselecke, die vielen politischen Konversationen, aber auch der große Gecko an der Tür, der Tee auf der Terrasse, mit Simone, Hys Frau, wenn die Mittagshitze vorüber war. Bei mir zu Hause in Hué, allein sitze ich vor dem Gedeck in meinem 80 qm großen Wohnraum, Barbara ist bei Len, ihrem neuen Freund, Duot bringt den Fisch, gleich muß ich zur Vorlesung, mich aufs Fahrrad schwingen. Die anderen merken gar nicht, wo ich bin, Willy Sommerfeld erzählt Witze, relaxed, plötzlich erinnerte er mich an die smarten jungen Männer, die damals Kissinger in die Nachtbars begleiteten und ihm zugleich die Analysen zur Lage lieferten, Halberstams »brightest and best«. An den meisten andern Tischen sitzen auch Weiße, sowjetische Berater, DDR-Bürger. Sie benehmen sich dezenter als damals die Amerikaner, aber ähnlich stumpf stopfen sie das Essen in sich hinein, wie Maschinen, die zuviel Treibstoff brauchen. Für die Kellner, die zumeist noch französisch sprechen, ist kaum eine Zäsur entstanden: erst die Franzosen, dann die Amerikaner, jetzt die und wir.

Nach dem Essen fahren wir zu einer Textilfabrik, über die kleine Brücke links ab vom Ham Nghi-Boulevard, durch Soul Alley, das frühere Bordellviertel der farbigen US-Soldaten. Wieder fährt der Jeep mit der Sirene vorneweg, die Menschen vor uns stieben auseinander, manche kommen mit ihren Fahrrädern nicht schnell genug an den Straßenrand, verknoten sich, verlieren das Gleichgewicht, müssen absteigen. Ihre Gesichter sind nicht gerade freundlich. Früher stand ich selber auf der Straße, wenn Diem, Nhu, Thieu, ein Minister oder General des alten Regimes unter Sirenengeheul vorüberbrauste, oder McNamara, Taylor, der US-Botschafter. Können die Menschen, die auch jetzt wieder auf den Bürgersteig springen, vom Fahrrad absteigen müssen, einen Unterschied machen zwischen ihren Schindern damals, und jetzt uns, ihren Freunden? Muß diese Sirene sein? Gut, wir gewinnen vielleicht 10 Minuten, bestenfalls eine Viertelstunde. Aber was verlieren wir dabei?

In der Fabrik wird, ausschließlich aus einheimischen Rohstoffen, Jutegarn gesponnen, es werden Stoffe gewebt, gefärbt, zu Decken, Taschen oder anderen, zumeist für den Export bestimmten Artikeln verarbeitet. Die Sowjetunion hat eine Million Taschen für die olympischen Spiele geordert, hören wir. Der Lärm in den Fabrikhallen ist laut, aber immer noch erträglich, die Stimmung unter den Arbeitern und Arbeiterinnen entspannt und fröhlich, es wird gelacht und gescherzt. Im Vorraum, wo auch die Musterartikel ausgestellt sind, ist ein Büro installiert, die Buchhaltung scheint es zu sein, ein paar Schreibmaschinen klappern. Vor einem Pult mit der Aufschrift »Lao Dong Bao Hô« (Arbeit . . . aber was noch?) sitzt ein kleiner, schmächtiger Mann mit gespitztem Bleistift in der Brusttasche, Arbeiterinnen kommen herein, bleiben vor ihm stehen, lassen sich ein Papier abzeichnen: ob es wohl ihre Normen sind? Vergeblich versuche ich diese Situation zu verstehen, mir ein Bild über die Beziehungen zwischen den Arbeiterinnen und den Kadern zu machen, während der Leiter der Fabrik, ein Mann der Befreiungsfront, der 5 Jahre auf der Tigerkäfig-Insel Con Son eingesperrt war, an ein paar Graphiken die steigenden Produktionsziffern erläutert. Dann geht es in den Festsaal zum Kulturprogramm. Hübsche Mädchen mit manikürten Händen tanzen und singen, alles Arbeiterinnen des Betriebes, sagt man uns, das Niveau der Darbietungen, die Stimmtechnik, die Gekonntheit der Bewegungen sind von professionellen Theater- und Kabarett-Vorführungen nicht unterscheidbar. Die Synthese von vietnamesischem Volkssong und amerikanischer Barmusik hat sich kaum gebrochen in diese neuen revolutionären Inhalte hinübergerettet. Wenn ich die Augen halb schließe, die Worte verwische, bin ich wieder beinahe im Tu Do. Auch der feine Schleier sinnlicher Verführung, in die Heiterkeit ebenso hineinverwoben wie die Melancholie, ist wieder da. Einen Augenblick meine ich auch etwas von Stolz, Trotz, Unbeugsamkeit zu verspüren: das ist noch immer unsere Stadt, nicht eure. Oder sind das nur meine eigenen Vorbehalte, die ich auf die Bühne hinausprojiziere, weil diese Mädchen jetzt ganz und gar unerreichbar sind? Denn sie sehen durchaus nicht aus, als wollten sie in ihren Liedern nostalgische Nachgeburten des alten Regimes zur Welt bringen, eine der Künstlerinnen ist sogar die Führerin des Jugendverbandes hier in der Fabrik. Und doch bleibt der Zwiespalt bestehen, bis Cay auf die Bühne geht und ein finnisches Liebeslied singt, stark und zart, mit einer instrumentalen Sicherheit der Stimme, die ich ihr nie zugetraut hätte. Armastus, armastan, die Worte der Kindheit kehren wieder, in dieser Sprache, die dem Estnischen so nahe ist. Dieses Lied wischt – für immer? jedenfalls bis zu unserem Abschied, die Aknenarben aus ihrem Gesicht.

Über den Ex-Phan than Gian, die Hauptverkehrsader eines buddhistischen Kleine-Leute-Viertels, ja hier links, durch eine schmale Seitenallee, geht es zur An Quang-Pagode, dem politischen Zentrum des vietnamesischen Buddhismus, zu Thich Tri Quang, brausen wir wieder in die Stadt. Le van Duyet – an der Kreuzung hier hat sich Thich Quang Duc im Juni 1963 mit Benzin übergossen und – in Anwesenheit der internationalen Presse – verbrannt, dieses Bild, damals in allen Illustrierten der westlichen Welt, wurde zum Anfang vom Ende des Diem-Regimes. Am ehemaligen »Unabhängigkeitspalast« Thieus empfängt uns der Oberbürgermeister von Ho-Chi-Minh-Stadt. Es ist ein modernes Kaiserpalais, neu aufgebaut, nachdem 1962 rebellische Piloten den alten Palast Norodom, Sitz der französischen Generalgouverneure Indochinas und später Ngo Dinh Diems, mit Bomben belegt hatten. Auf einer kleinen Empore stand Thieus Thronsessel, hier nahm er die Beglaubigungsschreiben der ausländischen Diplomaten entgegen, in seinem Rücken ein die ganze Wand ausfüllendes Lackgemälde, das den Kaiser Minh Mang zeigt, vor dem die Botschafter des Westens und des Ostens in die Knie fallen. Festgeschrieben in dieser von Thieu arrangierten Szene ist die Kontinuität des Kaisertums im Schatten des Imperialismus, von Gia Long, der französische Berater ins Land holte, über Tu Duc, der sich gegen den beginnenden Kolonialismus kaum wehrte, statt dessen in seinem künftigen Huéer Grabpavillon Gedichte schrieb, über Bao Dai, der sich verkaufte, über Diem schließlich bis hin zu Thieu: Faschismus und Feudalismus war es zuletzt, sagt unser Führer, der Oberbürgermeister. Erst die Revolution hat damit aufgeräumt. Wir sehen uns auch den viel bescheidener ausgestatteten Raum an, in dem Duong van Minh mit seinem 48-Stunden-Kabinett auf die Sieger wartete, in der vergeblichen Hoffnung, ihnen die Macht in einer Regierungszeremonie »legal« übergeben zu können. Auch Huan hat an dieser Stelle gestanden oder gesessen. Was geschieht jetzt hier, frage ich. Nicht viel, ab und an ein Empfang. Der Palast gehört jetzt dem Volke. Kann es herein, wie in ein Museum? »Nein«, ist die erstaunte, ja leicht entgeisterte Antwort, und nach einem Augenblick Pause: »noch nicht«.

Vor dem Abendessen gehe ich noch einmal hinaus auf die Straße. Dieses Mal habe ich gleich einen Schatten. Ich bin betrübt: aus meinen triumphalen Erklärungen, ich hätte mich auch hier frei bewegen können, wird wohl nichts werden. Aber dann fasse ich mich, rede meinen Schatten an, versuche so zu tun, als gingen wir zusammen spazieren. Es funktioniert nicht recht, er bleibt immer wieder ein, zwei Schritte hinter mir zurück. Vielleicht doch zu meinem Schutz, will er potentielle Attentäter, Taschendiebe, Rowdies so besser ausmachen? Je mehr ich mich dem Lam-Son-Platz nähere, desto beengter, desto unbehaglicher fühle ich mich. 1963, 1967 habe ich hier, auf der gleichen Straße, solche Schatten gehabt. Der Verkehr war damals dichter, und meist konnte ich sie abschütteln, bevor ich mich mit jemandem traf: mit Huan, mit Bui Diem, später mit Nghi. Am leichtesten ging es, wenn man ganz schnell in ein Taxi sprang. Ein paar Tage später erzählt mir in Hanoi ein polnischer Freund, der früher bei der Internationalen Kontrollkommission tätig war und nicht wenige Freunde in Saigon hat, dies sei auch heute noch das Mittel der Wahl. Die kleinen Polizisten, größtenteils Kader aus dem Norden, kennen die Stadt nicht und können für Taxen kein Geld ausgeben. Damals, unter Diem und Thieu, hatte ich wirklich Geheimnisse, hatte Freunde, die in Gefahr waren, ich arbeitete mit ihnen zusammen am Sturz des Regimes. Soll ich auch heute wieder etwas zu verbergen haben, arbeite ich, verschwöre ich mich – nun gegen die neue revolutionäre Macht? Erst diese Überwachung jedes meiner Schritte läßt die Idee in mir aufkommen, daß es vielleicht Dinge gibt, von denen ich nichts wissen soll, und hinter die ich gern kommen möchte, daß es denkbar ist, in manchen Situationen könnte ich mich – ja mit wem? gegen Mißstände, gegen bestimmte Kader, nein, nicht gegen das sozialistische Vietnam verbünden. (Das letztere ist mir ganz und gar unvorstellbar.) Aber es ist schwer, unberührt zu bleiben von dem Bild des potentiellen Feindes, das wie jede auch diese polizeiliche Überwachung von mir und für mich entwirft. Ständig muß ich es abschütteln, nein, das bin ich nicht. Laut hinausschreien möchte ich es, aber wer wird mich hören? Es ist zum Verrücktwerden, ganz und gar buchstäblich.

Vor dem kleinen Café gegenüber dem Ex Tu Do – es war früher das Saigoner Literatencafé, jetzt ist es das einzige, das auf dieser Straße noch geöffnet hat, plötzlich eine Stimme: Erich Wulff, c'est toi? Trinh Cong Son, der Protestsänger der sechziger Jahre, steht vor mir; ich hatte ihn nie so klein, so schmächtig, so blaß in Erinnerung. Seine Haare sind kürzer geschnitten, sein Schnurrbärtchen ist dünner geworden. Ungläubigkeit, Freude, Erstaunen, aber auch ein leichtes Zögern liegt in seiner Stimme. Tränen stehen in seinen – und meinen – Augen. Der erste Freund, nach fast 12 Jahren, dem ich wieder begegne.

Mein Schatten bleibt, etwas demonstrativ meine ich, jetzt neben mir stehen. Nein, sagt Son, hier im Café geht es nicht. Er sei mit einigen Freunden da, darunter auch mit dem Vorsitzenden des Musikerverbandes. Tuong, Dinh Cuong, Buu Y seien in Hué, ja, es gehe ihnen gut, er habe sie vor wenigen Wochen gesehen. Phan, Tuongs Bruder, arbeite hier in Saigon, er drehe Filme. Ich merke deutlich, am liebsten hätte Son alles stehen und liegen gelassen und wäre mit mir mitgegangen, oder hätte sich mit mir ins Café gesetzt, um die 12 Jahre, die uns davongelaufen sind, jedem in eine andere Richtung, wieder zurück- und zusammenzuholen. Er weint fast, weil es nicht geht. Ich schreibe mir seine Adresse auf, gebe ihm meine Zimmernummer im Hotel. Morgen abend 8 Uhr will er da sein, zusammen mit Phan, wenn er diesen bis dahin ausfindig machen kann. Und halb zu meinem Schatten gewandt, der immer unruhiger um sich blickt, sage ich zu Son, ich würde seinen Besuch im Hotel bei den Organisatoren unserer Delegation offiziell anmelden. Wir fallen uns noch einmal in die Arme, als wenn es nicht nur ein Abschied für 24 Stunden, sondern für lange wäre. Eine Begegnung wie in Dr. Schiwago, denke ich, Freunde, von Krieg und Revolution auseinandergerissen, stehen sich plötzlich gegenüber, einen Augenblick lang, dann werden sie, wie auf unsichtbaren Laufbändern, wieder fortgezogen, verlieren sich aus den Augen, für lange, für immer? Son war nie einer meiner besten Freunde, Tuong, Huan, Cuong, Nghi, sie alle standen mir näher. Aber Gefühle, die sonst Jahre brauchen, um sich auszudrücken, sammeln sich in solchen Augenblicken wie Sonnenstrahlen in einem Brennglas. Wie Verstorbene in Cocteau-Filmen überlassen wir uns ihnen, es bleibt ohne Folgen, jenseits des Rasters von Raum und Zeit, der unsern Alltag vorausschaubar macht. Unentrinnbarkeit und Folgenlosigkeit sind zu einer apokalyptischen Coincidentia oppositorum verschmolzen, alles ist alles, und dieses alles zugleich doch nichts: in dieser banalen Begegnung, mit einem Bekannten, nach 12 Jahren, auf einer Saigoner Straße. Wann wird der Tag kommen, wo wir ohne um Erlaubnis fragen zu müssen, uns wieder ins Café setzen, miteinander spazierengehen dürfen, wo wir wieder über Kleinigkeiten reden, ja uns ab und an miteinander langweilen? Dann werden wir uns auch etwas anderes sein können als bedeutungsüberladene Facetten. – Ich habe mich verloren in dieses Gestrüpp der Gefühle, Gedanken, Spekulationen, will sie nicht weiter dramatisieren, sondern mit Cay, mit Seibt, Krüger und Willy, diesen nüchternen, vernünftigen Menschen durch die Stadt spazierengehen.

Inzwischen ist es dunkel geworden. Wir bummeln, von zwei Schatten begleitet, den Le Loi-Boulevard entlang, zu auf den zentralen Markt. Scheren, Kugelschreiber, Feuerzeuge, Tet-Postkarten, Plastikspielzeug aller Art, parfümierte Seife, Zahnpasta, alles noch Restbestände der amerikanischen Präsenz, die 1975 endete: wie ehedem auf der rechten Seite des Boulevards, aber heute erst ab der halben Höhe, reihen sich die

Verkaufsstände. Die Menschentraube, die sich an ihnen vorbeischiebt, ist fast undurchdringlich. Lien So, Sowjet, rufen die Kinder, wie früher My, Ami-Kerl. Ich höre es lieber – aber auch nicht sehr gerne. Für Inge, Kurt, Willy, aber auch für Cay ist das orientalische Exotik. Mitten in diesem Gewimmel von Kindern, Gemischtwaren, Obstresten blicken wir plötzlich in das gedämpfte rosa Licht eines eleganten Restaurants: Männer, manche in Tropenanzügen, manche in weißen Hemden, Frauen in Ao Dais oder westlichen Blüschen und Röckchen, alles ohne Zweifel finanziell sehr gut gestellte Vietnamesen, sitzen bei Kerzenschein und nostalgischer Musik an weißgedeckten Tischen. Der Anblick ist so unvorhergesehen, so überraschend, daß ich einen Augenblick lang denke, hier würde ein Film über das alte, elegante, verrottete Saigon gedreht. Aber das Drehteam bleibt aus, es sind keine Kulissen, es ist ein wirkliches Restaurant von der Art, wie es vor 1975 ein paar Dutzend hier gab. Wir bleiben davor stehen, lassen die Botschaft der Vergangenheit auf uns wirken. Die Gäste da drinnen – Kaufleute, Offiziere, Beamte des alten Regimes, die hier ihr angesammeltes Geld aufzehren – blicken abweisend; sie sind auf Verteidigungsstellung gegangen, wissen wohl auch, daß sie das letzte Aufgebot sind. Dennoch hat die Szenerie eine gewisse Würde bewahrt, ich muß an ein Totenmahl denken, spüre in mir eine Anwandlung von Pietät: hier gehöre ich nicht herein, hier darf ich nicht stören. Tod einer Klasse. Ich versuche es Krüger, Seibt, Willy und Cay zu erklären, bin aber nicht sicher, ob sie den anschaulichen Gehalt, den diese Formel in diesem Bild hier gewonnen hat, mit ihrer politischen Bedeutung überhaupt in Verbindung bringen können. Begreifen sie, daß man nicht nur denken muß, sondern auch sehen, empfinden? Die beiden Kurts kommen aus Arbeiterfamilien: in ihnen braucht das Bürgertum nicht zu sterben, sie können zuschauen dabei. Bei Cay ist das anders. Sie ist, wie ich, mitbetroffen.

Der Zentralmarkt heißt noch wie ehedem: Quach thi Trang-Platz. Quach thi Trang war die buddhistische Studentin, die hier 1963 von Diems Polizei erschossen wurde, während einer Demonstration. Obwohl es mittlerweile 10 Uhr geworden ist, sind viele Stände noch geöffnet. Erdnüsse werden hier verkauft, gezuckerter Sesam und andere Süßigkeiten, und alle

Arten von Schnaps, Johnny-Walker-Whisky, von dem wohl nur Flaschen und Etiketten echt sind, eingeschlossen. Auch Tee gibt es, in großen, luftigen Paketen, die zu drei Vierteln aus Papier bestehen, sehr teuer. Hier rechts an der Ecke haben wir mit Barbara 1966 Frotteetücher, Decken und Bettlaken gekauft, es war mein erster eigener Hausstand.

Am nächsten Morgen werden wir zur »Schule der Würde der Frau« abgeholt, einer der vielen Rehabilitationsstätten für ehemalige Prostituierte. Unser Betreuer bei dieser Fahrt ist Dang Quang Minh, ehedem Botschafter der provisorischen revolutionären Regierung in Moskau. Vor neun Jahren hatten wir einen gemeinsamen Transit in Taschkent. Beide sind wir froh, im anderen ein bekanntes Gesicht gefunden zu haben, und Minh weicht während der ganzen Fahrt nicht von meiner Seite. Wir überqueren die Brücke zur Autobahn nach Bien Hoa, ich habe gerade noch Zeit, wahrzunehmen, daß auch auf dieser Ausfallstraße die meisten Läden geschlossen sind. Bei Thu Duc biegen wir links ab, auf eine kleine Landstraße. Bambushecken, Obst- und Gemüsegärten, kleine, von Waren überquellende Märkte; am Straßenrand Händler, die heiße Suppen und Limonade in improvisierten Strohhütten verkaufen: hier sieht es wieder so aus wie vor 15 Jahren, jedenfalls für Fremde, an denen diese Bilder vorüberschweben. Minh wirkt wie ein altgewordener Lehrer oder Büroangestellter: weißes Hemd mit abgetragener beiger Wolljacke, die ausgewaschene, aber erstklassige gebügelte blaue Hose, für seinen mageren Körper beide etwas zu groß. Kluge Augen, ein faltiges, bräunliches Gesicht mit verstecktem Humor. Er erzählt gerne Geschichten, schreckt auch vor politischen Spekulationen nicht zurück, die das Zentralkomitee wohl noch nicht abgesegnet hat. Er hat etwas von einem Dorfgelehrten an sich, der früher einmal von der Macht geträumt, ihre Zentren aber nie ganz erreicht hat – und vielleicht auch nie ganz erreichen wollte, denn dies hätte sein Fabuliertalent zwangsläufig gebremst. Huan, 15 oder 20 Jahre älter, könnte so aussehen, hätte er mehr Glück gehabt und sich zeitig genug auf die richtige Seite geschlagen.

Minh hat chinesische Geschichte studiert; besonders interessiert ihn die Han-Dynastie, während derer Vietnam für 1000 Jahre unter chinesische Herrschaft kam. Feudal-imperiales

Hegemoniestreben einer Großmacht, die sich dazu noch für den Mittelpunkt der Welt hält, sei nur durch die proletarische Revolution zu beenden, durch die Schaffung einer Industrie, einer Arbeiterklasse, die aus eigenstem Interesse zu internationaler Solidarität fähig ist, doziert er. Reine Bauernrevolutionen bringen nach einigen Reformen wieder einen neuen Kaiser hervor, und einen neuen Feudalismus. Zwangsläufig werde dann der Nationalismus zu seiner Ideologie. Dies sei im China Maos geschehen. Nach einer authentisch-revolutionären Phase, wo China die revolutionären Bewegungen in der Welt – in Korea, in Vietnam und anderswo – brüderlich unterstützt habe, hätte die Kulturrevolution mit ihren Widersprüchen, mit ihrer Pseudo-Spontaneität die Voraussetzungen zu neuer Alleinherrschaft geschaffen, und alle Ansätze zur Ausbildung einer Arbeiterklasse zerstört. Politisch hätte sich das in einem neuen Nationalismus, in einem neuen Hegemoniestreben Chinas ausgedrückt. Als die damalige maoistische Führung gesehen hätte, daß die Vietnamesen sich ihrer Außen- und Innenpolitik nicht beugen wollten, habe sie die Hilfe für Vietnam allmählich eingeschränkt und einen Kompromiß mit den USA gesucht, um ihre – in jener Zeit noch verschleierten – Herrschaftsansprüche in Südostasien besser durchsetzen zu können. Dies war die Phase 2, die etwa 1965 begann, erläutert Minh. Ab 1975 habe dann die 3. Phase eingesetzt: Nicht mehr nur Kompromisse, sondern offenes Bündnis mit dem Imperialismus, vor allem den USA, Modernisierung mit amerikanischen Milliardeninvestitionen einerseits (und damit eine neu beginnende wirtschaftliche Abhängigkeit), und expansionistische Gewaltpolitik in Südostasien andererseits. Minh insistiert: China hat den revolutionären Weg in die Zukunft verlassen und ist zurückgefallen in den Zyklus von Feudalisierung und dynastischen Revolten, der jahrtausendelang seine Geschichte bestimmt hat. In Kampuchea sei es noch viel schlimmer gekommen: dort sei eine neue Sklavenhaltergesellschaft entstanden, deren Zwangsherren jetzt endlich davongejagt werden konnten.

Wie es dazu kommen konnte: der Krieg sei auch daran schuld, der dazu zwang, den Widerstand von den Dörfern aus zu führen, mit den Bauern als entscheidender Kraft. Die Städte, in Kampuchea wie in Südvietnam, und zum größten

Teil auch in China während des Befreiungskrieges, waren ja in der Hand des Feindes, auch die wenigen Industrieanlagen. Wenn diese besonderen Bedingungen des revolutionären Kampfes zu seinem Wesen erhoben werden, dann entsteht ein Mythos von Blut und Boden (Minh spricht diese Worte in fast akzentfreiem Deutsch aus), von Ursprünglichkeit, Reinheit, Regenerationskraft des ländlichen Lebens, dem die verrotteten, vom Kapitalismus verseuchten Städte entgegengesetzt werden. Glauben Sie ja nicht, sagt Minh, diese kampucheanische Versuchung sei nicht auch an uns herangetreten: die 8000 Kader, die nach der Befreiung Saigons zur Verfügung standen, Bauernkader zum größten Teil (die städtischen haben den Krieg meist nicht überlebt), hätten ganz ähnliche Vorstellungen entwickelt wie das Pol-Pot-Regime: raus mit den Städtern, diesen Parasiten, aus Saigon, aufs Land, arbeiten, produzieren, mit Gewalt, wenn es sein muß. Die Parteiführung habe Widerstand geleistet, diese Kader in geduldiger Arbeit davon überzeugt, daß dies ein falscher Weg wäre, daß die Städte selbst produktiv werden müßten. Natürlich sei auch Haß und Rache im Spiel gewesen, meint Minh.

Wir fahren ein in das frühere Waisenhaus von Go Vap. Die ehemaligen Prostituierten, die hier umerzogen werden sollen, sind 17 bis 30 Jahre alt. 1975 waren die jüngsten von ihnen also 13 bis 14, denke ich, oder ... Über 300 sind zur Zeit in der Schule, etwa 2000, die hier durchgegangen sind, haben in das Leben draußen zurückgefunden. Poussières de la vie, Staub des Lebens, nennt sie die Leiterin, Nguyen thi Mai, eine 40- oder 50? jährige Frau mit einem etwas kantigen, braunen Gesicht. Ein paar graue Strähnen durchziehen das volle, zu einem Knoten zurückgekämmte Haar. Sie hat eine mütterliche Ausstrahlung, ein warmes Lächeln, einen offenen Blick und einen Schuß freimütigen, unzynischen Humors: jedes psychoanalytische Institut würde auf sie springen, wollte sie sich als Ausbildungskandidatin vorstellen. Widerstandskämpferin war sie, 2 Jahre im Gefängnis von Chi Hoa. Ihre Stellvertreterin, Nguyen thi Mao, ist eine Nonne. Sie trägt die rituelle orientalische Freundlichkeit zur Schau, die auf Fremde so geheimnisvoll wirkt, versetzt mit dem Saccharingeschmack katholischer Verklemmtheit: Begegnet sie damit den Versuchungen des Fleisches, von sinnlichem Vergnügen und Müßiggang, die von der Haut ihrer Zöglinge ebenso wie aus ihren eigenen Wünschen wohl noch nicht ganz abgewaschen sind? Nicht Verständnis und Zuversicht, wie bei Mai, spiegelt sich in ihrem Blick, sondern eher resignierter Neid, der Bestrafung (wessen??) verlangt und nicht in der Liebe zu den Menschen, sondern nur in der Liebe zum Herrn Jesus aufgehoben werden kann. Deshalb wohl auch diese Jenseitigkeit in den Augen. Vor 1975 war sie übrigens die Directrice dieses Heims, als es noch ein Waisenhaus war. Die meisten Mädchen wirken kindlich, unschuldig, sie kommen aus bäuerlichem Milieu, waren durch die Bombenangriffe und gewaltsamen Evakuierungen – die Flüchtlingsproduktion der Amerikaner – in die Städte geschwemmt worden, manche mit ihren Familien, manche allein. Opfer des Krieges also, wie die Drogensüchtigen, wie die Invaliden, die Waisen, sagt Mai. Ich erfahre auch, daß für sie alle die gleiche Sozialverwaltung, das Amt für Kriegsopfer zuständig ist. Man muß ihnen das Vertrauen wiedergeben, und das geht nur durch Liebe. Die Stimme Dr. Tins, vor sieben Jahren, als er von der Umerziehung der Prostituierten in Hanoi sprach, ist mir noch im Ohr: »Erst verwöhnen wir sie, erfüllen, so gut wir es können, ihre Wünsche, wir hören sie an, nehmen Anteil an ihrem Leben. So entsteht auch in ihnen der Wunsch, unserm Vertrauen gerecht zu werden, mit uns zu arbeiten . . .« Das war damals ein Programm auch für den Süden, ein sehr menschliches, von einem Minister erdacht. Wie kommt es hier an? In Form ministerieller Verordnungen, erster Abschnitt Liebe, zweiter Abschnitt Arbeit? Durch Schulung, durch Überzeugungsarbeit der Kader? Ich habe keinen Zweifel daran, mit Nguyen thi Mai verläßt dieses Programm die rotgestempelten Durchschläge ministerieller Verfügungen, politische Vernunft und eigenes Bedürfnis, zu lieben, erscheinen in ihr ganz und gar versöhnt. Aber wie steht es mit Mao, der Nonne? Der Sozialismus wird ja von Menschen gemacht, nicht allein von Papieren: obwohl es ohne Papiere wiederum auch nicht geht, bei bloßer Spontaneität wären wir wieder – bestenfalls – bei der Mildtätigkeit, bei Almosen für einige wenige, wie vor 1975: wir wären gerade nicht bei Mai, sondern bei Mao, der Nonne.

Die Mädchen scheinen guter Dinge zu sein, sie lachen, schwatzen. Die meisten haben Wochenendurlaub, die anderen bekommen samstags und sonntags Verwandtenbesuch. Es gibt ein Tor und einen Pförtner, der Ausgang ist reglementiert, doch kaum eine scheint sich hier gefangen zu fühlen. Zwei oder drei »Schülerinnen« allerdings stimmen in die allgemeine Fröhlichkeit nur widerwillig ein. Sie haben die weiße Haut und die ziselierten Gesichtszüge von Töchtern aus gutem Hause; und eine vorsichtige Andeutung trotziger Ironie im Blick. Sind das ehemalige Luxusprostituierte? Wie kommen die Mädchen überhaupt hierher? Die meisten von selber, hören wir, oder sie werden von ihren Familien gebracht – nur ganz wenige von der Polizei. Die Schule hier sei ohnehin nur für besonders »schwere Fälle«, die meisten würden zu Hause, mit Hilfe der Nachbarschaftskomitees, der Frauen- und Jugendorganisationen umerzogen. Wer dort wohl das Sagen hat? Die Maos oder die Mais? Wieweit ist der Sozialismus und seine neue Menschlichkeit dort Wirklichkeit geworden? Wieweit ist er sich in seinen Proklamationen und Slogans selber noch weit vorweg? Was ist zu tun, damit er sich selbst einholen kann?

Vor dem Mittagessen laufe ich mit meinem Fotoapparat noch einmal durch die Stadt. Das kleine Antiquitätengeschäft hat jetzt offen. Bunt durcheinandergewürfelt sind die Artikel, nicht mehr, wie vor 12 Jahren, säuberlich nach Preisklassen und Genre geordnet. Räumungsausverkauf? Wie dem auch sei: in diesem Laden schickt eine zuende gehende Epoche sich an, ihre Koffer zu packen und mit der Zeitmaschine dorthin zu entschwinden, wo ihresgleichen noch eine Gnadenfrist hat: Taipei, Singapur, Bangkok, Hongkong. Vielleicht aber auch nach Paris? das heißt auch zu mir, und das macht mich betroffen.

Auf dem Le-Loi-Boulevard werde ich von zwei Jugendlichen – sind es Jugendliche, sind sie schon 30? beinahe angerempelt. Cowboys nannte man sie früher hier. Einer von ihnen hat sich als Para des alten Regimes kostümiert, der andere als General Ky mit seinem Schnurrbart, seinem Silberlametta, seinem Lederbehang. Früher gab es diese Typen hier zu Hunderten, was sage ich, zu Tausenden, echte (wirkliche Paras, Rangers, Marines) wie falsche (die kleinen, martialisch aufgeputzten Gangster, die auf ihren Motorrädern den Damen die Taschen aus der Hand rissen, im Vorübergehen Finger oder Ohrläppchen abschnitten, um zu einem Schmuckstück zu kommen). Jetzt sind von diesem Schlage nur ganz wenige übriggeblieben, und es gehört schon ein verzweifelter, ja bekennerhafter Mut dazu, sich so aufzumachen. In einem früheren Garageneingang verkauft ein doppelbeinamputierter Kriegsinvalide in grünen Uniformresten Lotterielose. Ein paar Schritte weiter: ein zerlumpter alter Mann mit einem durchlöcherten breitkrempigen Hut, ein lepröser Bettler, denke ich, bis ich seinen elastischen, zielsicheren Gang wahrnehme, der den Rest seiner Erscheinung: die schütteren, weißen Haare, die durchsichtigen Hände, die geschwärzten Zähne Lügen straft. Das Gesicht ist runzlig, aber die Augen verraten jene Mischung von Neugier und Melancholie, die ich am ehesten noch von den Altersportraits Matisse's, Chagalls, Max Ernsts her kenne, in die sich aber bei diesem alten Mann noch ein buffonischer Zug eingeschlichen hat. Zweifelsohne ein Intellektueller – ein heruntergekommener, versoffener Künstler? Aber auch dieses Bild paßt nicht, er wirkt weder betrunken noch wie im Opiumdusel, sondern ganz Herr seiner Sinne und in seiner Abgerissenheit noch immer gepflegt. Wo kommt er her? Wo geht er hin? Unvorstellbar ist es, daß er zur Arbeit geht; seine Kinder oder Enkel besucht; gleich Erdnüsse verkaufen oder mich um Geld angehen wird. Auch im Bedeutungsgeflecht des alten Saigon hätte seine Erscheinung keinen Platz, ebensowenig wie ein Bettler ist er ein mandarinaler Lettré, ein würdiger ländlicher Großvater oder ein verwestlichter Literat. Dennoch kommt er dort her, seine Aufmachung zeigt nur, daß er unbrauchbar geworden ist; seine Vergangenheit – eine skeptisch-ironische Intellektualität (auf dem Boden nationaler Traditionen?) ist nicht mehr mit der Gegenwart verknüpft, sondern zu einer Art gläsernem Jenseits erstarrt, das sich heute nur noch mit Lumpen behängen kann, auch das ein Kostüm. Wie auf einer Bühne absurden Theaters, scheinen hier, mitten im Herzen des sozialistischen Ho Chi Minh Stadt, verschiedene Zeitebenen ineinander verschlungen, ihre Gestalten springen von der einen auf die andere über, ohne die Kleidung zu wechseln: »Maître et Marguerite« auch in dieser Revolution?

Mittags erfahre ich von einem unserer Begleiter, »Monsieur Huong« (Huans Schwager) lade mich nachmittags um 5 Uhr zu einer Tasse Tee nach Hause ein. Also wurde mein Brief doch ausgetragen. Der Begleiter redet mit großem Respekt von ihm, wie von einer Persönlichkeit, deren Einladung niemand ablehnen würde. »Wir fahren eben etwas früher vom Empfang der jungen Pioniere los, ich bringe Sie hin«, sagt er. Gestern noch, als ich unseren Dolmetscher bat, den Brief auf den Weg zu schicken, hatte dieser mich noch rasch einem kleinen Verhör unterzogen: »What is his official position?« Ich konnte darauf nur erwidern, daß er Rechtsanwalt sei und 1975 von Hanoi hierher zugezogen: und wieder war dieses peinliche Schweigen entstanden. Der Dolmetscher wartete offenbar auf ein Wort, ich hätte Huong in Hanoi bei irgendeiner offiziellen Gelegenheit kennengelernt: dann hätte die Sache sich wohl sogleich arrangieren lassen. So mußte ich ihm sagen, Huong sei der Schwager eines persönlichen Freundes (Huans Bruder Chung), eines ins Ausland emigrierten Vietnamesen.

Auf dem Weg zum Empfang der »Vaterländischen Front« bleibt noch Zeit zu einer kleinen Stadtrundfahrt: wieder mit Jeep und Sirene, wieder viel zu schnell für mich, brausen wir über den Boulevard Tran Hung Dao nach Cho Lon. Wörtlich bedeutet der Name dieser Zwillingsstadt Saigons mit ihren 1 ½ Millionen Bewohnern vorwiegend chinesischer Abkunft »Großer Markt«. Hier liefen die Fäden der Reis- und Devisenspekulationen zusammen, vom 1. Indochinakrieg bis zum letzten Frühjahr, als die Regierung durch die verordnete »sozialistische Transformation des Handels« endgültig damit aufräumte, hier befanden sich die teuersten Restaurants, die elegantesten Spielsäle, die vornehmsten Vergnügungsetablissements, in denen Ausländer, selbst Amerikaner, ohne persönliche Einführung nicht zum Zuge kamen. In einem von diesen Tanzhäusern hatte ich 1966 Henry Kissinger getroffen. Aber hier hatte es auch die finstersten Opiumspelunken gegeben, kontrolliert von verschiedenen chinesischen Geheimgesellschaften, die den Rohstoff bei Thieu aufkauften, dessen Piloten ihn seinerseits von der CIA in Empfang nahmen, denn der regelmäßige, von US-Steuergeldern finanzierte Ankauf und Lufttransport des Roh-Opiums war der Preis, den die »Company« für die Loyalität und den Antikommunismus der Meos, die es in den nordlaotischen Bergen anbauten, zahlen mußte. Die Zentrale, über die dieser Zwischenhandel abgewickelt und der Profit ins Ausland transferiert wurde, war Cho Lon, der große Markt. Daneben gab es Tausende und Abertausende kleiner Läden und Verkaufsstände, über deren Besitzverhältnisse niemand recht Bescheid wußte: waren es selbständige kleine Unternehmen oder in Wirklichkeit bloß Filialen, Kommissionsbetriebe der großen Haie. Diese großen Geschäftszweige bedurften natürlich auch eines ausgedehnten Dienstleistungsgewerbes: Lastenträger, Handwerker, Verkäufer, Dienstboten aller Art: sie alle wohnten hier, wie auch die Arbeiter der an den Fingern zweier Hände aufzählbaren größeren Industrieunternehmen Saigons, von denen die meisten – fast alles taiwanesische oder japanische Montagebetriebe, die billige Arbeitskräfte ausnutzten – sich ebenfalls in Cho Lon angesiedelt hatten. In dieser Mischung zwischen Hansestadt (ganz wenig), Manchester und (ziemlich viel) diszipliniertem Gomorrha waren die Straßen immer voll von Menschen gewesen; aber ich hatte mich hier früher, auch nachts, nie unsicher gefühlt. Die Protection-Gangs sorgten dafür, daß blutige Abrechnungen in den Hinterräumen stattfanden, schon damit die Kundschaft nicht abgeschreckt wurde. Unter der Oberfläche dieses Geschäftsfriedens gärten freilich Elend, Unzufriedenheit, Angst. Die nationale Befreiungsfront fand viele Anhänger hier, unter Chinesen wie Vietnamesen, und Cho Lon war während der Wochen der Tet-Offensive 1968 von allen Stadtteilen Saigons am stärksten und längsten umkämpft, so daß die Amerikaner Bomben und Napalm einsetzen mußten, um ihre »Ordnung« wiederherzustellen.

Heute wirken die Straßen – verglichen mit früheren Tagen – ziemlich leer, obwohl man immer noch sehr viel mehr Menschen sieht als im Zentrum Saigons. Soweit ich es im Vorüberfahren überhaupt feststellen kann, scheinen die großen, vielstöckigen Restaurants mit ihren unzähligen Separés für diskrete Diners und Soupers geschlossen zu sein. Der kleine Straßenhandel blüht noch, doch die meisten Geschäfte sind geschlossen. Sehr viele staatliche Läden, die sie ersetzen sollten, sieht man noch nicht. Wenn ich für eine halbe Stunde aussteigen könnte, mich unter die Menschenmenge mischen, dann wüßte ich mehr. So muß das meiste Vermutung bleiben.

Der erste, den ich im Spalier der Präsidiumsmitglieder der vaterländischen Front sehe, die uns in einem länglichen Saal empfangen, ist Nghi, mein damaliger Saigoner Verbindungsmann zur Befreiungsfront. Wir fallen uns in die Arme, glücklich, beinahe sind wieder die Tränen da, dann setzen wir uns auf das äußerste Ende der Bank, wo sonst weder die Gäste noch die Gastgeber, sondern die Angehörigen des »Trosses« sitzen, die Organisatoren und Sicherheitsbeamten. Aber hier sind wir wenigstens ungestört, denn gewitzt von der gestrigen Begegnung mit Son kann ich nicht sicher sein, daß ich Nghi alleine oder zusammen mit seiner Frau noch einmal wiedersehen darf. Daß seine Frau, Quynh-Hoa, frühere Gesundheitsministerin der provisorischen revolutionären Regierung Südvietnams, auch an einem der länglichen Tische sitzt, neben Pham van Ba übrigens, dem von Jean Lacouture totgesagten Ex-Sprecher der PRR-Delegation bei den Pariser Verhandlungen, merke ich erst bei der offiziellen Vorstellung durch den Präsidenten: ich winke ihr zu, was sehr ungezogen ist, sie lächelt zurück. Bei dieser Vorstellung, bei der alle Titel und Funktionen der Anwesenden genannt werden, wird Nghi nur als Hoas Ehemann aufgeführt, nicht als Präsidiumsmitglied der Patriotischen Front. Er hat also keine politische Funktion mehr, um meinetwillen ist er mitgekommen, weil ich darum gebeten hatte, ihn zu sehen. So haben sich unsere Gastgeber also aus der Affaire gezogen: wir treffen uns auf einem offiziellen Empfang, sehen uns wieder, der Höflichkeit dem Gast gegenüber ist genüge getan, ohne daß die Kontakte den für Ausländer vorgesehenen Rahmen verlassen und die Sicherheitspolizei Bedenken anmelden kann.

Wir halten uns an den Händen, flüstern uns Belanglosigkeiten zu. Wie soll man 12 Jahre in eine halbe Stunde fassen? Die Namen von damals sprechen wir aus, Pierre, Madeleine, Christian, Hautier, weißt Du noch, an meinem letzten Tag in Saigon, auf Deinem Motorroller, Du hättest damals nicht kommen sollen, es war gefährlich für Dich. Magische Worte, sie stellen die Vergangenheit wieder vor uns hin, füllen aber die 12 Jahre nicht auf. »Ich weiß, ihr seid 1968 ins Maquis gegangen, habt eure kleine Tochter bei den Kämpfen verloren«, sage ich. »Jetzt sind wir wieder da«, lächelt Nghi, »was machen die Brocheux', hast Du sie wiedergesehen?« Und: »weißt Du, ich habe Deinen Brief bekommen. Aber manchmal mag man eben überhaupt niemandem schreiben.«

Währenddessen hat der Präsident sein Exposé über die Aufgaben der vaterländischen Front in Saigon beendet. Ich habe nur Bruchstücke aufgeschnappt, sie unterscheiden sich nicht wesentlich vom gestrigen Bericht des Oberbürgermeisters. Nationale Versöhnung ... Wiederaufnahme der Produktion ... die chinesischen Störversuche. Dennoch wird hier, wo der Rahmen weniger verantwortungsträchtig ist als bei der Stadtverwaltung, offener über alles geredet, auch über die Schwierigkeiten. Kurt Seibt drückt seine Sorge über eine möglicherweise überstürzte sozialistische Transformation des Handels aus; in der DDR hätten sie jetzt seit 30 Jahren Sozialismus; und sie dächten nicht daran, den Kleinhandel oder das Kleinhandwerk ganz in staatliche Hand zu überführen. Einige private Läden und Handwerksbetriebe widersprächen dem Sozialismus nicht. Sie helfen vielmehr, Versorgungsengpässe zu überwinden und kleine, sehr detaillierte Bedürfnisse zu befriedigen, die von massiveren staatlichen Planungsstrategien nicht berücksichtigt werden könnten. Mache die nahezu totale Verstaatlichung hier nicht auch böses Blut? Seibt – unser »großer Präsident«, wie ich ihn nenne – (ich bin der kleine) – sagt dies sehr bescheiden, ohne Besserwisserei, er will keine Vorbehalte äußern, und schon gar keine offiziellen seiner Regierung oder seiner Partei, er will wirklich nur wissen, ob und warum dieser einer asiatischen Handelsmetropole angetane Gewaltakt notwendig war. Die Antwort lautet: noch immer gibt es 200 000 Händler in Saigon: mit ihren Familien seien es mehr als eine Million Menschen, die nicht produzierten, sondern von der Arbeit der anderen lebten, parasitär. Das könne man sich nicht mehr leisten. Man ließe diese Menschen ja auch nicht im Stich und machte einfach ihre Läden zu, drei Möglichkeiten stünden den Händlern offen: einen Handwerksbetrieb zu eröffnen, Arbeit in einer der Fabriken der Stadt zu suchen oder aber, wenn die beiden ersten Wege nicht gangbar seien, und das treffe für die Mehrzahl der Händler zu, in den neuen ökonomischen Zonen um Saigon Land urbar zu machen. Wilder Westen, Sibirien? von beiden schwingt etwas mit, wenn die Worte »neue ökonomische Zone« fallen. Es ist ein Abenteuer, aus den Dschungelrandgebieten, den von den Entlaubungsmitteln und B 52 verwüsteten Waldresten wächst eine von Menschen geschaffene Kulturlandschaft hervor, fast aus dem Nichts. Dabei kann man sich schon ein wenig wie Gott vorkommen: auch wenn man nicht ganz freiwillig da ist. Aber: wie sagte es einer unserer Patienten auf einer offenen psychiatrischen Musterstation? »Wer ist schon ganz freiwillig da?« Nicht einmal Gott.

Warum stimme ich Seibt innerlich zu, warum kann ich mich mit der Antwort des Präsidenten der vaterländischen Front nicht ganz abfinden, obwohl sie mir intellektuell einleuchtet, sich aus der Logik der Tatsachen ergibt? Im April 1970 war ich noch ganz begeistert, als Pham van Dong mir sagte, ich bräuchte keine Sorgen zu haben, eine Überfluß- und Wegwerfgesellschaft wie im Westen würde er hier nicht zulassen. Damals hatte bei mir das Bedürfnis, die Menschen befreien zu helfen aus dem Elend (das ich in Südvietnam in seiner ganzen Trostlosigkeit kennengelernt hatte), gerade erst zu der einzigen intellektuell befriedigenden Lösungsstrategie gefunden, dem Aufbau einer sozialistischen Gesellschaft nach marxistischen Grundsätzen. Ich war fasziniert (fast geblendet?) von der Möglichkeit, daß es einen Weg gab, auf dem die Menschen sich selbst aus Elend und Unterdrückung befreien konnten: und daß dieser Weg wissenschaftlich vorausplanbar war. Mit der puristischen Ungeduld des Neuüberzeugten war ich zugleich tief mißtrauisch gegenüber kleinen Schritten, die ich nur allzu leicht nur für faule Kompromisse hielt. Daß weder Empörung angesichts des Elends noch eine wissenschaftliche Theorie zu seiner Beseitigung ausreichten zur tatsächlichen Befreiung des Menschen, daß es auch darauf ankommt, wie dieser mühsame Weg gegangen wird und daß auf ihm eigene Gefahren lauern, die nicht alle Erbe des Kapitalismus und Feudalismus sind, war mir damals aber noch nicht klar.

Mitten aus diesen Überlegungen steige ich in die Diskussion ein, erkläre vorweg den Sinn meiner Fragen: sie würden uns, der Solidaritätsbewegung, von unsern Massenmedien, aber auch von ehrlichen Freunden Vietnams nahezu täglich gestellt. Wozu jetzt noch Umerziehungslager, nach dem Ablauf der für sie vorgesehenen Dreijahresfrist? Wieviel Insassen gibt es noch in diesen Lagern, und wer sind sie? Wie steht es mit den Flüchtlingen? Weshalb verlassen sie jetzt das Land? Und schließlich: Thich Thien Minhs Tod im Gefängnis und die Verhaftung der Buddhisten: was wird ihnen vorgeworfen? Hat es ein ordnungsgemäßes Gerichtsverfahren gegeben? Umerziehungslager, Massenfluchten und religiöse Verfolgung seien die Hauptthemen der in der BRD und den andern westlichen Ländern anlaufenden antivietnamesischen Kampagne. Wir von der Solidaritätsbewegung brauchten Informationen, um darauf antworten zu können.

Einen Augenblick lang ist es ganz still im Saal. Ich bin offenbar wieder in ein Fettnäpfchen getreten. Die Antwort des Präsidenten hört sich nicht sehr freundschaftlich an: eher nach resignierter Verärgerung: das seien die Fragen, die westliche Journalisten immer stellten, eben erst hätten sie sie einem schwedischen Fernsehteam beantworten müssen. Warum fühlt sich der Präsident, trotz meiner Erklärung, weshalb ich dies alles wissen will, – (doch wohl aus anderen Gründen als das schwedische Fernsehteam) – auch von mir angegriffen? Quynh-Hoa sagt mir später, weil ich die zur Zeit brennendsten Fragen aufgegriffen hätte, Entscheidungen, die bei der Partei selber immer noch umstritten seien. Man fühle sich betroffen, dürfe dies aber nach außen nicht zugeben: Das mache einen unzufrieden und ärgerlich, und man lasse dies eben am Frager aus.

Inhaltlich ist die Antwort des Präsidenten zur Frage der Umerziehungslager nicht sehr ergiebig. Was er sagt, kenne ich aus Regierungsverlautbarungen, Interviews, Darstellungen mehr oder weniger offizieller Persönlichkeiten schon lange. Kein Blutbad nach 1975, höre ich, Milde, nationale Versöhnung, 90% hätten schon nach ganz kurzer Zeit ihre Bürgerrechte wiederbekommen, nur diejenigen, die schwere Verbrechen auf sich geladen hätten oder halsstarrig geblieben seien, würden noch festgehalten. Hier im Kreise säße im übrigen auch der frühere General Tran huu Hanh, er sei schon lange aus dem Umerziehungslager heraus und jetzt sogar im Vorstand der vaterländischen Front. Die Quintessenz: man müsse sie für ihre Humanität eigentlich loben, statt dessen stellt man ihnen beleidigende Fragen. Eine Zahlenangabe darüber, wieviele – offenbar mehrfach sitzengebliebene – Umerziehungsschüler es noch gibt, bekomme ich nicht.

Der Flüchtlingsstrom, sagt der Präsident dann, hänge mit der sozialistischen Transformation des Handels zusammen. Zur Zeit werde hier ein erbitterter Klassenkampf geführt und die Lebensbedingungen im Lande seien überaus hart, wer das nicht aushalten könne, müsse eben gehen. Ausgenützt, ins

Elend gestürzt würden die Flüchtlinge von den Geschäftemachern, die sie auf verrosteten Seelenverkäufern für Millionenbeträge aufs offene Meer verfrachteten, ohne auch nur in irgendeinem Lande eine Landeerlaubnis für sie zu erwirken. Das ist lapidar, scheint mir ehrlich zu sein, ich kann es verstehen und akzeptieren. Später höre ich allerdings von Nghi, von Hoa, von andern vietnamesischen Freunden, daß die Hafenbeamten ebenso wie die Verwaltungskader, die Reisen von einer Provinz in die andere genehmigen müssen, für Reisepapiere und Ausschiffungserlaubnis oft beträchtliche Summen in die eigene Tasche kassieren. Ich hatte das, als ich es in »Le Monde« las, noch für ein böswilliges antivietnamesisches Gerücht gehalten.

Zum Buddhistenprozeß hatte mir Dang Quang Minh vorher schon ein paar Worte gesagt. Er habe in einem größeren Saal stattgefunden, der ganze höhere buddhistische Klerus sei zugegen gewesen, darunter auch eine vietnamesische »bonzesse« aus Paris, Man-Da-La. Ich solle versuchen, diese Man-Da-La ausfindig zu machen, sie würde mir bestätigen können, daß die Rechte der Angeklagten gewahrt worden seien. Der Präsident wiederholt, was ich von Minh schon wußte, daß zwei Angeklagte, darunter der Generalsekretär der vereinigten buddhistischen Kirche, Thich Quang Do, freigesprochen wurden, zwei weitere Gefängnisstrafen auf Bewährung erhielten und nur drei von den sieben nach dem Prozeß noch in Haft behalten wurden: zwei Mitglieder des Rates der Kirche müßten zwei bzw. drei Jahre Gefängnis absitzen, und Thich Nhat Thien, der Anstifter der ganzen Affaire und ein früherer Polizist Diems und Thieus, sei zu 7 Jahren Gefängnis verurteilt worden. Thich Thien Minh sei tot, das sei richtig, aber er hätte im Gefängnis einen Schlaganfall erlitten. Schon Jahre zuvor hätte er einen hohen Blutdruck gehabt, dies alles hätte die Autopsie bestätigt.

Pham van Ba greift hier in das Gespräch ein: man müsse zwischen »wirklichen Buddhisten«, die Patrioten seien, und verkappten CIA-Agenten unterscheiden. Niemand wolle die Religionsfreiheit antasten, es gebe keine Buddhistenverfolgungen. Aber alle Angeklagten hätten zugegeben, sie hätten das Volk gegen die Regierung aufhetzen wollen und seien dafür von der CIA bezahlt worden. Die meisten von ihnen hätten in den Gesprächen mit den Untersuchungsbeamten erkannt, daß sie getäuscht worden seien. Die Staatsanwältin, eine Frau, hätte geweint, als sie die Anklage verlesen hätte: sie hätte an die vielen authentischen Buddhisten denken müssen, die sich für die nationale Sache geopfert hätten, wie Quach thi Trang ... Als das Verdikt dann verkündet wurde, habe es Unruhe, Mißfallensäußerungen im Saale gegeben, auch unter den Buddhisten, weil die Strafen so milde ausgefallen seien. Auch Thich Tri Thu, der Präsident der Vereinigten buddhistischen Kirche Vietnams, habe diese Milde angesichts der schweren Verbrechen der Angeklagten herausgestrichen ... So sei jetzt wohl ein Wandel der Haltung der Kirchenführung gegenüber dem sozialistischen Staat zu erhoffen. Und was Thich Tri Quang angeht: der habe sich völlig aus der Politik zurückgezogen, bete nur noch. Bei den jüngeren Mönchen habe er seinen Einfluß verloren.

Ich kann nicht weiter insistieren: Die Diskussion hat sich ohnehin zu einer Art Privatgespräch zwischen dem Präsidenten, Pham van Ba und mir entwickelt. Seibt, die Mongolen, Cay, die andern Mitglieder von unserer Delegation wissen nichts von den Prozessen, und schon gar nichts von den Hintergründen, von der politischen Geschichte des vietnamesischen Buddhismus, Namen wie Thich Tri Quang, Thich Thien Minh, Thich Tri Thu sind für sie bedeutungsleere phonetische Gebilde, Krächzer. Kurz, sie können die politische Dimension des Konfliktes nicht ermessen, nehmen ihn nur als Menschenrechtsfrage wahr, und die ist ihnen als guten Kommunisten verständlicherweise verdächtig. Ihre Zustimmung ist offenkundig, als Pham van Ba ganz erregt sagt, diejenigen, die in den vergangenen Jahrzehnten die Menschenrechte in Vietnam mit Füßen getreten haben, hätten nicht den geringsten Anlaß, sich jetzt als ihre Hüter aufzuspielen, und sie verkneifen sich offenen Beifall wohl nur, um mir gegenüber nicht taktlos zu erscheinen. Natürlich kann auch ich Pham van Ba nur Recht geben: aber dadurch, daß die Imperialisten die Sache propagandistisch auszuschlachten versuchen, ist sie doch noch nicht aus der Welt. Darf man, wenn man solidarisch ist, keine Fragen mehr stellen? Schlimmer: keine Fragen mehr haben? Darf man nur noch offizielle Versionen schlucken und diese unverdaut weitergeben, ganz gleich wie lückenhaft sie sind und ob außer den von vornherein schon Überzeugten irgend jemand sie abnimmt? Die lange Geschichte, die der Präsident und Pham van Ba mir aufgetischt haben, ist eine solche offizielle Version, ich werde sie später noch von Huynh Cong Minh, Man Da La und anderen zu hören bekommen. Vielleicht ist sie auch schon irgendwo publiziert und sie nehmen mir übel, daß ich mich damit nicht zufrieden gegeben, sondern durch meine Fragen ihre, meine, unsere Zeit verschwendet habe. Ich versuche ihren Gedankengang zu verstehen: gibt es eine offizielle Version, so bedeutet jede weitere Frage, wenn sie nicht einfach Zeitverschwendung ist, Zweifel an ihr: die Frage versucht, wie bei einem Polizeiverhör, durch die Wiederholung Unstimmigkeiten, Widersprüche aufzudecken, oder aber, noch schlimmer, sie richtet sich auf Einzelheiten, die nicht freigegeben worden sind, ist also ein Versuch zur Spionage, zur Ausforschung von Staatsgeheimnissen. Bei einem Teilnehmer des AAPSO-Präsidiums sollte man voraussetzen, daß er das weiß. Warum stellt er dann doch solche Fragen? Ist es das? Oder ist einfach die Kompetenz zur Information so zentralisiert, daß auch eine Ergänzung offizieller Versionen nur von höchster Stelle vorgenommen werden darf? Die Wahrheit ist immer noch die alte thomistische Übereinstimmung zwischen Sache und Intellekt, nur daß die offizielle Version jetzt zur »Sache« geworden ist.

Wir haben die für diesen Empfang vorgesehene Zeit schon längst überschritten. Nghi und Hoa laden mich zum Abendessen ein. Aber um 8 Uhr kommt Son, und vielleicht bringt er Phan mit. So wollen sie mich mit ihrem Auto erst um 9 Uhr vom Hotel abholen. Während wir, zu dritt, die Treppe hinab, dem Ausgang zugehen – im Augenblick ist sonst niemand anders zu sehen – spricht mich einer der vietnamesischen Gesprächspartner an: Dr. Wulff . . . Er sei Tran Ngoc Lieng, früher einmal Sozialminister einer der Saigoner Regierungen. Ich solle Msg. Hüssler von der Caritas und Lutz Bähr, einen früheren Mitarbeiter des Büros für Internationale soziale Hilfe, von ihm grüßen. Ich verspreche es, und schon ist er verschwunden.

Der Pionierpalast ist eine frühere Ministervilla in unmittelbarer Nachbarschaft der Ex-US-Botschaft, dem fensterlosen Betonpalais, das während der Tet-Offensive 1968 stundenlang umkämpft wurde. Vom Garten aus sieht man seine Hinterfront. Die koloniale Pracht der Villa und ihr großer grüner Park mit hohen schattenspendenden Bäumen stehen heute Kindern zur Verfügung, die hierher nach der Schule zum Spielen kommen können. Heute sind für uns Gesangs- und Tanzdarbietungen dieser Kinder vorgesehen, zwischendurch zeigt ein 12jähriger Zauberkünstler, was er kann. Anschmiegsam sind diese Kinder, mit Blicken und Gesten fordern sie dazu auf, daß man ihre Hand hält oder den Arm um sie legt. Sehr geschickt bringen sie uns ein paar Schritte ihrer Volkstänze bei. Aber ich kann nicht bis zum Ende bleiben, der Begleiter, der mich zu Huong bringen will, drängt.

Nochmals fahren wir den früheren Cong Ly hoch, vorbei an Huans ehemaligem Haus, den Cach Mang entlang bis kurz vor den Flughafen. Wir verfranzen uns in einer der kleinen Seitenstraßen, in denen die Zeit seit 12, 15 , 20 Jahren stehengeblieben scheint. Scharen von Kindern umringen uns, alte betelkauende Frauen schwätzen, junge Männer und Mädchen, in Bücher oder Hefte versunken, hocken auf den Türschwellen. Dennoch gleicht diese Kopie nicht ganz dem 15 Jahre alten Negativ. Es dauert ein paar Minuten, bis ich darauf komme, – wie bei den Bilderrätseln in Illustrierten, wo man feine Unterschiede bei zwei auf den ersten Blick identisch scheinenden Gemälden ausmachen soll. Es sind die Kinder. Früher gab es auf einer Straße nur zerlumpte, ärmliche, schwärenbedeckte, oder nur sauber gewaschene, adrett angezogene artige Kinder, je nach dem Viertel, das man gerade durchquerte (die einzige Ausnahme waren die bettelnden Kinder im Zentrum der Stadt, die diese Harmonie aus beruflichen Gründen störten). Hier, in dieser kleinen Seitenstraße (und mir fällt jetzt ein, auch anderswo in der Stadt) ist diese Segregation aufgehoben. Schmutzige, halbnackte Straßenkinder spielen mit blauweiß gekleideten Pioniermädchen mit rotem Halstuch und kleinen Jungen in adretter Schuluniform Himmel und Erde.

Das kleine Seitengäßchen, in dem Huong wohnt, ist durch einen Schlagbaum abgesichert, der aber gerade offen steht. »Barriere«, murmelt mein Begleiter, wie ich meine etwas erstaunt. Die »Barriere« ist aber für uns kein Hindernis, das erste Haus dahinter ist schon unser Ziel. Mein Begleiter springt aus dem Wagen, aber im gleichen Augenblick tritt Huong schon aus der Tür.

Er begrüßt mich und meinen Begleiter, der uns ganz selbstverständlich ins Wohnzimmer folgt, stellt uns seine Frau, Huans Schwester, vor. Die Familienähnlichkeit mit Huan, mit Hy, aber besonders mit deren Schwester Chi Van ist unverkennbar, ja karikatural überzeichnet. Aber ich bin dankbar dafür, brauche ich mir doch den Kopf nicht darüber zu zerbrechen, ob ich wirklich am richtigen Ort bin. Gleichzeitig nehme ich diese Erleichterung mit einer gewissen Panik wahr, komme mir wegen meines Mißtrauens, das ich mir erst eingestehen konnte, als es sich als ungerechtfertigt erwies, schäbig vor: wie konnte es so weit mit mir, mit uns kommen? Die ersten 10 Minuten sind schwierig: mein Begleiter, der fließend französisch spricht, macht keine Anstalten, uns allein zu lassen. Ich muß meinen Besuch begründen, mit meiner Freundschaft zu Huan, dabei aber herausstreichen, daß ich seine politischen Vorstellungen von damals nicht völlig teile. Tue ich das nicht, so gerate ich, gerade als AAPSO-Delegationsmitglied, als einer der Begründer der Solidaritätsbewegung mit Vietnam in der BRD, in den Verdacht, ein Unterseeboot der CIA zu sein, ein Agent, der seine dunklen Machenschaften nur besonders geschickt und lange verbergen konnte. Und auch nur ein ganz leiser Verdacht in dieser Richtung würde Huan – und wohl auch Huong – schaden, sehr viel mehr als mir selber, dem gegenüber man ihn ja, ohne einen internationalen Skandal zu provozieren, nicht äußern kann. Andererseits darf ich mich von Huans politischen Überzeugungen auch nicht zu weit distanzieren, muß ich versuchen, Gemeinsamkeiten – während des Kampfes gegen Diem, gegen Thieu – hervorzukehren, betonen, daß Huan zwar Angst vor den Kommunisten hatte, aber auch die Amerikaner aus dem Lande gewünscht hat, immer ein Patriot (wenn auch oft mit untauglichen Mitteln) und nie ein Verräter war. Auf alle Fälle muß ich davon ausgehen, daß jedes Wort dieses Gespräches in einem Bericht meines Begleiters – ja an wen? auftaucht; im besten Falle wird es von seiner eigenen politischen Entscheidung abhängen, ob er einen solchen detaillierten Bericht abgibt oder sich mit einer Erklärung begnügt, unser Gespräch sei vom Standpunkt der öffentlichen Sicherheit unbedenklich gewesen. Ein fast unmögliches Unterfangen also, das ich mir vornehmen muß. Dennoch habe ich den Eindruck, daß ich diese Aufgabe schließlich doch ganz gut löse: als Generalprobe auch für den Brief an Pham van Dong, wo ich vor einem ähnlichen Problem stehen werde.

Nach diesem Vorspann frage ich Huong, wie es Huan geht, wann er ihn zum letzten Male gesehen hat. Huong wirkt viel entspannter als ich, er erzählt von seinem Besuch bei Huan im Lager Ha Dong bei Hanoi, auf dem Rückweg von einer Ferienreise aus Rumänien. Huan sei schon immer sehr mager gewesen, sagt Huong, »erinnern Sie sich?« Und wie ist er jetzt, frage ich. »Nun ja, noch ein bißchen magerer«, lautet die Antwort. Er sei aber gesund, müsse auch nicht körperlich arbeiten – dies hätte er ja nie gelernt, und mit 54 sei es zu spät dazu. Das einzige seien die Zähne: die fielen ihm aus. Phuong, Huans Frau, schicke von Zeit zu Zeit aus Amerika Kleider und Vitamine. Nein, Huan brauche nichts. Durch die viele Zeit, die er nun habe, sei er Philosoph geworden. Für Politik interessiere er sich nicht mehr. Auch früher sei er eher ein philosophischer Träumer gewesen als ein Politiker.

Wir trinken Tee, essen die luftigen, knusprigen Crevettenchips, die Huong auf den Tisch gebracht hat. Huongs Frau hat inzwischen meinen Begleiter in ein angeregtes und offenbar freundschaftliches Gespräch verwickelt, ein paar Meter weit von uns weg. Huong redet etwas leiser. Er habe mit Huan ganz allein sprechen können, ohne Bewacher. Das hinge mit seiner »Stellung« zusammen: während des Widerstandskampfes gegen die Franzosen sei er Vize-Minister für Justiz gewesen, und danach, bis zu seiner Pensionierung 1975, Mitglied des obersten Gerichtshofes in Hanoi. Ja, natürlich habe er versucht zu erfahren, warum Huan noch immer festgehalten werde, und sich auch um seine Freilassung bemüht . . . Er habe den Behörden auch angeboten, nach der Entlassung könne Huan bei ihm wohnen, er werde sich um ihn kümmern. Er habe keinen Erfolg gehabt. »Dazu ist meine Stellung eben nicht hoch genug«, sagt er. Als er im August 1975 nach Saigon gezogen sei, habe er Huan noch in Freiheit angetroffen: seit 1946, fast 30 Jahre hätten sie sich nicht mehr gesehen. Zehn Tage seien sie zusammen gewesen. Dann habe Huan seinen Einberufungsbefehl zur Umerziehung erhalten. Er habe ihn noch ins Lager begleitet, habe ihm seine Sachen tragen helfen. Sie hätten beide geglaubt, diesmal sei es ein Abschied für kurze Zeit, dann sei es doch anders gekommen. Huan habe Fehler gemacht, sich aber an niemand vergangen, auf seine Weise sei er ein Patriot. Ja, ich solle Pham van Dong um seine Freilassung bitten, vielleicht habe das Erfolg.

Dann sitzt Huongs Frau bei mir, und beide Männer (Huong und mein Begleiter) reden miteinander. Sie lachen, klopfen sich gegenseitig auf die Schulter, nehmen uns beide kaum wahr. Huongs Frau erzählt mir währenddessen von den 8 Jahren in den Bergen, 1946 bis 1954. Sie hat dort vier Kinder geboren, eine Tochter hat später in der DDR studiert und kann fließend deutsch. Sie lächelt, spricht von ihrem »kleinen Bruder« Huan, damals, 1945 in Hanoi. Sie hat ihn hier nicht wiedergesehen, ist erst nach seiner »Einberufung« in Saigon eingetroffen. Wir schwätzen, fühlen uns wohl, die alte Wärme ist wieder da, inmitten der Familie, die mich vor 17 Jahren adoptiert hatte. Huong und seine Frau sind anstelle von Huan, Hy, Chi Van getreten, aber der Kontrakt hat immer noch Gültigkeit. Das legt mir – ganz selbstverständliche – Pflichten auf. Huongs Frau gibt gar nicht vor, Huan würde es an gar nichts fehlen. Antibiotika, B- und C-Vitamine könne er brauchen, Hosen, Jacken für den Winter. Und bei Pham van Dong soll ich tun was ich kann: es sei für Huan die einzige Chance, herauszukommen. Dies alles sagt sie recht leise.

Kurz danach verabschieden wir uns sehr herzlich, aber undramatisch, ohne Endzeitgefühl, als wenn es nur bis morgen wäre. Auf der Heimfahrt erzählt mir mein Begleiter, »Soldat« ist er, in Hanoi habe er unmittelbar neben Huong gewohnt, er kenne ihn also ganz gut. Am nächsten Morgen bringt er mir noch Briefe Huongs an dessen Bruder Chung in Kalifornien, und vietnamesische Medikamente für diesen. Erklärt diese alte Bekanntschaft die relative Offenheit des Gespräches? Ist er nur als Freund, als Bekannter bei uns im Zimmer geblieben? Oder hat er wegen dieser Bekanntschaft nur ein wenig weggehört, damit wir ungestörter miteinander reden können? Nach dem Motto, was ich nicht mitbekommen habe, brauche ich auch nicht zu berichten? Vielleicht hat all dieses mitgespielt. Die Fäden, aus denen das Geflecht der Beziehungen zwischen den Menschen hier zusammengeknüpft ist, laufen jetzt anders als früher, mir fehlt das Muster, ich kann sie nicht mehr – und noch nicht – entwirren.

Kurz vor 8 setze ich mich in die Hotelhalle und warte auf Son.

Die Zeit verrinnt, während ich versuche, die Eindrücke des Tages auf Papier zu bringen. Viertel nach 8, halb neun, Son kommt nicht. Oder habe ich nicht aufgepaßt, haben unsere Bewacher ihn vor der Tür abgefertigt, gar nicht hereingelassen? Dabei hatte ich schon gestern seinen Besuch unserm Organisator angekündigt – der übrigens zunächst gemeint hat, Son sei gar nicht in Saigon. Dies hatte ich – durch einen Hinweis auf unsere Begegnung vor dem Café – widerlegen können. Hat man Son – und vielleicht auch Phan – davon überzeugt, es sei besser, wegzubleiben, schon um mein offizielles Abendprogramm durch einen solchen – entbehrlichen – privaten Besuch nicht durcheinander zu bringen? Oder hat Son, ein zerstreuter Künstler, unser Rendezvous einfach vergessen? (vorstellen kann ich es mir nicht). Wie dem auch sei, er ist nicht da, ich bin traurig, müde.

Inzwischen ist es beinah 9 Uhr. Ich stelle mich vor die Tür. Bei Hoa und Nghi will ich ganz sicher gehen. Um Punkt 9 hält ein kleines Auto mitten auf der Straße, 2 Meter vom Bürgersteig. Ich erkenne Nghi am Steuer, Hoa hat sich schon auf die Hinterbank gesetzt. In wenigen Sekunden bin ich im Wagen. Dies Manöver ist unsern Bewachern in der Hotelhalle nicht verborgen geblieben: nur zwei von ihnen sind noch da, die andern haben die Delegation ins Stadttheater zum Abendprogramm begleitet. Keiner von beiden spricht eine Fremdsprache, die kompetenteren sind dem Gros der Gruppe gefolgt. Aber schnell und hartnäckig sind sie, im Nu hat sich einer vor die Motorhaube gestellt und hält sich an ihr fest, während der andere mit Nghi palavert. »Wollen sie verhindern, daß ich mitfahre«, frage ich Hoa. »Ganz sicher«, lächelt sie zurück. »Aber mach Dir keine Sorgen, ich habe die Erlaubnis vom Zentralkomitee.« (Die Erlaubnis, ausländische Gäste zu Hause zu empfangen.) Die kleinen Polizisten lassen sich aber so schnell nicht einschüchtern: so wird ein Kompromiß geschlossen: Hoa öffnet, übertrieben weit, die Tür und lädt einen von beiden ein, mitzufahren. »Ils sont tellement incultes«, seufzt sie, während der Wagen nun endlich anfahren kann.

Vor ihrem Haus – es ist Hoas Vaterhaus – sagt Nghi, während Hoa den Wagen in die Garage fährt: erinnerst Du dich noch, auf der andern Straßenseite, die »Cité de la Reinière«? Dort, bei Pierre und Madeleine Brocheux hatten wir uns in den

Jahren 1964 bis 67 getroffen, und zuerst, als ich noch an den Friedenswillen Huans, Bui Diems und seiner Freunde glaubte, über Bedingungen eines Versöhnungsfriedens geredet; später versorgte ich Nghi mit Informationen, mit Medikamenten, mit chirurgischen Bestecken für die Befreiungsfront. Wir gehen hinein, schließen das Tor. Unser kleiner Schatten folgt uns ins Zimmer. War ich in Huongs Haus noch unsicher, hier weiß ich es, daß er nicht als Freund eingeladen ist. Er bekommt eine Zeitung in die Hand gedrückt und wird am Ende des Eßtisches, gleich bei der Haustür, installiert, während wir uns in die etwas abgeschirmte Sesselecke zurückziehen. Er kann kein französisch, sagt Hoa, Du kannst offen reden.

Aber erstmal blicke ich mich um. Das Haus ist ein Museum. Unsere Sessel sind aus Ebenholz, besetzt mit kunstvollen Perlmutt- und Elfenbein-Intarsien. Auf den Regalen an allen Wänden stehen Porzellanvasen und -schalen, eine neben der andern. Ming, Kiang Hsi, aber auch vietnamesisches Protoporzellan, Thanh Hoa aus dem 11. und 12. Jahrhundert. Das Musée Guimet in Paris hat kaum mehr aufzubieten. In einem Glasschrank häufen sich die einfacheren Sachen: sie sind immer noch kostbarer als meine besten Stücke, die ich aus Hué mitgebracht habe. »Mein Vater hat diese Sammlung zusammengestellt«, erklärt Hoa, als sie mein entgeistertes Gesicht wahrnimmt, »es ist die letzte in Vietnam«. Ihr Vater und Großvater waren Hofmandarine. Wie findet Nghi sich hier zurecht, frage ich mich, er, der damals so anspruchslos war? Ich wage kaum mich zu bewegen aus Angst, eine der Schalen oder Vasen könnte einen Sprung bekommen, bin eingeschüchtert von soviel Wert und Kultur. Wie mag es unserm Schatten, dem kleinen Can Bo wohl gehen? Aber der döst, in seine Zeitung versunken.

Wir reden. Nghi sagt nur wenig, meist ist es Hoa, die spricht. Die Umerziehungslager: manche Leute würden da drinnen einfach vergessen, im Ganzen seien noch um die 25 000 dort. Ihre Freilassung sei vorgesehen gewesen, aber wegen des Grenzkrieges in Kampuchea und der Spannungen zu China habe man sie auf unbestimmte Zeit verschoben. Höhere Offiziere seien kaum mehr darunter, allenfalls noch 10 Obersten vielleicht. Die meisten der heutigen Insassen seien junge Hauptleute und Majore, über die man keine Akten gefunden hätte, die man aber gerade deshalb nicht entlassen wolle, man wisse nicht genau, wer sie sind, was sie getan haben, was man von ihnen zu erwarten hat. Über jeden Fall Untersuchungen anzustellen, Zeugen zu vernehmen, würde endlos dauern, und Hoa meint auch, die Sicherheitsbehörden wüßten nicht genau, wie man das ohne Unterlagen anfängt. Wegen einer Informationslücke in den Akten, die man nicht zu schließen versteht, bleiben also 25 000 Menschen weiter, auf unbestimmte Zeit in den Lagern – nur so zur Sicherheit.

Ich erzähle von Huan. Nghi und Hoa meinen auch, ich sollte etwas für Huan tun. Ich hatte mich zuerst kaum getraut, seinen Namen zu nennen, in den Jahren zuvor war er ein politischer Gegner, ein gefährlicher sogar, weil er den Haß gegen die Amerikaner und die Unzufriedenheit mit dem Regime in falsche Bahnen lenkte. Diese Gegnerschaft scheint heute vergessen. Auch für Hoa und Nghi ist Huan jemand, »den man da herausholen muß«. Sie beraten mich: es müsse jemand von den 13 des Politbüros sein, an den ich mich wende, am besten an Pham van Dong. Der helfe, wo er könne, habe schon manchen herausgebracht. »Il est très humain«, sagt Hoa. Interventionen auf niedrigerer Ebene, bei Hoang Tung beispielsweise, dem Chefredakteur der Parteizeitung Nhan Dan, den ich ebenfalls kenne, würden nichts nützen, meint Nghi, solche Sachen würden im Politbüro entschieden.

Hoa: ich käme in einer kritischen Zeit, die Auseinandersetzungen in der Partei, zwischen Liberalen und Vertretern einer harten Linie, zwischen prosowjetischem und nationalistischem Flügel seien im vollen Gange. Im Schußfeld stünden jetzt auch die früheren illegalen Kader aus den Städten. Sie hätten vor der Hast gewarnt, mit der jetzt der private Handel abgeschafft werde, seien aber damit nicht durchgekommen. Le Duc Tho, dem das Politbüro die Geschicke des Südens anvertraut habe – (er stammt selbst aus dem Süden) – wolle »die Einheit so schnell wie möglich«. Der Süden solle bald so aussehen wie der Norden, die privaten Betriebe und Läden sollen verschwinden, sozialistische Produktionsverhältnisse und Distributionsformen würden deshalb per Dekret aus dem Boden gestampft, ohne daß überall die materiellen Voraussetzungen dafür geschaffen wären, und schon gar nicht die Bereitschaft der Leute, sie zu akzeptieren. Bevor ein staatliches

Verteilungsnetz entstanden sei, habe man die Läden zugemacht, manche Leute einfach rausgejagt. Das treffe vor allem die Kleinhändler, die Ladenbesitzer. Die Großhändler bekämen für ihre Warenlager eine angemessene Entschädigung, sie warteten die erste oder auch zweite Rate ab und gingen dann meist ins Ausland. Die Ladenbesitzer hätten jedoch keine großen Vorräte (sie hätten deshalb auch kaum Entschädigungsansprüche), den meisten von ihnen bliebe keine andere Wahl, als es in den »neuen ökonomischen Zonen« zu versuchen, oft ohne Arbeitsmittel, ohne landwirtschaftliche Kenntnisse. Viele seien, weil sie es dort nicht aushielten, wieder zurück in die Stadt gekommen, lebten nun von Bettelei, vom Straßenhandel, von Verwandten, die noch Geld oder Arbeit hätten. »Im Prinzip«, d. h. auf dem Papier, dürften die Händler ihren Laden in einen Handwerksbetrieb mit staatlicher Beteiligung umwandeln, vorausgesetzt, sie seien in der Nachbarschaft nicht als »Ausbeuter« bekannt. Aber gerade diese Klausel verführe zur Denunziation: welcher Händler habe in seinem Stadtviertel keinen einzigen Feind, der nicht schon lange auf die Gelegenheit warte, eine persönliche Rechnung mit ihm zu begleichen? Und wenn Ausbeuter in den Direktiven der Partei vorgesehen seien, so würden sie auch gefunden. In der Provinz hätte diese Kampagne gegen die Ausbeuter unter den Händlern noch schlimmere Folgen angenommen als in Ho Chi Minh-Stadt. Das Ergebnis: es gebe kaum etwas zu kaufen, nicht nur weil die Waren fehlen, sondern auch, weil das Verteilernetz teilweise zerstört worden sei. Und die Leute sind apathisch geworden, resigniert. Nghi: »man muß die Grenzen kennen, bis zu denen die Menschen bereit sind, etwas zu leisten und zu ertragen; tut man das nicht, erleidet man Schiffbruch.«

Hoa: »Viele (Bürger meint sie und Intellektuelle) sind damals, im April 1975, geblieben, weil sie sich sagten, wenn Hoa und ihre Freunde kommen, haben wir keinen Grund zu gehen.« Am 15. Mai 1975, als die provisorische revolutionäre Regierung sich vorgestellt habe, vor einem Menschenmeer, seien die Leute noch voll Begeisterung gewesen, voll Vertrauen. Davon sei heute kaum etwas übrig. Le Duan, der Generalsekretär der kommunistischen Partei Vietnams, habe bei seiner Ankunft auf dem Saigoner Flughafen zu den Kadern gesagt, sie seien nicht Sieger, sondern Befreier. Aber diese hätten sich nicht immer daran gehalten. Ihre Schulung sei zu mangelhaft gewesen, und die Versuchung zu groß. »Es ist leicht, anspruchslos und unkorrumpierbar zu sein, wenn keiner etwas hat.« Die Kader aus dem Norden hätten jedoch gesehen, daß hier fast jeder Arbeiter einen Eisschrank besaß. »Das sollen die Ausgebeuteten sein?«, hätten sie sich gesagt, »nein, das sind ja die Ausbeuter!« So seien viele von ihnen mißtrauisch, feindselig geworden – oder korrupt. Daß Ausbeutung auch bedeuten könne, ein Land abhängig zu machen; daß viele Menschen in Saigon vom bloßen Abfall der milliardenträchtigen amerikanischen Militärmaschinerie besser leben konnten als sie selber von ihrem Lohn, und trotzdem betrogen wurden, das hatte ihnen niemand erklärt. Dazu die Warenfülle in den Geschäften, auf dem Schwarzmarkt.

Nghi: das schlimmste aber sei das Mißtrauen. Vielleicht wäre ein Blutbad besser gewesen, besser und menschlicher. Danach hätte man, wie in Europa nach der Vertreibung der Nazis, neu anfangen können. Heute aber beargwöhne fast jeder jeden. Zuerst habe es die Kampagne gegen die reaktionären Kräfte gegeben; damals noch gegen die wirklichen Reaktionäre, und derer gab es genug. Die Kampagne sei aber – genauso wie diejenige jetzt gegen die Ausbeuter im Handel – außer Kontrolle geraten. Das Mißtrauen richtete sich danach gegen die Intellektuellen: die 1975 fast alle bereit waren, mitzuarbeiten, ihren ganzen Enthusiasmus dazu mitgebracht hatten. Jetzt seien die meisten von ihnen resigniert. »Bringt man den Intellektuellen Vertrauen entgegen, so sind sie zu jeder Anstrengung fähig«, sagt Hoa, »mißtraut man ihnen aber, so sind sie zu nichts nutze.«

Jetzt würden auch viele revolutionäre Kader des Südens als potentielle »Reaktionäre« beargwöhnt; sie kennen die Verhältnisse, sie versuchten die Fehler zu vermeiden oder zu korrigieren, die ihre neuen Hanoier Vorgesetzten aus Unkenntnis und Fehleinschätzung der Lage machten. Aber gerade das habe zu schweren Spannungen geführt . . . Einige Kader aus dem Süden seien nach dem 4. Parteitag verhaftet worden, man habe ihnen Fraktionismus vorgeworfen, und, von der imperialistischen Kultur infiziert zu sein. Ich kann es nicht glauben: »Du bist ganz sicher, verhaftet, nicht nur aus der Partei ausgeschlossen?« Hoa bestätigt es. »In Hué wirst Du es sehen«, sagt sie. Auch Tuong werde überwacht, sie habe sogar gehört, er sei im Gefängnis. Nghi: »Müssen wir alle Fehler noch einmal machen?« Beide meinen, das Hauptübel sei die fehlende politische Kultur der Kader. Dies ginge bis in die Führungsspitzen der Partei. Die meisten von ihnen sind dumm, sagt Nghi, selbst die politische Bildung der höchsten Funktionäre sei »höchst relativ«. So bliebe das wesentlichste oft unbedacht. Alle getroffenen Maßnahmen, gegen Reaktionäre, gegen Fraktionäre, gegen Ausbeuter, hingen z. B. weitgehend von der Willkür des jeweiligen Verantwortlichen ab, es gebe keine Rechtsgrundlage für sie, keinen habeas corpus, keine definierten Delikte, keine prozessualen Garantien. »Wie oft habe ich in der Nationalversammlung gesagt, Gesetze müßten verabschiedet, Straftatbestände, auch politische, definiert werden: nichts ist geschehen«, sagt Hoa. Und: »Jetzt reden sie vom Tourismus, weil sie Devisen wollen. Aber zu den Menschenrechten gehört auch die Freizügigkeit unserer eigenen Bürger. Darum kümmert sich niemand.«

Zwischendurch reden wir von alten Freunden, von Christian, der Diplomat geworden ist und jetzt wohl sein damaliges politisches Engagement (er war Kommunist) als Jugendsünde belächelt. Von Pierre und Madeleine, die geblieben sind, was sie waren. Hautier, 20 Jahre war er in Saigon, am Tbc-Krankenhaus in Cho Lon, er hatte Medikamente und chirurgische Geräte für die Front eingeschmuggelt, Nachrichten weitergegeben: keiner von uns weiß, was aus ihm geworden ist. Hoa leitet heute die Kinderklinik am Hôpital Grall, früher war es das beste Krankenhaus Saigons, von französischen Militairs gemanagt und den oberen Zehntausend – waren es soviele? vorbehalten. Und was machst Du? frage ich Nghi. Er: »Ich habe mich aus der Politik zurückgezogen, bin Bauer geworden«. Dabei lacht er, etwas bitter. Er hat einen größeren Garten am Stadtrand, wo er ein bißchen Gemüse, vor allem aber Heilpflanzen zieht. »Ich beschäftige mich mit der traditionellen vietnamesischen Medizin, das bringt mehr«, sagt er. Wie Huan, als er sich 1966, nach dem Scheitern der buddhistischen Revolte gegen Ky und Thieu, der Astrologie zuwandte – aber das sage ich ihm nicht.

Es ist schon nach 11, um Mitternacht ist Sperrstunde. Schau Dir den oberen Stock noch an, sagt Hoa, aber erst will ich wissen, was ich mit den Informationen machen soll, die beide mir gegeben haben. Soll ich sie für mich behalten? Soll ich davon berichten? Hoa erbittet sich fünf Minuten Bedenkzeit. Dann kommt sie zurück, mit einem Teller klassischer vietnamesischer Keramik als Geschenk für Edith: »Rede«, sagt sie, »vielleicht hilft das doch mit, die schlimmsten Fehler zu vermeiden.« Dann schauen wir uns die andern Zimmer an. Auch sie sind beinahe Museumssäle, ich könnte hier nicht leben. Unser Schatten ist währenddessen ganz unruhig geworden. Aber er hat es nicht gewagt, uns zu folgen. Was er über diese 5 Minuten, wo er uns nicht unter Sicht-Kontrolle hatte, berichten wird? Während wir zum Auto gehen, entdecken wir noch einen gemeinsamen Bekannten: Tomkiewicz in Paris. »Sag ihm, daß ich alles für seine Arbeit vorbereitet hatte«, gibt mir Hoa mit auf den Weg, »aber dann bin ich zurückgetreten«. Sie will es weiter versuchen. Wir umarmen uns. Nghi bringt mich allein zurück zum Hotel: ja, allein, denn unser Bewacher ist wirklich zum Schatten geworden, er sitzt hinter uns im Wagen, doch er ist für uns nicht mehr da. Wir fahren ganz langsam durch die Nacht, die Grillen singen. Die Bäume, die Mauern, die Straßenkreuzungen geben die Empfindungen, die Gefühle wieder zurück, die sie in den 6 Jahren, die ich hier war, in sich aufgesogen hatten: Angst, Glück, Hoffnung, Müdigkeit, Zuversicht, Eifersucht, Wut: jedes hat seine Stelle. Ein paar Bilder, aus denen sie entstanden waren, tauchen zugleich damit auf: unterwegs zu Christian, um mich freizureden, Barbara hat mich verlassen, zu Hy nach Hause, nach einem konspirativen Gespräch . . . Andere lassen sich nicht wiedererwecken. Wir sind da. »Verliere den Mut nicht. Und das Vertrauen!« sage ich zu Nghi, während wir vor der Hoteltür Abschied nehmen. »Keine Angst«, erwidert er – und: »vielleicht bin ich zu ungeduldig«. Dann haste ich in mein Zimmer, zeichne auf, was ich erfahren habe. Habe ich ein Tabu gebrochen, etwas Verbotenes, Gefährliches getan? Erst um 4 Uhr morgens bin ich eingeschlafen.

Frühmorgens, auf dem Flughafen Tan Son Nhut. Vom Bus aus sehen wir unsere Gastgeber schon alle versammelt: Dang Quang Minh, Ho thi Anh, Pham van Ba, das halbe Präsidium der vaterländischen Front, auch der Oberbürgermeister ist da. Wir steuern auf sie zu: aber ein Polizist weist uns ab und gibt dem Chauffeur durch verärgertes Winken zu verstehen, weiter nach rechts zu fahren, 300 Meter vielleicht, zum Abflug der Inlandmaschinen. Das ganze Präsidium hastet dem Bus nach. Begrüßung, außer Atem, diesmal ganz unformell. Pham van Ba verwickelt mich in ein kurzes Gespräch, wie habe ich Saigon wiedergefunden? Ich ertappe mich dabei, daß ich vorsichtig, sehr allgemein antworte, das Positive herauskehre: die Säuberung der Stadt von den Abfällen der imperialistischen Ökonomie und Kultur. Weiß er schon von meinem abendlichen Besuch bei Hoa und bei Nghi? Dann weiß er auch, wie mir jetzt zumute ist. Minh gesellt sich dazu, wir reden über Kampuchea und China. Der chinesische Botschafter habe Phnom Penh in einem Lastwagen auf dem Landweg verlassen, mit einem Koffer in der Hand, sagt Minh; Ba: »Genauso überstürzt wie der US-Botschafter Dean 1975, wie Botschafter Martin hier, nur hatten die beiden Hubschrauber zur Hand.« Erleichterung, Lachen. Minh sagt, es gehe das Gerücht, in Phnom Penh hätten mehrere chinesische Generale Selbstmord begangen, ja, das sei »durchaus möglich«.

Der Abflug naht, an der Schranke, an der die Bordkarten eingesammelt werden, beginnen wir mit dem Abschied. Kommando zurück: der Sicherheitsbeamte, der uns begleitet, verteilt ein paar braune Kärtchen, die unsern Gastgebern den Zutritt aufs Flugfeld erlauben. Sie nehmen sie entgegen wie nicht allzu heiß ersehnte kleine Geschenke: »das wäre doch nicht nötig gewesen«. Aber er klopft ihnen – gönnerhaft freundlich? komplizenhaft? auf die Schulter. Am Flugzeug eine kurze Umarmung mit Minh, mit Ba, Händedruck für die andern. Es ist eine Propellermaschine, in niedriger Höhe zieht sie nach dem Start noch eine Schleife über die Stadt. Keine einzige Wolke, leuchtend blau ist der Himmel. Ich sehe den Hafen noch einmal, unser Hotel, das Caravelle, die Nationalversammlung, die Kathedrale, den Markt. Tran Hung Dao, den großen Boulevard, der nach Cho Lon führt, Cong Ly, Nguyen Hue, Ham Nghi. Noch nie habe ich die ganze Stadt so deutlich vor mir gesehen, wie auf einer Karte, greifbarer noch, als wenn sie ein für Besucher aufgebautes Modell wäre. Auch das ist der Friede: während des Krieges mußte man schneller starten, um aus der Reichweite der Maschinengewehre und Raketen zu gelangen. Oder ist dies Bild ein Abschiedsgeschenk, ein letztes für mich?

Vor mir sitzt der Englisch-Dolmetscher, dem ich auf dem Hinflug die Landschaft des Südens erklärt habe. Er ist jung, sehr agil. Ich mag ihn nicht besonders, seit er in der Hotelhalle das kleine Verhör mit mir angestellt hat, als ich ihn bat, den Brief an Huong zu befördern. Vielleicht bin ich auch eifersüchtig, weil Cay ihm gewogen scheint. Hat er heute einen etwas lauernden Blick? Weiß er etwas, spielt er Katze und Maus mit mir? Auf dem Hinflug hatten wir uns über Freundschaften unterhalten, »did you have vietnamese girl-friends?« hatte er mit einem etwas zweideutigen Lachen gefragt, als ich von meinen 6 Jahren im Süden erzählte. Ich hatte das etwas brüsk verneint. Heute fängt er wieder damit an: »Only boy-friends, no girl-friends«, und er grinst noch um einen Grad anzüglicher. Will er damit andeuten, ich sei homosexuell? Hat er etwas von der verzweifelten Abschiedsumarmung mit Son erfahren, vor dem Café in Saigon? Ist Son vielleicht homosexuell: er ist nicht verheiratet, das hat er mir in den paar Minuten gesagt, die wir uns sehen konnten, von Frauengeschichten in seinem früheren Leben weiß ich nichts, wir hatten damals, 1966, 67, für solche Themen keine Zeit. Hat irgendeine Behörde hinter unserm Rücken Schlüsse über unsere Beziehung gezogen, oder noch schlimmer, eine offizielle Version über sie vorbereitet, die der Dolmetscher, ein kleines Rädchen in diesem Getriebe, jetzt auftragsgemäß durchschimmern läßt: wir haben etwas gegen Dich in der Hand? Nein, er ist widersinnig, dieser Verdacht, sage ich mir, das Wechselbad der Empfindungen, ihre Zusammenballung auf zwei kurze Tage, das war zuviel für meine Verarbeitungskraft, dazu der mangelnde Schlaf. Aber diese Überlegung vertreibt die Gedanken nicht. Denn ich habe ja wirklich einen Blick hinter den Vorhang getan, vielleicht als einziger Ausländer weiß ich, was heute hier vorgeht, und ich kann es aus authentischen Quellen belegen: Es war eine Panne in einer sonst perfekten Inszenierung. Eine ähnliche Angst erfaßt mich wie damals nach dem 8. Mai 1963, als ich die von Diems Panzern zerfetzten 8 Kinderleichen fand, die die Polizei hinter der Huéer Psychiatrie versteckt hatte. Sie können nicht genau wissen, was ich erfahren habe, versuche ich mich zu beruhigen. Aber: vermuten sie nicht gerade deshalb noch Schlimmeres? Wissen sie gar, daß ich Raoul wiedergesehen habe? Mitten in diese Überlegungen platzt die Frage des Dolmetschers, und sie klingt höhnisch: »Haben Sie Professor Caldwell persönlich gekannt?« »Caldwell?« »Ja, der Trotzkist, der in Phnom Penh ermordet wurde. Was glauben Sie wohl, warum?« »Ich weiß nicht.« »Ich meine, er hat zuviel gesehen?« – Und nochmals lacht er. Ich suche Cay mit den Augen. Erst wenn ich ihr meine Geschichte erzählt, einen Mitwisser gefunden habe, werde ich mich sicherer fühlen.

Andererseits: habe ich überhaupt die Wahrheit erfahren, kann ich Hoa und Nghi denn vertrauen? Ihr Haus, mit seinem Reichtum, hat mich betroffen gemacht. Kann jemand, dem das gehört, noch den Sozialismus wollen? Hat Hoa nur eine nationale, demokratische Revolution gewollt, Abzug der Amerikaner, Ende der Thieu-Herrschaft? Steht sie, im jetzt einsetzenden Klassenkampf, auf der andern Seite? Schon um ihren Besitz nicht zu verlieren? Und hat Nghi sich inzwischen an dieses Wohlleben gewöhnt? Doch haben sie nicht ihr Kind der Revolution geopfert? Jahrelang im Busch gelebt, zusammen mit den Kämpfern der Front, den Kommunisten? Aber gerade dann müssen sie gewußt haben, was auf sie zukommt, Hoa war ja Ministerin. Und noch weiter verheddern sich meine Gedanken: ich habe Nghi, Pierre, Madeleine, Hautier ja durch Christian kennengelernt. Christian ist jetzt im diplomatischen Dienst, war sein kommunistisches Parteibuch nur Tarnung, war er immer schon ein französischer Nachrichtenmann, der mich damals mit Erfolg in sein Informationsnetz eingespannt hat, ohne daß ich etwas davon geahnt habe? Auch Tuong kam ja erst zu mir, als Christian bereits in Hué war? Und befürworten Hoa und Nghi nicht auch eine Öffnung dem Westen gegenüber, streichen sie nicht die Eigenständigkeit des Südens gegenüber dem Norden heraus, wie »Le Monde«, Lacouture, die offizielle französische Politik? War mein Engagement an der Seite der Front eine Chimäre: habe ich in Wirklichkeit die ganzen Jahre für das 2. Bureau, den SDECE gearbeitet? Löst sich die Hälfte meines Erwachsenenlebens so auf? Nein, gottlob, Phan habe ich schon 1963 kennengelernt. Endlich der archimedische Punkt, an dem ich mich festhalten kann in diesem Chaos von Mißtrauen und Verdacht. Ich spule den Faden wieder zurück, bis Hoa und bis Nghi, tue allen Abbitte, schäme mich, daß ich auf solche Absurditäten überhaupt kommen konnte. Und dennoch: wo anders als in einer ein

Stück weit von Verdacht und Argwohn erfaßten Welt beginnt man selber stalinistisch zu denken?

Gedankensplitter, diffus, auf dem Flug:

Buchtitel: Abschied für länger ... geht nicht, erinnert an ein Buch von Gabriele Wohmann.

Idee: Vietnamesen müssen ständig Mißtrauen überwinden: strukturelles Mißtrauen, außerhalb des Familienverbandes, außerhalb von ritualisierten Beziehungen. Deshalb die Heiligsprechung des Verdachtes. – Nein, das stimmt nur begrenzt, billiger Trost?

Dialektik des Wissens: Arbeiter wissen das Wesentliche: worauf es im Kampf ankommt. Auch unsere kleinen standhaften Kader? Aber wenn sie in eine Lage kommen, die ihr Verständnis sprengt, wie 1975 in Saigon, werden sie zynisch, bestechlich, oder aber unbarmherzig und ungerecht. Sie begreifen nicht, daß man auch Leute befreien kann, die Eisschränke haben. Ein Intellektueller könnte das, wurzellos wie er ist: oder gerade weil er wurzellos ist?

Haben die Opfer Sinn gehabt? Haben die Härten der revolutionären Umwandlung Sinn, denen die Menschen hier unterworfen werden? Ja, wenn der Aufbau einer unabhängigen nationalen Ökonomie gelingt: Sonst wird die vietnamesische Wirtschaft, aus politischen Gründen, noch einmal künstlich aufgebläht, nur diesmal von der SU statt der USA, und nur mit etwas weniger Druck. Sie pumpen kräftig, mit geröteten Gesichtern, die sowjetischen Berater, die Amerikaner brauchten nur auf ein paar Knöpfe zu drücken, und die Luft strömte ein. Aber vielleicht liegt gerade darin, in diesem Unterschied, eine Hoffnung?

Wieder in Hanoi, in unserm Hotel. Cay sagt: »Ich habe das Gefühl, ich komme nach Hause.« Ich verstehe gar nicht, was sie meint, der Satz ist wie in einer fremden Sprache gesprochen. Sie merkt das, lacht, sagt: »natürlich, für Dich ist das anders«.

In der Halle kommt ein jüngerer Geistlicher auf mich zu. Er trägt eine hellgraue Jacke, unter der der Soutanenkragen kaum zu erkennen ist. Das breite Lächeln, die großen, etwas vorstehenden Schneidezähne – vom linken vorderen fehlt eine Ecke – kommen mir bekannt vor. Aber ich kann ihn in meiner Erinnerung nicht sicher unterbringen. Er begrüßt mich »Docteur Wulff?« Ein Fischrestaurant in Gia Dinh taucht auf, ich war 1965 dort mit Nguyen van Trung, mit Nguyen ngoc Lan, Raoul; ein paar andere Gesichter, von denen nur die Umrisse wiederkehren. Ein kleiner schmächtiger war dabei, mit dünnen Haaren, ja, und vielleicht er, Huynh Cong Minh. Jedenfalls gehört er zur Gruppe linker Katholiken, deren Proteste gegen den amerikanischen Krieg ich ein paarmal ins Ausland befördert hatte: 1965, 1966. Jetzt ist er Pfarrer von St. Vincent, der gleichen Saigoner Kirche, in der sein Vorgänger 1976 Waffen und Sprengstoff versteckt haben soll.

Wir kommen langsam ins Gespräch, tasten uns ab im Halbdunkel unserer Erinnerungen. Lan hat geheiratet, erzählt Minh, eine Journalistin von »Tin Sang«, der einzigen privaten Tageszeitung Saigons, herausgegeben von Ngo Cong Duc, einem früheren katholischen Opponenten des Thieu-Regimes, der ein paar Jahre auch Abgeordneter im Saigoner Parlament war, bis er ins Pariser Exil gehen mußte. (Zwei Tage vor dem Fall Saigons ist Duc zurückgekehrt. Heute sitzt er – ebenso wie Huynh Cong Minh – wieder im Parlament, diesmal aber in Hanoi.) Ja, Lan habe seine Soutane ausgezogen, er betreibe jetzt Forschungsarbeit, weiß Minh zu berichten. In Ho Chi Minh-Stadt, wo ich darum gebeten hatte, Lan zu sehen, hatte es geheißen, sie, die patriotische Front – (zu der Lan früher gehörte) hätte »den Kontakt zu ihm verloren«.

Zum Mittagessen setzen wir uns an einen Tisch. Inzwischen sind wir fast Freunde geworden, wie wir es vor Jahren – vielleicht – waren, jedenfalls greifen wir diese Möglichkeit auf, die vorläufig unwiderlegbar ist. Minh erzählt von sich selber. Sein Vater sei Bauer gewesen, in Cu Chi, dem heroischen Widerstandszentrum, knapp 30 Kilometer nordwestlich von Saigon, das bis zum Sieg den Amerikanern standgehalten hatte. Zu Beginn der siebziger Jahre mußte der Vater auf seine alten Tage noch einmal ins Gefängnis, weil er sein Haus den Revolutionären als Briefkasten zur Verfügung gestellt hatte. Vor der Befreiung konnte man eine solche Geschichte nur einem Mitverschworenen anvertrauen, kaum einem Freund, schon gar nicht einem Ausländer, jedenfalls nicht ohne den Zusatz, man denke selber politisch ganz anders. »Ich bin aus Cu Chi« war, kommentarlos dahingesagt, ein Bekenntnis zum Widerstand. Minh erzählt auch von andern Freunden der Gruppe, deren Namen ich nur vage erinnern kann. Truong ba

Can . . ., war das der kleine Schmächtige? Aber allmählich werde ich dabei doch etwas ungeduldig, denn Nguyen Phuc Duong, der vietnamesische Organisator der AAPSO-Tagung, sitzt auch an unserm Tisch, und ich kann Minh deshalb nicht nach Nguyen van Trung fragen. Zwar glaube ich nicht, daß Trung wirklich im Gefängnis ist, doch nach dem gestrigen Abend will ich sicher gehen, Minh nicht in Schwierigkeiten bringen – und auch mich selbst nicht. Nibbelt Duong absichtlich solange an seinem Caramel-Pudding herum? Auch seine Espresso-Tasse wird und wird nicht leer. Endlich steht er auf und geht. Ja, Trung gehe es gut, er wohne noch am alten Ort. »Duy Tan 55«, frage ich? 57, korrigiert mich Minh, und: leicht erstaunt: »Ja, hast Du ihn in Ho Chi Minh-Stadt denn nicht gesehen?« Ich verneine. »Und Du, wann hast Du ihn gesprochen?« »Vor wenigen Tagen, kurz vor Weihnachten«, sagt Minh. Erleichtert, mit dem Unterton, wir wissen ja, was es damit auf sich hat, sage ich ihm, im Westen erzähle man sich, Trung sei verhaftet (wieder so eine antikommunistische Propagandalüge, will ich damit ausdrücken). »Er war auch im Gefängnis, vier Monate lang«, lacht Minh mich an. (Bis kurz vor Weihnachten, aber das bekomme ich erst am nächsten Tag heraus.) In Untersuchungshaft saß er, der Kontakte mit »reaktionären Gruppierungen« beschuldigt. Damit seien nicht die reaktionären Parteien oder Organisationen des alten Regimes gemeint, belehrt mich Minh, sondern nach 1975 neu entstandene Vereinigungen mit pompösen Namen wie »Front zur Wiederherstellung der Würde des Vaterlandes« oder ähnlichen, die aber in Wirklichkeit nur aus drei oder fünf Personen bestehen. (Das alte Saigon, wie zu Diems Zeiten, fällt mir – gegen eigenen Widerstand – ein.) Trung habe sich mit der Behauptung verteidigt, es kämen viele Leute zu ihm ins Haus zum Diskutieren, die er nur flüchtig kenne, von politischen Konspirationen habe er nichts gewußt. Politisch war er immer etwas naiv, unser Freund Trung, sagt Minh; ich kann dem nur beipflichten. Nein, bitter sei er nicht geworden in der Haft. Das Verständnis, die Klugheit, die Menschlichkeit der mit seiner Sache betrauten Polizeioffiziere hätten ihn überrascht, beeindruckt, zum Nachdenken gebracht. Es seien eigentlich gar keine richtigen Verhöre gewesen, sondern eher Diskussionen, aus denen er viel gelernt habe, – so Trung, Minh zufolge.

Durch diese Haft habe er erst verstanden, worauf es jetzt ankomme, dafür müsse er eigentlich dankbar sein.

Minh berichtet das in seiner etwas breiten, leicht humorigen Art, ohne Fanatismus, mit eigenen Worten, er hat es von Trung so gehört. Aber ich werde den Verdacht nicht los, daß Trung selber, in der offiziellen Version, die er seinem Mißgeschick auch Minh gegenüber gab, eine Botschaft verschlüsselt hat, deren bittere Ironie ich nun entziffere. Zu seiner hintergründigen, komplizierten Art sich auszudrücken, würde das passen. Früher wirkte sie wie die Marotte eines ansonsten eindrucksvoll funktionierenden Verstandes, oder – im Vergleich zu den klaren Aussagen Lans – wie eine übertriebene, am falschen Platz – nämlich auch uns gegenüber – angewandte Vorsichtsmaßnahme, weswegen wir ihn des öfteren gefrotzelt hatten. Ist sie jetzt für ihn zur einzigen Form geworden, identisch mit sich selbst zu überleben?

Beim Abendessen kommt eine schmächtige buddhistische Nonne auf mich zu, mit einem kleinen, alterslosen Gesicht und kaum Wärme im Blick. Die Augen wandern pausenlos hin und her, als würde von ihr verlangt, aus allen eingefangenen Bildern computerschnell eine – ideologische? – Bilanz zu ziehen. Man Da La. »Dr. Wulff«, sagt sie auf Englisch, »I remember you from Hué.« Ich mag sie nicht, fühle mich mit verrechnet. Auch mir kommt ihr Gesicht bekannt vor, aber anders als Minh's kann ich es überhaupt nirgends unterbringen, nicht einmal als Schatten in einer der Huéer Pagoden. Für einen Augenblick gerät zwar die Oberfläche meines Bewußtseins in Bewegung, aber nicht stärker als ein herabgefallenes Blatt Ringe im Wasser schlägt. Ich versuche mich zu entspannen, dann strenge ich mich an. Tu Dam? Dieu De? 1964, als in Hué »Can Laos«, die ehemaligen Parteigänger Diems gejagt wurden: kann eine Buddhistin soviel Haß in den Augen haben? Aber ich bin nicht sicher, ob ich dies ins Bewußtsein hereingepreßte Bild nicht eben erst frisch produziert habe: ein Original, das sich fälschlich als Erinnerungskopie auszugeben sucht.

Man Da La hat eine andere, etwas verhärmte Frau neben sich am Tisch, eine der Dolmetscherinnen des Solidaritätskomitees. Sie erzählt ihr von mir: ich hätte 1963 in Hué und später in Deutschland meinen ganzen Besitz verkauft, um den Buddhisten zu helfen. Das streut sie in die Geschichte vom 8. Mai ein, die toten Kinder, die ich (wirklich) fand, die augenverletzten Jugendlichen, die ich im Krankenhaus (wirklich) behandelte. In Hué, als ich 1964 wiederkam, hatte mich dieses Gerücht – ich hätte mich für die Buddhisten bettelarm gemacht – auch schon in Empfang genommen, ich versuchte es richtig zu stellen, umsonst: es war schon Teil meines Mythos geworden. Man Da La kennt ihn, genau. Am nächsten Tag erfahre ich (sie sagt es einem Tischnachbarn, nicht mir, verplappert sie sich?), sie hätte von 1961 bis 65 in Tokyo studiert und sei dann nach Paris gegangen. War sie zwischendurch doch in Vietnam? Woher hat sie sonst ihre Informationen? Schon wieder bin ich (allzusehr? tu ich ihr Unrecht?) auf der Hut.

Mit Cay, Gustavo und zwei Dolmetscherinnen sind wir nach dem Essen zum Solidaritätsmeeting mit Kampuchea ins Nationaltheater gegangen. Wir haben die zweit- oder drittbeste Loge für uns. Zwei Logen weiter sitzt Huynh Tan Phat, stellvertretender Ministerpräsident und früher Premierminister der Provisorischen Revolutionären Regierung. Phat ist dicker geworden, etwas aufgeschwemmt: und älter. Von der Drahtigkeit, die man früher auf Filmen und Photos aus dem Maquis des Südens an ihm wahrnahm, ist kaum etwas übriggeblieben. Er ist in Schlips und Anzug. Bei der Pause, im Erfrischungsraum, bewegt er sich mit kleinen, etwas abrupten Schritten, holt sich mit sicherer Gabel die leckersten Bissen auf seinen Teller, das bonvivanthafte Lächeln eines italienischen Kleinstadtadvokaten im Gesicht. Er redet mit kaum jemandem. Hinter ihm steht, im schwarzen Viet-Cong-Pyjama (so war Phat früher selbst angezogen) sein Leibwächter, er weicht ihm nicht von den Fersen. (Bei der Abfahrt, nach dem Ende der Veranstaltung, sehe ich an seinem Auto noch zwei weitere, im gleichen Aufzug, offenbar sind es Bauern aus dem Süden, sie springen auf, und ab geht es.) Die Szene wirkt ganz und gar irreal, besonders hier im goldstuckverzierten, um 1900 erbauten Theatersaal. Kein vietnamesischer Minister – und es sind noch mehrere da bei der Veranstaltung – schleppt Leibwächter mit sich herum, und schon gar nicht so auffällig kostümierte. Ist es Nostalgie, versucht Phat die Zeit im Maquis wieder herbeizubeschwören, 1964, 1965, eine Epoche, wo er eine Zeitlang in französischen und amerikanischen Illustrierten als der eigentliche Führer und Stratege der Nationalen Befreiungsfront galt? Oder hat er einfach seine Freunde, die damals für seinen Schutz verantwortlich waren, mit nach Hanoi genommen? Es war Phat, der Hoas Vaterhaus entworfen hat: seine letzte Arbeit als Saigoner Architekt, bevor er ins Maquis ging.

Bei der Veranstaltung scheint mir in den Reden heute Wärme und Bewegung zum Ausdruck zu kommen, nicht nur die rhetorische und emotionale Routine der Solidarität. Den Kampucheanern zittert vor Rührung die Stimme, auch dem Generalsekretär ihrer Front, der von ihnen allen noch am ehesten staatsmännische Zurückhaltung an den Tag legen muß. In der Pause trauen wir, – Cay und ich – uns im ersten Augenblick kaum, sie zu begrüßen. Aber sie kommen selbst auf uns zu, umarmen uns, bewegt, etwas verwirrt. »Trois millions de morts«, sagt der grobknochige, ältere Mann, der einzige von ihnen, der – gebrochen – französisch spricht, Tränen in den Augen. »Aber wir leben, und andere auch«, fügt er hinzu. Ja, der Alptraum, geboren aus dem utopischen Sozialismus des 19. Jahrhunderts, gespeist vom Stalinismus und von Maos Mythos der Bauernrevolution, der Alptraum, der Kampuchea zurück in eine archaische Steinzeitgesellschaft mit Menschenopfern führte, ist vorüber. Es wird keine Massenhinrichtungen, keine Sklavenarbeit, keine Rationierung der Liebe mehr geben, die Familien werden sich wieder zusammenfinden, Kinder werden ihre Eltern und Eltern ihre Kinder wieder lieben dürfen, man wird sie dafür nicht mehr mit der Spitzhacke, als »Gemeinschaftsfeinde« erschlagen. Eltern, Kinder, Verwandte werden wieder zusammen wohnen und essen – auch wenn es im Augenblick noch an allem, an Häusern, Kochtöpfen, Nadel und Faden fehlt. Dörfer werden entstehen, Märkte, Schulen, Krankenhäuser, miteinander verbunden durch Straßen, die jeder benutzen kann: keine Utopie, die Wiedergeburt eines Alltags nach menschlichem Maß. Wir lassen uns alle zusammen fotografieren: Cay im Arm des dunkelhäutigen, adlernasigen Generals, der von weitem aussieht wie ein jugendlicher Held der Peking-Oper, wenn man mit ihm spricht aber eher schüchtern und ganz untheatralisch wirkt. Sie fühlen sich sichtlich wohl mit uns, unsere kampucheanischen Freunde, bleiben an unserer Seite, bis ihre vietnamesischen Betreuer sie wieder wichtigeren Persönlichkeiten, ZK-Mitgliedern, Ministern und Vize-Premiers, zuschieben.

Danach, im Hotel, versuche ich Cay verständlich zu machen, was mir in Ho Chi Minh-Stadt geschah. Wenigstens einiges davon. Wir sitzen, alleine, in der etwas schmuddeligen Bar, sie trinkt einen Saigon-Cocktail (Ho-Chi-Minh-Stadt-Cocktail wäre zu lang, zu pietätlos?), ich Bier. Sechs Jahre, in anderthalb Tagen kritisch zusammengeballt, durchmischt mit den Ängsten, den Hoffnungen, die danach, bis zu meiner Rückkehr jetzt, ständig hierher hinüberdrangen: eine explosive Mischung, an der das meiste hängt, was ich in dieser Hälfte meines Erwachsenenlebens geworden bin, das stand – und steht – auf dem Spiel. Cay hört mich an, ihre Augen sind ganz klar, werden größer, schöner. Unsere Hände berühren sich. Komm, wir gehen, sage ich. Aber draußen, am Schwimmbad, auf dem Weg zu unsern Zimmern, halten Gustavo, seine ältere chilenische Landsmännin und ein stark angetrunkener cubanischer Reporter uns auf. Sie singen. Eine Flasche Reisschnaps macht die Runde, wieder und wieder. Die Chilenin, 50jährig, viereckig und etwas schwer, improvisiert ein langes Gedicht auf uns alle. Es beginnt etwas stockend, gewinnt dann aber die schwebende Kraft Nerudas. Und sie wird dabei schön. Wir bleiben länger, wir trinken. Die Worte werden zähflüssiger – wie meine Ungeduld. Schließlich wanke ich mit Cay davon. Der Zauber zwischen uns ist verflogen, aber ich habe noch Lust, eine schwere, müde, betrunkene Lust auf sie, auf eine Frau. Ganz weit weg weiß ich, so ist es nicht gut, und so wird auch nichts draus. Unbeholfen nehme ich sie in den Arm, unbeholfen läßt sie es geschehen. Ich will nur halb, und sie wohl noch weniger. Kommst Du mit, frage ich, aber in diesem Augenblick ist das schon mehr eine Pflichtübung, irgendwie muß sich die Spannung ja lösen. Sie schüttelt den Kopf, macht sich los, läuft in ihr Zimmer. Ich falle ins Bett, schlafe sofort ein.

Am nächsten Morgen, beim Frühstück, reden wir nicht davon. Cay gibt mir eine Alka Seltzer. Sie hat selbst eine im Glas. Minh und Man Da La setzen sich an unsern Tisch. Sind die beiden meinetwegen geschickt? Das kann nicht sein. Doch ein ganz leichter Argwohn bleibt. Er verstärkt sich, als Minh sagt, Tuong kenne er nicht. Verschließt er für einen Augenblick sein sonst so offenes Gesicht, sehe ich einen kurzen, ängstlichen, abweisenden Blick? In Hué kenne er überhaupt nur wenig

Leute. Mag sein. Aber ich weiß auch: Le van Hao, Tuongs Huéer Kampfgenosse der Jahre 64-66, hat mit Trung und Lan, Minhs damaligen Freunden, zusammen ein Buch herausgegeben: Le Crépuscule de la Violence, die Dämmerung der Gewalt. Konspirative Vorsicht, damals? auf Linientreue gebrachte Erinnerung, heute? Zufall? Wieder rätsle ich herum, was es ist.

Wir fahren zusammen zur Hanoier Zentralpagode. Sie ist voller Leute, sie sitzen auf dem Boden, sprechen Gebete, alte Männer, alte Frauen, in der ersten Reihe ein safrangelber Mönch. Jetzt sei Arbeitszeit, erklärt Man Da La (eine Spur zu eifrig?), am Abend kämen genausoviel junge Menschen. Der süße schwere Geruch von Räucherstäbchen dringt in mich ein, aus dem Halbdunkel des fensterlosen Raumes treten nacheinander die mattglänzenden, 3-4 Meter hohen Statuen der Erleuchteten; sie sind hintereinander aufgereiht, etwas gegeneinander versetzt, in ihren Blattgoldbelag haben sich kleine schwarze Flecken hineingefressen. Die Monotonie der Sutras vermengt sich mit dem Weihrauchgeruch, dem goldgrauen Licht. Auf dem Altar stehen frische Blumen und Früchte.

Wir gehen in den Versammlungsraum der Pagode. Ein junger Mönch schüttet mit ungeschickten Bewegungen Tee ein. Neben mir, zu meiner Linken sitzt, in weißem Hemd, der Sekretär der Pagode, er hat ein sympathisches, etwas zerknittertes Gesicht und spricht flüssig französisch. (Volksschullehrerfranzösisch aus der ersten Jahrhunderthälfte, so kommt es mir vor.) Welche Funktion hat er hier? Von wem wird er bezahlt? Der Vorsteher, an meiner rechten Seite, – (er hatte uns schon am Tor empfangen) – hat das ruhige Gesicht und den steten, Nahes und Fernes verbindenden Blick, den ich von anderen »großen« Mönchen – Thich Tri Quang und besonders Thich Don Hau – kenne, einen Blick, der Dinge – aber auch Menschen – zugleich hält und läßt. Dieser Blick erscheint mir als Antithese zum harten, hastigen Kalkül in Man Da Las Augen.

Gustavo fragt, warum Ho Chi Minhs Bild hier im Raum hängt. Doch der Vorsteher erörtert zunächst die Beziehungen zwischen der buddhistischen Religion und dem sozialistischen Staat, mit leiser, sanfter, fester Stimme. Die religiöse Freiheit eines jeden, auch der Buddhisten, werde voll respektiert. Ho Chi Minh habe das Land in die Unabhängigkeit und damit jeden Bürger zu seiner Freiheit geführt. Auch die religiöse Freiheit, auch die der Buddhisten, sei ihm zu danken. Deshalb hänge sein Bild hier: im Versammlungsraum, nicht im Gebetssaal, als Symbol der Liebe jedes Vietnamesen und der Buddhisten zu ihm. Im Krieg hätten viele Mönche für die Unabhängigkeit gekämpft, zuerst gegen die Franzosen, dann gegen die Amerikaner. Manche Pagode sei eine Bastion des Widerstandes gewesen. Heute habe jeder Buddhist ebenso wie jeder andere Bürger seine Pflichten dem Staat gegenüber, aber auch die Freiheit des Glaubens. Alle Pagoden Hanois seien für Gebete offen. Auf meine Frage: ja, im Süden sei es genau so. Nein, die organisatorische Einheit zwischen den Buddhisten des Südens und des Nordens sei noch nicht hergestellt, aber auch daran werde man bald gehen.

Ich versuche in diese offizielle Version fugenloser Harmonie eine kleine Bresche zu schlagen, schon weil ich weiß, daß zu Hause sie mir niemand in dieser Form abnehmen wird. War das immer schon so? Hat es nach 1954 nicht auch Schwierigkeiten mit dem Staat, mit einzelnen übereifrigen Parteikadern gegeben? In einem sozialistischen Land müssen die Glaubensgemeinschaften ja manche ihrer Aufgaben, aber auch viel an Macht und Besitz aufgeben: eigene Jugend- und Bürgerorganisationen z. B., eigene Waisenhäuser, Schulen und Spitäler. Ob das denn immer ohne Schmerzen und Bitterkeit abginge? Ohne Zögern – vielleicht eine Spur zu rasch, wie aus der Pistole geschossen – kommt die Antwort: Nein, auch in den vergangenen Jahren waren die Beziehungen zwischen den Buddhisten und dem sozialistischen Staat so harmonisch wie sie jetzt sind.

Ich gebe auf. Aber ich denke an die Pagoden, die ich im Frühjahr 1970 hier noch verwaist und verschlossen fand. Olivier Todd – früher beim »Nouvel Observateur«, jetzt beim »Express«, vor Jahren waren wir einmal Freunde, – ist es 1966 nicht anders ergangen, als er hier war. Wie ich es tat, hatte er diese Eindrücke – aus Solidarität – verschwiegen, bis er 1972 oder 1973 einen radikalen Wechsel seines politischen Standorts vornahm und sie – zusammen mit allen anderen jahrelang heruntergeschluckten kritischen Wahrnehmungen – aus ihm herausbrachen: im Zuge einer psychoanalytischen Klärung seines Vater-Problems. 1970 sagte man mir auf meine Fragen, der Buddhismus sei hier im Norden eine aussterbende Religion, ganz anders als in Zentralvietnam und auch anders als die katholische Kirche. Inzwischen gibt es offenbar davon eine korrigierte offizielle Version.

Beim Hinausgehen sehen wir noch in einer kleinen hauseigenen Werkstatt die Buddhas, die Man Da La für ihre Pariser Pagode in Auftrag gegeben hat. Sie sind nicht aus Holz, sondern in Zement gegossen und werden gerade mit Blattgold belegt. Wir fahren zurück ins Hotel, wieder vorbei an dem tausendjährigen, in den großen See hineingebauten Tempel. Ja, auch der sei natürlich offen, sagen Minh und Man Da La wie aus einem Munde.

Minh kommt in mein Zimmer, zu einem Interview. Er kommt, als sei dies ganz selbstverständlich, allein. Hat er, wie Hoa, »die Erlaubnis«? Gewährt ihm sein Status als AAPSO-Delegierter Sonderrechte? Warum zögere ich, ihn danach zu fragen, fürchte ich seine Antwort – oder seine Ausflüchte? Will ich ihn davor bewahren, sein Gesicht zu verlieren, wo ich doch 24 Stunden lang auf sein Angebot spontaner, freundschaftlicher Wiederbegegnung eingegangen bin? Wenn ich ihm als Freund voll vertraute, könnte ich ihn fragen. Wäre er ein auf mich (und einige andere) angesetzter propagandistischer Agent und nichts anderes, hätte ich keine Hemmungen, es zu tun. Aber er ist wohl beides zugleich: ein alter Bekannter, der aufgrund eines Stückes gemeinsamer Vergangenheit, das auch unser heutiges Engagement trägt (seins und meins) mir auch persönlich freundschaftliche Gefühle entgegenbringt: und zugleich eine offizielle Bezugsperson, die hinsichtlich ihrer Ausländerkontakte Anweisungen entgegennehmen muß. Diese Zweideutigkeit haftet bis jetzt an jedem Satz, den er spricht, an jedem Lächeln, an jedem freundschaftlichen Auf-die-Schulter-Klopfen. Feinfühlig, wie er ist, merkt Minh, daß ich dies registriere, – und er verhält sich danach. Aber er ist auch noch kein perfekt geschulter Parteikader, bei dem persönliche Gefühle zu Besuchern ihre vorgeschriebenen Plätzchen haben. Sofern sie sich an diese amtlich gesetzten Grenzen halten, sind sie dort ja unproblematisch, sogar willkommen, weil sie die offizielle Beziehung festigen helfen: wie zwischen Chefs und ihren Mitarbeitern, Lehrern und ihren Schülern, (Callgirls und ihren Klienten?). Gefährlich werden persönliche Bindungen erst dann, wenn sie die offizielle Beziehung nicht nur begleiten, sondern sie in einen eigenständigen, unkontrollierbaren Bereich erweitern – und damit tendenziell sprengen.

Etwas anderes tritt noch hinzu: meine Bekanntschaft mit Minh geht (wahrscheinlich) zurück auf Tage, wo es eine »offizielle« Beziehung zwischen uns, zwischen Betreuer und Staatsgast, noch nicht gab, ja wo wir beide diesen Staat noch nicht kannten (allerdings, jeder für sich, schon für seine Ziele arbeiteten). Was uns persönlich verbindet, verdankt seine Existenz also nicht dem offiziellen Kontakt, sondern läuft diesem voraus, es sind keine Gefühle, auf die der bürokratische Apparat auch noch so entfernte Patentansprüche anmelden kann; sie kommen aus einer Vergangenheit, die sich seinem Zugriff entzieht, weil er damals – für uns jedenfalls – noch nicht bestand. Das ist vielleicht für die Behörde das eigentlich Gefährliche daran: wird Persönliches zwischen uns zugelassen, nicht nur im privaten Bereich von Familie und Freundschaften, sondern auch im Bereich des Austausches über politische Einschätzungen aktueller Ereignisse: des Buddhistenproblems, Trungs Verhaftung, Huans Umerziehung, der Umgestaltung des Handels, dann sind die Fäden, die aus der Vergangenheit zu solcher Einschätzung führen, nicht mehr bis zu ihrem Ursprung verfolgbar. Was daran der offiziellen Version widerspricht, wird deshalb schnell zu einem »reaktionären« (von einer gemeinsamen, fragwürdigen Vergangenheit bestimmten) Komplott. Versucht man mich deshalb von meinen Freunden von damals fernzuhalten? Und was bedeutet es, daß Minh mich unbehindert besuchen kann?

Minh und ich, wir kommen von unserer Vergangenheit nicht los – aber sie trägt uns auch nicht. So nahe sind wir uns nicht, daß wir offizielle Versionen gemeinsam kritisch betrachten, dann akzeptieren oder aber verwerfen könnten, wie ich es mit Hoa und Nghi getan habe. Aber auch nicht so ferne, daß es uns gelänge, unsere Beziehung ganz in den Betreuungskontrakt aufgehen zu lassen. In jedem Gespräch läßt Minh sich ein Stück weit auch zu persönlichen, »unautorisierten« Stellungnahmen hinreißen, und wir geraten in eine Diskussion unter Freunden. Oft wird danach aber ein kritischer Punkt erreicht, wo ich nicht mehr weiter zu fragen, nicht mehr methodisch zu zweifeln wage: und er zum autorisierten Kern der Geschichte zurückkehrt.

Zunächst hätte auch er Angst vor den Kommunisten gehabt, erklärt Minh. Aber bald habe er gemerkt, daß die Kommunisten Andersdenkende respektieren und – zu seinem Erstaunen – daß er, was seine praktischen und politischen Entscheidungen anging, im wesentlichen mit ihnen einig war: im Kampf gegen die Ausbeutung des Menschen durch den Menschen in all ihren Formen. Der gesellschaftliche Hauptwiderspruch entzweie diejenigen, die Ausbeutung rechtfertigten und diejenigen, die sie verurteilten, nicht Gläubige und Atheisten, sagt Minh. Die gleiche politische Entscheidung: der Kampf gegen die Ausbeutung des Menschen durch den Menschen, könne sich von zwei ganz verschiedenen ideologischen Ausgangspositionen herleiten: von der Dialektik der Materie und von Gott. Den Kommunisten sei ein Christ, der mit ihnen die Ausbeutung abschaffen und eine neue, menschlichere Gesellschaft aufbauen wolle, lieber als ein Freigeist, der auf unbehinderte Konkurrenz als allgemeines Vernunftprinzip setzt und damit die Fortdauer kapitalistischer Herrschaft legitimiert. Minh hat sichtliche Freude an diesem Gedankengang, er redet sich geradezu in Begeisterung hinein. Die ideologischen Differenzen, die seien im Augenblick nicht so wichtig, sagt er, man könne noch gar nicht entscheiden, wer Recht habe. Die Kommunisten behaupten, mit dem Ende der Ausbeutung und mit der totalen Beherrschbarkeit der Natur würden die Religionen sich auflösen, sie hätten dann in der Wirklichkeit keinen Ansatzpunkt mehr. »Wir Christen glauben das nicht.« Aber dies sei für später, die Probe aufs Exempel könne nur die Geschichte machen. Wenn die Christen beweisen wollten, daß sie Recht hätten, so müßten sie in die Geschichte eintreten, gegen die Ausbeutung ankämpfen, die Natur – durch Arbeit – beherrschbar machen. Das allein wäre das experimentum crucis. Christen, die gegen die von den Kommunisten mitgetragene Bewegung des Fortschrittes ankämpfen, zeigten damit nur, daß sie zu ihrem eigenen Glauben kein Vertrauen hätten, daß sie heimlich befürchteten, die Kommunisten hätten mit ihrer materialistischen Theorie des »Opium für das Volk« doch recht, der zufolge der Glaube nur durch Ausbeutung, Mangel und Ohnmacht unterhalten werde. Auch deshalb unterstützten diese ungläubigen Christen Kräfte, die Ausbeutung, Mangel und Ohnmacht zu verewigen suchten. – Es führe aber auch zu nichts, die ideologischen Gegensätze zwischen Marxismus und Christentum zu verschleiern, sie in irgendwelchen theoretischen Gemeinsamkeiten aufheben zu wollen: auf der ideologischen Ebene gebe es diese Gemeinsamkeiten nicht, Gott und Dialektik der Materie hätten kein gemeinsames Drittes. Theoretische Seminare über Christentum und Marxismus seien deshalb sinnlos, man würde sich auf ihnen, wenn man ehrlich bleiben will, nur unnötig und rechthaberisch streiten, immer wieder Unvereinbarkeit feststellen müssen. Das würde Schatten werfen auf die wirkliche Gemeinsamkeit zwischen Christen und Kommunisten, und auf die komme es heute allein an: sie beträfe nicht den Ursprung, sondern das Ziel: Ende der Ausbeutung, Aneignung der Natur. Kurz: finge man damit an, ideologisch zu diskutieren, so verlöre man dies gemeinsame Ziel aus dem Blick, käme vor lauter Mißtrauen und Unvereinbarkeit nicht mehr dazu, zusammen zu arbeiten. Beginne man aber mit einer gemeinsamen Praxis: mit einer gemeinsamen Arbeit für ein gemeinsames Ziel – und dies hätten Christen und Kommunisten – so würde sich auch eine zunehmende Toleranz beider für die ideologischen oder religiösen Überzeugungen des Anderen entwickeln. Man würde feststellen, daß ideologische Differenzen diese gemeinsame Arbeit überhaupt nicht behindern. Kommunisten und Christen würden lernen, sich gegenseitig zu respektieren, Toleranz zu üben in dem, was sie denken oder glauben, ohne daß jemand von beiden faule Kompromisse schließen muß.

Das ist Minhs theologisch-politisches Credo, wohl auch das seiner Gruppe, aber sicher auch sein persönliches: vielleicht ist er, auf katholischer Seite, sogar einer der Architekten gewesen, die diesen Boden für eine gemeinsame politische und gesellschaftliche Arbeit mit den Kommunisten ausgemacht und freigeschaufelt haben, nach Jahrzehnten sinnloser Feindseligkeit.

Dies sei nicht nur politisch-theologische Spekulation, solche Erfahrungen habe er am eigenen Leibe gemacht, sagt Minh. Ich höre ihm zu wie einem Freund, die Zweideutigkeit zwischen uns hat sich verflüchtigt. Er geht jetzt in Einzelheiten. Le Duan, auf dem Saigoner Flughafen, (die gleiche Geschichte, die ich von Nghi gehört habe . . . denke ich . . . aber nein), Le Duan habe gesagt, wenn ein Kader kein Mitgefühl habe, wenn er sein Herz nicht bewegen lasse von den Sorgen und Leiden der Menschen, die ihm anvertraut seien, so sei er fehl am Platze. Erst mit dem Mitgefühl fange die Arbeit der Kader an: auch wenn die Klagen und Beschwerden, die ihnen vorgetragen würden, objektiv unberechtigt seien. Vo van Kiet, Politbüromitglied und erster Parteisekretär Ho Chi Minh-Stadts: er sei für ihn ein solches Beispiel kommunistischer Humanität, Bescheidenheit, Toleranz. Als er eine Weile zugleich Bürgermeister, Stadtverordnetenvorsteher und Parteisekretär war, habe er gesagt, bei einer solchen Ämterhäufung gebe es keine gegenseitige Kontrolle mehr, niemand, auch nicht der klügste, besonnenste und integerste Kader nehme die Wirklichkeit ohne subjektive Verzerrungen wahr: diese müßten immer von anderen korrigiert werden. Die Partei solle die Linie festlegen, aber nicht verwalten. Sie solle auch die Verwaltung nicht kontrollieren, denn dies sei Aufgabe der Volksvertretungen. Kiet sei ihm ein väterlicher Freund geworden, sagte Minh.

Ich wage ihm nicht zu entgegnen: wie schön, wie ideal, wenn ihr recht hättet, Du und Kiet: eine dialektische Aufhebung der bürgerlichen Gewaltenteilung in der sozialistischen Gesellschaft. Aber genügt es, Ämterhäufungen zu vermeiden, integre Kader zu haben, damit es wirklich so funktioniert? Wie verhindert man, daß sich die Instanzen, auch bei verschiedener personeller Besetzung, hierarchisieren, wie stattet man sie ausgewogen mit Macht aus, so daß sie die Aufgabe, sich gegenseitig zu korrigieren, tatsächlich wahrnehmen können, und die Partei dennoch ihre führende Rolle behält? Vielleicht ist es kein Zufall, daß ein von der moralischen Kraft der Ideen faszinierter Christ wie Minh an dieses ideale Konzept glaubt ... ja glaubt.

Weil ich das nicht sagen kann (warum nicht? aus Angst um meine Reputation: aus Rücksicht auf Minh?) ist ein Spürchen Zweideutigkeit wieder da. Minhs Begeisterung, die mich mit freundschaftlicher Wärme für ihn erfüllt hatte, als er von der gemeinsamen Arbeit von Kommunisten und Christen sprach, kann ich hier nicht mehr voll teilen. Zwar hat sie nichts vom vorformulierten Jubel straßensäumender »gesellschaftlicher Organisationen« an sich und nichts von den eingelernten Huldigungen offizieller Reden, sie ist immer noch ganz »persönlich«. Aber ich meine ein Stück Identifikation des erstaunten

Lammes mit einem plötzlich friedfertig gewordenen Wolf darin wahrzunehmen: sieh, er frißt mich nicht, obwohl ich seit langem in seiner Reichweite grase – ja, er gibt mir sogar Heu! Die Version, die einer solchen Demutsgebärde entspringt, braucht gar nicht eingelernt und dann abgeleiert zu werden, sie kommt von tief innen, ja, sie hat sogar etwas von Gottsuche an sich: und ist in ihrem Ergebnis doch ganz und gar orthodox. In Minhs Spiegelung bekommt der Kommunismus eine frühchristliche Note, und damit eine elementare moralische und gefühlsmäßige Kraft, ohne irgend etwas von seinen Zielen oder Methoden preisgeben zu müssen. Zugleich aber fügt diese Spiegelung die Wirklichkeit ein in ein ideales Bild: Minh sieht sie nur, wie sie sein könnte. Daß gerade dies so schwer zu machen ist, bleibt außerhalb seines Gesichtskreises.

Man Da La klopft an die Tür. Mit ihr habe ich es einfacher. Ich habe die Fäden aus der Vergangenheit mit ihr nicht verknüpfen können, und der Besuch in der Pagode hat mir gezeigt, daß sie sich voll der offiziellen Buddhisten-Politik der Regierung verschrieben hat. Ich weiß, sie kommt, um mich zu überzeugen: ob im Auftrage oder aus eigenem Antrieb ist dabei nicht so wichtig. Denn anders als Minh ist sie darin, bis in ihre sprachlichen Formulierungen, von Anfang bis zu Ende mit sich selbst identisch. Deshalb lügt sie auch nicht: ihr überaus scharfer, kritischer Verstand setzt nur, wie von einem eingebauten elektronischen Sensor gesteuert, dort mit seiner Arbeit aus, wo er die vorgezeichneten Umrisse verwischen müßte.

So unterscheidet sich ihr Bericht vom Buddhisten-Prozeß auch nicht wesentlich von demjenigen des Vorsitzenden der Saigoner Patriotischen Front. Auch sie spricht von den Tränen der Staatsanwältin, die die Anklageschrift verlas (ist diese damit den Weisungen Le Duans nachgekommen? Wie verhindert man, daß aus einem Appell an die Menschlichkeit ein Mitleidserlaß wird?) Ja, die Angeklagten hätten ihre Verteidiger im Saal gehabt; aber sie hätten auf deren Dienste verzichtet. Man Da La kommt dann zu den Hintergründen des Prozesses: Am Anfang habe ein Konflikt um das Waisenhaus Quach thi Trang gestanden. Es sei vor Jahren unter Mitverwendung von Regierungsgeldern des Thieu-Regimes erbaut worden und dementsprechend Regierungseigentum gewesen.

Lediglich die Direktion war einem buddhistischen Mönch, Thich Nhat Thien, anvertraut. Der Rat der buddhistischen Kirche hätte bald nach der Befreiung Saigons einen Brief an die zuständigen Regierungsstellen geschrieben, in dem er anbot, »alle derartigen Einrichtungen« dem Staat zu übereignen. Beim ersten Besuch eines Regierungsvertreters im Waisenhaus hätte Thich Nhat Thien noch seine Bereitschaft erklärt, mit diesem zur Vorbereitung der Übernahme zusammenzuarbeiten. Jedoch bald darauf hätte er seine Meinung geändert. In einem Brief an den Rat der Pagode übereignete er plötzlich diesem das Waisenhaus und bat ihn, dessen Verwaltung zu übernehmen. Thich Thong Buu und Thich Thong Hue, Mitglieder des Zentralrats, hätten dann eigenmächtig beschlossen, dies Angebot anzunehmen, und sich im Waisenhaus einquartiert. Zweimal sei der Regierungsvertreter vergeblich gekommen, um das Waisenhaus in Besitz zu nehmen: Thich Nhat Thien hätte sich verleugnen lassen, so daß er unverrichteter Dinge umkehren mußte. Erst beim dritten Mal sei Thich Nhat Thien dann zugegen gewesen. Der Regierungsvertreter hätte daraufhin auftragsgemäß damit begonnen, das Schild mit dem Namen »Buddhistisches Waisenhaus Quach thi Trang« vom Tor abzunehmen. Daraufhin sei es zu einer Prügelei zwischen ihm und den Mönchen gekommen. Der Regierungsvertreter sei danach gegangen, jedoch hätte er das Waisenhaus kurz darauf von der Polizei räumen lassen. (Auf meine Frage: Nein, Kinder seien schon lange, seit 1975, nicht mehr drinnen gewesen . . . die Regierung hätte vorgehabt, die Räume als Schule zu nutzen.)

Ohne Thich Tri Thu, den Prinzipal der An Quang Pagode zu fragen (dieser sei zu der Zeit in Nha Trang gewesen), hätte der Rat der Pagode, unter dem Vorsitz des Generalsekretärs Thich Quang Do, aber inspiriert von Thich Huyen Quang, einem anderen führenden Mitglied der buddhistischen Hierarchie, beschlossen, diesen Zwischenfall zum Anlaß einer Kraftprobe mit der Regierung zu nehmen. Die Mönche hätten bereits den Feuertod einer Nonne, Nhu Hien, vorbereitet, im letzten Augenblick sei die Selbstverbrennung jedoch von der Polizei verhindert worden. Zehn Tage später habe Nhu Hien mit Schlaftabletten Selbstmord begangen: bei der Autopsie habe sich herausgestellt, daß sie schwanger war. Kurz zuvor hätte es bereits eine andere Selbstverbrennung in Can Tho gegeben: der Mönch, er war früher Polizist, hatte Weibergeschichten, die Vorsteher der Pagode hätten ihn hinausgeworfen: daraufhin habe er sich umgebracht. Die Saigoner Führung der An Quang Pagode hätte von diesen Hintergründen nur wenig gewußt und sei auf das Gerücht hereingefallen, dieser Feuertod sei aus politischen Motiven erfolgt. So sei die Stimmung in An Quang schon angeheizt gewesen, als es zu dem Konflikt um das Waisenhaus kam, und Thich Huyen Quang sei mit seinen Vorschlägen durchgekommen. Die Pagode hätte Tausende von Flugblättern verbreitet, in denen sie die Bevölkerung aufforderte, Weisungen nur von ihr, der Pagode, entgegenzunehmen, und vor jeder Zusammenarbeit mit Regierungs- und Parteistellen warnte. Gleichzeitig sei ein Appell ans Ausland lanciert worden, den Buddhisten gegen die Verfolgung ihrer Religion und die Unterdrückung der Glaubensfreiheit beizustehen. Vielleicht sei die ganze Aktion auch von Thich Nhat Hanh ferngesteuert, meint Man Da La, dieser fühle sich als geistlicher Führer des vietnamesischen Buddhismus, sei aber erfüllt von Machtgier und politischem Ehrgeiz, und arbeite deshalb seit langem mit der CIA. Thich Thong Buu habe im übrigen beim Prozeß zugegeben, Kontakte mit Führern reaktionärer Gruppen gehabt zu haben, die er in seiner Pagode traf. Und: irgend jemand müsse die Flugblattaktion ja finanziert haben. Dies sei wohl durch die Hilfsgelder erfolgt, die Thich Nhat Hanh dem Pagodenrat regelmäßig überweise: Gelder des CIA. Die Nachweise für die Überweisungen seien übrigens beim Prozess als Beweismittel vorgelegt worden. Und im übrigen seien ja alle Angeklagten geständig gewesen.

Ein geschlossenes Bild, an dem nichts mehr unklar ist. Ich frage nur noch nach den unterschiedlichen Urteilen, wo alle Angeklagten doch geständig und schuldig waren. Das Strafmaß ergebe sich aus dem Maß der Einsicht in die eigenen Irrtümer und Fehler, sagt Man Da La. Wer diese vollständig einsieht, von dem sei zu erwarten, daß er sie nicht wiederhole. Weshalb solle er dann noch ins Gefängnis? Im Sozialismus sei das Gefängnis keine Strafe, sondern Gelegenheit zu kritischer Besinnung: und Schutz der Gesellschaft vor denen, die noch nicht umgelernt hätten. Sobald jemand einsehe, er habe falsch gehandelt, komme er frei. Und Minh fügt hinzu: »Geständnisse haben bei uns eine andere Funktion als bei euch, sie sollen den Schuldbeweis nicht ersetzen.« Zunächst würden die Beweise gesammelt. Erst wenn diese ganz schlüssig seien, beginne die gemeinsame Arbeit mit dem Angeklagten: dieser solle verstehen lernen, weshalb er sich geirrt, weshalb er falsch gehandelt hätte. Der Abschluß dieser Arbeit sei dann das Geständnis. Diese Arbeit gelinge mal besser, mal schlechter. Deshalb variierten die Strafen auch mit dem Grade der Einsicht der Angeklagten. Dies sei menschlich, nicht die blinde Automatik von Schuld und Strafe der bürgerlichen Gesetzesmaschinerie. Wer hat recht? Minh mit seiner Idee einer gemeinsamen Aufarbeitung der Irrtümer und Fehler durch den Angeklagten und den Untersuchungsrichter, die vom Urteil dann nur noch besiegelt wird? Oder Hoas und Nghis Insistieren auf klar definierte Straftatbestände und -drohungen sowie auf eine Verteidigung, wenn es sein muß, auch gegen den sozialistischen Staat? Ich kann nichts dafür, daß mir für einige Augenblicke die heilige Inquisition einfällt. Zu ihrer Zeit erregte sie nicht nur Schrecken, sie wurde auch, von sanften Minhs, als Exempel von Menschenfreundlichkeit und Güte (der Kirche) gepriesen. Natürlich, in Vietnam wird heute weder gefoltert noch gemordet. Und ich kenne auch die Farce von der »Gleichheit vor dem Gesetz«, man braucht mir nicht Anatol France zu zitieren, die Blindheit Justitias trägt nicht nur zu ihrer Gerechtigkeit bei. Aber es hat inzwischen ja auch die Oktoberrevolution gegeben, im ersten Jahrzehnt danach waren ähnliche Hoffnungen wie die Minhs nach einer menschlicheren Justiz lebendig, die auf Einsicht der Angeklagten baut. Dann kamen die Moskauer Prozesse mit ihren Geständnissen. Das war nicht zwangsläufig, gut, wurde später auch korrigiert. Aber kann man, ohne Garantien, dahinter zurück? Der Stalinismus war doch kein Unfall der revolutionären Geschichte, und auch keine ausschließlich seinem Autor anlastbare persönliche Böswilligkeit. Wo ist die revolutionäre Menschenrechtscharta, die die bürgerliche in sich aufheben kann, und zugleich die Verfahren angibt, wie sie zu sichern ist? Zu wenig wurde darauf geachtet, wie auch nichtantagonistische Widersprüche in einer klassenlosen Gesellschaft sich verknoten und zu monströser Menschenfeindlichkeit aufblähen können. Man muß ihnen auf die Spur kommen, ihre Gesetzlichkeit aufdecken, wie Marx diejenige des Kapitals. Sonst hätte Minh nur die alten Hoffnungen auf eine revolutionäre Gerechtigkeit wiederentdeckt, wie der Lodzer Ghettoschuster 1927 die Integralrechnung: und sie wären ganz schnell wieder dahin. Auf der andern Seite: jedesmal, wenn diese Hoffnung wieder aufschimmert, ergibt sich auch eine neue Chance.

Vielleicht ist hier diese Chance aber schon vertan. Die schwangere Nonne, die sich umbringt, wo habe ich das schon gehört? Die atheistische Propaganda Stalins, der Pfaffenspiegel der Nazis, bevor sie mit Pacellis Hilfe ihr Konkordat schlossen? Madame Nhu, 1963? Zu viel fällt mir dazu ein, als daß ich diese Geschichte als ausreichende Erklärung eines einmaligen Vorfalles hinnehmen kann. Auch die heimlichen Kontakte führender Mönche mit reaktionären Zirkeln, sie stehen nicht erstmalig da, die Fernsteuerung aus dem Ausland, das geheimdienstliche Geld, und schließlich: die Schuldbekenntnisse, der freiwillige Verzicht auf Verteidigung. Zu simpel ist das Schema, für mich jedenfalls: und zu allgemein. Aber vielleicht ist es nur deshalb so einfach, so klischeehaft, weil die Wirklichkeit selbst sich so monoton wiederholt? Ist das Waffenarsenal, dessen die Konterrevolution sich bedient, nicht genauso begrenzt und sind es dementsprechend nicht auch die Mittel ihrer Abwehr? Nghi und Hoa haben gesagt, daß die CIA in An Quang vielleicht wirklich ihre Hand im Spiel gehabt hat. In den Pentagon-Papers erkennt man ja tatsächlich eine ähnliche Handschrift. Dagegen steht: ich kenne Thich Tri Quang, er könnte eine solche Kampagne lancieren, aber niemals in fremden Auftrag. Und er würde niemals ein schwangeres Mädchen für seine politischen Zwecke mißbrauchen.

Politisch verstehe ich den Konflikt des Staates mit den Buddhisten nach Man Da Las Bericht jetzt besser. Es geht um Eigentum, Organisationen und Institutionen der buddhistischen Kirche, also um Macht. Auf den Geschmack dieser Macht waren die vietnamesischen Buddhisten erst nach Diems Tod 1963 gekommen, bis 1966 hatten sie sie voll ausgekostet, und danach – nach ihrer Niederlage in Danang und Hué – gehofft, sie eines Tages, nach dem Sturz Thieus, wiederzugewinnen. Wie schwer muß es ihnen jetzt fallen, sich von ihr für immer zu trennen! 1965 wollte Thich Tri Quang die Amerikaner noch ein paar Jahre im Land halten, um unter ihrem

Schutzschild: Bomben und Tod, eine buddhistische Massenpartei aufzubauen, so stark, daß die Kommunisten einem Kompromißfrieden zustimmen müßten, der sie nicht ausschließen, aber einer buddhistischen Führung unterordnen sollte: ein khomeinisches Südvietnam. Davon konnte ich ihn auch 1967 nicht abbringen, als seine Hoffnungen darauf sich nach Kys Polizeiaktion in Danang und Hué zerschlagen hatten. Mit Universität, Schulen, Kranken- und Waisenhäusern und dem dazugehörigen Besitz im Rücken versuchte die Pagode An Quang auch danach immer noch Einfluß auszuüben: mit einer oppositionellen Senatsfraktion, von Vu van Mau angeführt (auch Huan gehörte ihr an), als ihrem Sprachrohr. Solange sie diese Basis: Besitz, Bildungs- und Sozialeinrichtungen hatten, blieb ihnen immer noch eine Hoffnung auf politische Wiedergeburt.

Aber gerade den Einfluß, der von solchen Einrichtungen ausgeht, kann der sozialistische Staat nicht dulden, und in der prekären Konsolidierungsphase, in der er sich befindet, schon gar nicht. (Die letzten bewaffneten Banden des alten Regimes wurden erst 1977 ausgehoben, und unmittelbar danach begann Kampuchea seinen Grenzkrieg.) In mehrfacher Hinsicht wäre dieser Einfluß gefährlicher als bei den Katholiken: einmal schmückt die Buddhisten die Gloriole des bürgerlichen Ungehorsams (wenn auch nicht des Widerstandes) gegen zwei Unterdrückungsregimes (Diems und Thieus); zweitens: eine größere Zahl von Menschen fühlt sich von ihnen repräsentiert (jedenfalls in Zentral-Vietnam: im Süden war er, Nghi zufolge »mehr eine Modesache«), und drittens schließlich fühlen die Buddhisten sich dadurch, daß sie 1975 nicht an der Macht beteiligt wurden, sondern sich einzufügen hatten in eine ohne sie konzipierte sozialistische Ordnung, um die Früchte ihres Kampfes betrogen (die Kommunisten haben mit ihnen gemacht, was sie, die Buddhisten, mit den Kommunisten machen wollten). Dieser Gefahr ist der Staat nicht durch religiöse Verfolgung begegnet: (wenn religiöse Verfolgung Einschränkung der Glaubens- oder der religiösen Versammlungsfreiheit bedeutet), sondern nur dadurch, daß er der buddhistischen Kirche die materiellen und organisatorischen Grundlagen für ihre politische Macht entzog. Dazu hat der Sozialismus das Recht, denke ich. Andererseits: auch wenn er das Recht dazu hat, ist es klug, es so rasch und brüsk in Anspruch zu nehmen? Hätte er den Buddhisten nicht mehr Zeit geben sollen, Vertrauen zu fassen, und sich selbst die Zeit, sie davon zu überzeugen, daß sie die Verantwortung für im alten Regime legitimer- und notwendigerweise übernommene Aufgaben (wie Krankenpflege, Sozialarbeit, Erziehung) jetzt an den sozialistischen Staat abgeben müssen – und doch weiter an ihnen mitarbeiten können? Hätte man sie geduldig einbezogen, hätte man auch denen, die immer noch von der Macht träumen, vorerst noch in ihren eigenen Einrichtungen Gelegenheit zu gemeinsamer Arbeit beim Aufbau der neuen sozialistischen Gesellschaft gegeben, vielleicht hätten auch sie sich eines Tages bereit gefunden, auf dies sinnlos gewordene Stückchen Macht freiwillig zu verzichten. Dann hätten sich auch solche Zwischenfälle wie um das Waisenhaus Quach thi Trang und deren Folgen, die Buddhistenprozesse, vermeiden lassen. Hätten sie? Wenn die CIA dahinter steckte, wahrscheinlich doch nicht so leicht. Andererseits: vielleicht hätte die CIA dann auch weniger Ansatzpunkte für ihre Stör- und Sabotageversuche gefunden. Und damit bin ich ich wieder bei der Diskussion mit Hoa und mit Nghi. Wie schwer es doch ist, das Einfache . . . Banalität und doch so schrecklich (ja: schrecklich!) wahr. Wie leicht verstrickt man sich: wenn man es machen, aber auch wenn man ihm nachdenken will. Sicher, die Buddhisten haben übertrieben, überempfindlich reagiert: aber taten sie das nicht auch bei manchen Anlässen unter Diem und Thieu? Man Da La sagt, jetzt müsse die An Quang Pagode wohl auch hinsichtlich ihrer künftigen Führung Konsequenzen aus den Ereignissen: d. h. aus dem Ausgang des Prozesses ziehen, und die Mönche in ihrem Rat ersetzen, die angeklagt waren. Ein solcher Schritt kann von den Buddhisten aus Einsicht in ihre Lage und als Ergebnis einer Reflexion über ihre Aufgabe in der sozialistischen Gesellschaft getan werden. Man kann ihn aber auch durch – mehr oder weniger – sanfte Gewalt erzwingen. Die Deutschen Christen: ich weiß, daß auch im schlimmsten Falle dazwischen noch Welten, Abgründe liegen. Aber: Nhus Versuch der Lancierung einer linientreuen buddhistischen Kirche 1963? Kys und Thieus Anstrengungen, durch eine neue Charta der Religionen Eigentum und Legitimität der buddhistischen Kirche dem von ihnen gekauften Thich Tam Chau zuzuspielen? Beide Versuche sind gescheitert, und es gibt keinen Beweis, daß die vietnamesische Regierung tatsächlich die Absicht hat, ähnliches zu versuchen. Aber es gibt auch eine einsichtslose, unterwürfige Identifikation mit der Macht, und nichts wäre für Vietnams Buddhisten schlimmer . . . und nichts für das neue sozialistische Vietnam, die Staats- und Parteiführung eingeschlossen. Nichts schlimmer? Nicht einmal die Konterrevolution? Aber droht sie wirklich? Oder wird sie nur herbeibeschworen, wenn man keine andern Argumente mehr hat?

Beim Abendessen hört sich Cay meine Zweifel geduldig an, verfolgt die Spuren der Gedanken mit, die wie Billardkugeln in meinem Kopf hin- und herwandern, von innen an die Schädeldecke stoßen, ihre Richtung ändern, noch einmal, noch einmal und wieder, bis sie irgendwann, irgendwo, notwendig? zufällig? zum Stillstand kommen. Ich bin froh, daß Cay mich anhört. Sie hat ein schönes Lächeln und ist ein Mensch.

Am nächsten Morgen beginnt die Tagung. Sie findet in der Nationalversammlung, am Ba Dinh Platz statt. Hier hat Ho Chi Minh im August 1945 die Unabhängigkeit Vietnams ausgerufen. Das Gebäude erinnert eher an ein großes Kino, der Sitzungssaal ist mit grauem Linoleum ausgelegt, das Gestühl bezogen mit rotem Plastik-Kunststoff, der schon etwas abgesessen ist. Kein Marmor, keine Teppiche, ein großer Arbeitsraum.

Nur der vordere Teil der Sitzreihen wird von uns Delegierten eingenommen, im größeren Teil des Saales sitzen ausgewählte vietnamesische Gäste. Tran Duy Hung, der vor kurzem in den Ruhestand getretene ehemalige Oberbürgermeister von Hanoi kommt auf mich zu und umarmt mich. Er erzählt den Umstehenden meine halbe Lebensgeschichte, die Jahre in Hué, meine Arbeit dort für die Befreiungsfront, und daß ich 1972 »in der schlimmsten Zeit« in Hanoi war. Das werde er nie vergessen. Phan Anh ist da, – er war schon 1945 Minister in Ho Chi Minhs erster Regierung – Nguyen thi Binh (auch sie hatte Lacouture totgesagt) und Xuan Thuy. Die Scheinwerfer gehen an, die Kameras surren, alle erheben sich von den Plätzen. Pham van Dong kommt und eröffnet die Tagung. Nach seiner Rede bleibt er oben auf der Tribüne, ich sitze unten im Saal. Heute werde ich ihm meinen Brief nicht übergeben können. Wie alt er geworden ist! Die gebeugte Haltung, der kleinschrittige Gang. Die paar Stufen hinauf zu der Empore mußte er sich stützen lassen. 1972, als wir im Park seines Regierungssitzes mit ihm spazierengingen, wirkte er voll Energie, elastisch und jung, als wäre ein Teil seiner Jahre an ihm vorübergegangen. Nun scheinen sie, alle auf einmal, über ihn hergefallen zu sein. Einen günstigen Augenblick müssen sie dazu abgepaßt haben: das große Aufatmen nach dem Sieg? Diese plötzliche, schlagartige Alterung: auch bei Phat, bei Xuan Thuy, bei Hung wird sie sichtbar, nach den Jahren des Kampfes, der Anspannung. Warum wirkt sie nur wie der Verlust der Jugend – nicht wie ein Zugewinn an Übersicht, an Weisheit, an Geduld? Konnte es, neben Ho Chi Minh, keinen großen alten Mann geben, keinen Onkel, nur Neffen? Nach seinem Tod war der Platz freigeworden, denn Ton Duc Thang, Ho Chi Minhs Kampfgenosse, revolutionärer Matrose der »Aurore« 1920, füllte ihn nicht aus. Und doch hat sonst niemand ihn bisher eingenommen.

Ros Samay, der Kampucheaner, spricht, er schildert die Leidensgeschichte seines Volkes, der Saal lauscht bewegt. Danach Joshua Nkomo, er tritt auf wie ein regierender Fürst, das Stöckchen britischer Kolonialoffiziere wie einen Göringschen Marschallstab in der Hand. Muß ich deshalb an Idi Amin denken? Er redet sehr lange, hellsichtige politische Analysen durchmischen sich mit Klatschgeschichten über seine Querelen mit »President Kaunda«. Schließlich die Festreden, die Solidaritätsliturgie, fast unmöglich ist es, sich nicht ständig zu wiederholen. Claude Gatignon versucht es, mit Erfolg. Eine Buffonerie bleibt fast unbemerkt, weil am Ende kaum einer mehr zuhören kann: als der sambische Botschafter die Amerikaner (?!) warnt, sich in die inneren Angelegenheiten unabhängiger Staaten einzumischen: wenn sie dies weiterhin täten, würden sie überall so unrühmlich herausfliegen wie vor wenigen Tagen aus Phnom Penh.

So zieht die Tagung an mir vorüber: Reden, Reden, zwischendurch Mahlzeiten, abends ein Kulturprogramm. In den kurzen Pausen versuche ich die roneotypierten Texte der Reden zu erhaschen, die Entwürfe der Resolutionen. Es ist wie bei der »Reise nach Petersburg«, die wir als Kinder spielten, und wo jedesmal, wenn die Musik aussetzte, ein Stuhl zuwenig zum Hinsetzen da war. Hier reichen die Abzüge für die Delegierten nicht aus, wer zuerst kommt, mahlt zuerst, die letzten gehen leer aus. Meine eigene Rede bereite ich während der Sitzungen vor: es ist keine Festrede, sondern ein Arbeitsbericht. Vielleicht schrecken deshalb einige Delegierte aus ihrem Halbschlaf auf, als ich sie am Sonntagabend halte. Ich bin ruhig, fast wieder ganz »normal« geworden. Ho Chi Minh-Stadt, der Flug zurück verflüchtigen sich wie ein an mir vorübergezogener Traum: Bilder, die in der Wirklichkeit kaum eine Wurzel haben, Facetten, disparate Empfindungen.

Am Sonntagabend, nach dem Ende der Sitzung, sagt Cay, wir sollten uns einen »schönen Abend« machen. Die Befangenheit zwischen uns ist verschwunden, die alte Herzlichkeit und Wärme wieder da, auch der Wunsch, sie anzufassen, in den Arm zu nehmen. Unsere Fingerspitzen treffen sich, noch wird kein Versprechen daraus, (diesmal sind wir vorsichtig), aber wir lassen sie, wie Kinder im Sandkasten, deren Eltern sich derweil ernsthaft unterhalten, eine Weile miteinander spielen. Knüpfen wir da wieder an, wo wir vorgestern, von Gustavo, seiner Landsmännin und dem betrunkenen cubanischen Reporter unterbrochen wurden? Ich werde es nie erfahren, denn Abdul Razzah el Nuri, der irakische Generalsekretär, kommt an unsern Tisch und lädt mich zur Sitzung des »Drafting Comittees«, der Entwurfskommission für die Resolutionen ein, so könne ich die Arbeit der AAPSO am besten kennenlernen. Ich kann nicht ablehnen. Oder habe ich nur Angst: will ich es nicht darauf ankommen lassen? Worauf? Auf eine neue Zurückweisung? Oder daß wir uns zu nahe kommen? Denn obwohl Claude sagt, in Hanoi würden wie durch ein Wunder nach 10 Tagen alle Frauen schön, weiß ich, daß diese Erklärung hier nicht ausreicht, daß in jede Berührung mit Cay die explosive Kraft der Erinnerung eingehen würde, die mich in den vergangenen Tagen überschwemmt und beinahe entwurzelt hatte. Wünsche – und fürchte ich zugleich – einen solchen Moment? Oder möchte ich nur meine Spannung bei ihr abladen: le repos du guerrier?

Als ich von der Sitzung zurückkomme, ist es 1 Uhr morgens. Cay ist nirgends zu sehen, auch nicht in der kleinen Bar, aus der nur noch die gröhlenden Stimmen schwedischer Fernsehreporter dringen. Am nächsten Morgen ist sie unausgeschlafen, aufgelöst wirkt ihr Gesicht, erschlafft, nicht entspannt, sie ist befangen und etwas gereizt. Mit einem Bulgaren, vom internationalen Studentenverband, hätte sie bis in die Nacht hinein geredet. Sie hat mit ihm geschlafen, denke ich, und mir wird ganz eng in der Brust.

Im Foyer unseres Tagungsortes treffe ich den Bulgaren, dunkel ist er, mit viereckigem Kopf, groß, bullig, der Bauch etwas vorgestreckt: auf eine etwas primitive Art sieht er ganz gut aus, denke ich, und: der Typ Mann, gegen den ich immer den kürzeren ziehe. Irre ich mich, oder ist auch er etwas befangen? Wir kommen dann doch ins Gespräch, und ich merke: er ist klug, herzlich, feinfühlig: ein richtiger slawischer Intellektueller, auch wenn er auf den ersten Blick nicht so aussieht. Ich ärgere mich, daß die Eifersucht meine Wahrnehmung so verzerrt hatte.

Am Montagnachmittag ist die Tagung zuende. Während einer Pause im Sitzungssaal kommt Cays Dolmetscher, der mit uns in Ho Chi Minh-Stadt war, auf mich zu und sagt: »Tomorrow you cant't go to Hué. They are not ready to receive you«. Grinst er wieder, wie als er mich im Flugzeug nach Caldwell fragte? Ich möchte von ihm wissen, was ich am nächsten Morgen tun soll. Er zuckt mit der Achsel: er hätte mir nur diese Botschaft ausrichten sollen. Während wir unsere Plätze wieder einnehmen, sehe ich Quat, vom Friedenskomitee, er hatte mich vor zwei Tagen freundschaftlich begrüßt und mir seine dienstliche Telefonnummer gegeben. (Es war allerdings nicht die richtige, ich hatte ihn dort nicht erreicht.) Ein Rettungsanker, denke ich, laufe auf ihn zu, frage, weshalb ich nicht nach Hué kann. Kurz angebunden, etwas gereizt und abweisend sagt er, die Sache gehe ihn nichts an. Ich solle mich an Herrn Phuc vom Solidaritätskomitee wenden. Der aber ist nirgends zu sehen. Es stimmt also, denke ich, Tuong ist verhaftet, sie wollen nicht, daß in Hué mir jemand davon erzählt. Und: die Saigoner Sicherheitspolizei hat ihren Bericht endlich abgeliefert. Sie wissen jetzt, daß ich bei Hoa und Nghi war und haben sich ihren Vers auf unser Gespräch gemacht. Oder: haben sie meine Notizen gelesen, meinen Brief an Pham van Dong? aber: den habe ich doch immer bei mir getragen. Vielleicht war es auch mein Besuch bei Huong? Hat sein Bekannter, der Sicherheitsoffizier, doch einen ins einzelne gehenden Bericht gemacht? Warten sie nur noch die Abreise der andern Delegierten ab, morgen früh, um mich dann alleine abzufangen? Wieder verheddere ich mich in diesem Gestrüpp aus Mißtrauen und Angst.

Gegen 17.30 Uhr ist die Tagung zuende. Nguyen thi Binh sagt uns, die Zeit sei zu knapp, um ins Hotel zurückzufahren. Um 19 Uhr sind wir nämlich zu einem Empfang bei Pham van Dong eingeladen. So überqueren wir 150 Delegierten unter ihrer Führung den menschenleeren Ba-Dinh Platz, in einer langen, in mehrere Teilstücke auseinandergebrochenen Schlange, umkreisen die tausendjährige Mot Cot Pagode, tröpfeln langsam ein in den Park des Regierungspalastes. Wir sollen Ho Chi Minhs Wohnstätte sehen, das Gartenhaus des Gouverneurs, in dem er bis zu seinem Tod gearbeitet und gelebt hat. Es ist aus Holz, steht auf Säulen, von Scheinwerfern beleuchtet, sauber gelackt. Besser, es würde in den Bergen stehen, im Viet Bac, wo nach 1946 Hos Hauptquartier war. Hier in diesem Park, unmittelbar neben dem früheren kolonialen Prunkgebäude, das heute Regierungspalast ist, wirkt es künstlich dahingesetzt: nicht wie ein Dienstboten- oder Gärtnerhaus, (so hatte ich es mir vorgestellt), sondern als wenn es Bestandteil eines anthropologischen Museums wäre – oder eines Operndekors. Ho Chi Minhs zwei Anzüge hängen dort, seine Bücher liegen auf dem kleinen Arbeitstisch. Im Licht der Scheinwerfer kommt mir alles seelenlos, wächsern und tot vor, wie Ho Chi Minhs Leichnam im Mausoleum. Bestattet mich einfach, hatte er in seinem Testament gesagt, er wollte kein aufwendiges Begräbnis.

Danach stehen wir eine Viertelstunde in kleinen Gruppen vor dem Eingang des Palastes herum und frieren. Pham van Dong fährt vor, ein Begleiter hilft ihm die vielen Treppenstufen hinauf. Wir verziehen uns etwas weiter weg, um den anderen Gastgebern die Peinlichkeit unseres Anblickes hier zu ersparen. Dann ist es soweit: wir dürfen den Saal betreten. An den langen Tischen des Stehbuffets nimmt Tout Hanoi uns in Empfang. Begrüßungsreden, Enge. Tran Duy Hung steht da, »na, morgen fährst Du nach Hué«, sagt er. Ich berichte ihm von meinem Mißgeschick. Was die Streichung Hués aus meinem Programm für mich bedeutet, sieht er an meiner wütenden Verzweiflung, was sie für Folgen für die Solidaritätsbewegung in der BRD hätte, kann er sich ausmalen. Er ist ärgerlich und zornig. Warte einen Augenblick, sagt er, dann spricht er rasch mit einigen Leuten, die ich nicht kenne. Mit einem (erleichterten?) Lächeln kommt er zu mir zurück: »Du kommst nach Hué, das wäre ja noch schöner«, sagt er, »morgen geht es noch nicht, aber ich hoffe übermorgen«. Ich verlasse ihn. Wie komme ich an Pham van Dong heran, der von AAPSO-Sekretären und Vizepräsidenten flankiert an einem Tisch an der Stirnwand des Saales sitzt und ißt? Da sehe ich Professor Ton That Tung, den Chirurgen, einen alten Freund, in seiner Nähe stehen. Ich freue mich, ihn hier wiederzusehen, nach so langer Zeit, gehe auf ihn zu, denke aber auch: so kann ich mich näher an Pham van Dong heranarbeiten. Etwas schäbig komme ich mir vor, als ich Tung sage, gern hätte ich Pham van Dong wiederbegrüßt. »Komm, ich bring' Dich gleich hin«, sagt der, wir bahnen uns einen Weg zu seinem Platz. Tung stellt mich dem Ministerpräsidenten vor, ich versuche, ihm die Teestunde in seinem Privathaus, 1970, wieder in Erinnerung zu bringen, und das gemeinsame Gespräch mit Uta Ranke-Heinemann, nur wenige Tage vor dem Beginn der Weihnachtsbombardements 1972. Ich bin nicht sicher, daß er mich erkennt. Banalitäten tropfen von unseren Lippen, Dank, unverbrüchliche Solidarität, ja, wir brauchen sie. »Wir haben diesmal so wenig Zeit«, kann ich ihm noch sagen, »hier ist deshalb ein Brief, bitte, lesen Sie ihn selbst«. Er verspricht es, steckt ihn in seine Jackentasche. Ich bin erleichtert: wenigstens das. Niemand hat bemerkt, worum es bei der Übergabe ging, nicht einmal Tung. Durch unser Beispiel ermuntert, treten jetzt immer mehr Delegierte an Pham van Dong heran, machen ihm ihre Honneurs. Er kommt kaum mehr zum Essen. Ich plaudere mit Tung, wir verabreden für den nächsten Tag einen Besuch seines Krankenhauses. Hung wird davon verständigt: »C'est le patron de la boite«, sagt Tung, Hung lacht und sagt: »Na, dann haben wir ja morgen für Dich ein Programm.« Um 9 Uhr morgens soll Phuc mich vom Hotel abholen. Noch ein paar Abschiedsreden, dann ist der Empfang zuende. Cay sagt, sie hätte heute abend noch viel zu tun. Ob wir morgen zusammen frühstücken können? Ich spüre einen kleinen Stich: der Bulgare? Morgen früh fliegt sie, mit Claude, mit den DDR-Freunden zurück nach Berlin. Für die meisten andern Delegierten, die ja erst unmittelbar vor Beginn der Tagung in Hanoi eingetroffen waren, ist für morgen die Exkursion nach Ho Chi Minh-Stadt angesetzt. Bleibe ich in diesem Hotel allein? Bevor ich schlafen gehe, mache ich Ordung in meinen Sachen, damit alles griffbereit liegt. Ich weiß, es ist sinnlos: aber Aufräumen entängstigt mich etwas und dämpft meine Traurigkeit. Und ich schreibe an Edith nach Paris einen langen Brief, den Claude mitnehmen wird. Den Zettel, den ich für sie hingekritzelt hatte, als der Dolmetscher mich mit der Nachricht erschreckt hatte, in Hué könnten sie mich nicht empfangen, zerreiße ich: »Sie scheinen mich nicht nach Hué lassen zu wollen«, hatte ich ihr übermitteln wollen, »aber vielleicht lassen sie mich auch gar nicht weg. Wenn Du in 10 Tagen noch nichts von mir gehört hast, stell' Nachforschungen an«.

Am nächsten Morgen trage ich Cays Koffer nach unten. Es ist noch dunkel, als wir uns an den Frühstückstisch setzen. Wir tauschen unsere Adressen aus, versprechen, uns die Fotos, die wir voneinander geknipst haben, zuzuschicken. Es war schön, daß Du da warst, sagt Cay. Und ich: das Hotel wird ohne Dich leer sein, ohne Dich und Deine Sachen im Nebenzimmer. Sag' mal, mit wem soll ich reden, wenn sie mich doch nach Hué lassen? Abschied von Kurt Seibt, Willy Sommerfeld, Kurt Krüger. Wir sind uns nahe gekommen während dieser Tage, wir werden uns wiedersehen. Freundschaften, von unserer Arbeit getragen, auf offiziellen Gleisen, sie werden auf Privates nie überspringen, und sind doch herzlich und warm. Ich habe Respekt vor ihrem mönchischen Leben: außer im engsten Familienkreis ist der Zeitplan der Gefühle ihrer Verfügung entzogen.

Ich begleite Cay noch zum Bus. Da sagt Kurt Krüger zu ihr: »Fahr doch bei uns mit, im Auto, ein Platz ist noch frei.« Hand in Hand gehen wir zum Botschaftswagen. Plötzlich liegen wir uns fest in den Armen, vergessen Seibt, Krüger, alles um uns herum. Worte, Zärtlichkeiten, Botschaften der Augen, der Lippen, der Haut, die in uns beiden bereitlagen, aber, aus welchem Grund auch immer, ihren Weg nicht fanden, wollen im letzten Moment doch noch hinüber. Es dauert ziemlich lange. Der Fahrer hupt ... Na, na, ihr habt doch keine Dummheiten gemacht, sagt Kurt Krüger lachend, während Cay zu ihm in den Fond steigt. Nein, ganz bestimmt nicht, können wir ihm beide versichern. Der Konvoi fährt an, ich winke ihm nach. Dann gehe ich zurück in mein Zimmer. C'est mourir un peu. Sentimental? Kitschig? Aber mir ist ganz danach zumute.

Um 8 Uhr ruft Phuc mich an, der junge Mann vom Solidaritätskomitee, der ganz gut deutsch spricht und ab heute für meine Betreuung zuständig sein soll. Er verspricht, mich, wie verabredet, um 9 Uhr zu holen. Während der Tagung hatten er und eine weitere Mitarbeiterin mich in den Informationsraum des Hotels gebeten, sich als meine zukünftigen Betreuer vorgestellt und sich nach meinen Wünschen für die Woche nach der Tagung erkundigt. Ich freue mich, seine Stimme zu hören. Denn schon kam ich mir im leergewordenen Hotel ganz verlassen vor, wie ein herrenlos gewordener Hund, der nicht mehr weiß, wer ihm sein Futter gibt. Ist der AAPSO-Speisesaal für mich noch zuständig? Steht mir mein Zimmer überhaupt noch zu? Ich weiß, daß die Angst, verlassen zu sein, auch sonst am Rande meines Bewußtseins lauert, nur darauf wartet, sich auch an die albernsten Gelegenheiten zu hängen, wo sie von mir Besitz nehmen kann. Heute früh ist die Gelegenheit günstig: wie der Mann am Trapez, wie der Stab beim Staffettenlauf, muß ich übergeben werden, von der AAPSO dem Solidaritätskomitee: und soviel habe ich hier schon gelernt: das ist eine schwierige Transaktion, ein bürokratischer Balanceakt geradezu. Was, wenn er mißlingt?

Um 9 Uhr stehe ich unten in der Halle. Inzwischen ist es grau und kalt geworden, ein feiner Sprühregen dringt durch alle Kleider bis auf die Knochen. Le Crachin nannten ihn die Franzosen, Huan hat mir davon erzählt, vor 17 Jahren, in Hué. Ich friere. Phuc kommt nicht. 9 Uhr 15, 9 Uhr 20, 9 Uhr 30. Ich sag der Empfangsdame, daß ich jemand vom Solidaritätskomitee erwarte und gehe zurück auf mein Zimmer, stelle die Heizung an. Die Gedanken beginnen wieder zu kreisen. Betreuer sind doch nie unpünktlich, eher kommen sie eine Viertelstunde zu früh. War das Ganze nur ein Trick? Will man mich weichkochen, indem man mir einen Strohhalm reicht (Phucs Anruf) und ihn gleich wieder entzieht? Hat sich ein Machtkampf ganz oben irgendwo zu meinen – und Hungs – Ungunsten entschieden? Ist er noch im Gange? Will man mich einen Tag, zwei Tage einfach hier schmoren lassen – im dreiviertel leeren Hotel, wo niemand weiß, was mit mir geschehen soll, wo ich auf Anrufe keine Antwort bekomme (falsch verbunden . . . nein, ist nicht da . . .), bis schließlich zwei freundliche Herren an der Tür stehen, die einen Augenblick mit mir sprechen wollen? Wohin kann ich entkommen? Ich weiß ja nicht einmal, wo meine paar Freunde wohnen: Ton That Tung, Tran Duy Hung, Nguyen Xuan Dao, sein Neffe? Und sind sie noch meine Freunde? Ich habe sie ja alle (mit Ausnahme Daos, den ich im Flugzeug nach Moskau traf, 1970), durch offizielle Kanäle kennengelernt. Ja, ich sitze in der Falle, wie Prinz Malko hinter dem eisernen Vorhang: nur daß ich kein Spion bin und auch nicht weiß, wie man die glutäugigen Schönen findet, die SAS immer die Schleichwege zeigen, auf denen man sich zurück in die »Freiheit« durchschlagen kann. Dieser Seitenweg meiner Gedanken bringt mich zum Lachen, beruhigt mich etwas. Und ich komme dahinter, weshalb ich mich so schutzlos fühle: Es gibt kein Netz privater Freundschaft oder auch nur flüchtiger Bekanntschaften, das einen hier auffangen kann, wenn man in einen – auch nur begrenzten – Konflikt mit den Behörden gerät. Alle privaten Kontakte sind untersagt, man kann nirgends hingehen, sich aussprechen oder auch nur ablenken, auch nicht in die Stadt, sie ist dazu zu weit. Auf der häßlichen, grauen Landstraße, die von braunschwarzer Erde gesäumt ist, nicht von grünen Reisfeldern, bekäme man Angst wie in einem Edgar-Wallace-Film: besonders an Tagen wie heute, wo die Sicht nur ein paar Meter weit reicht. Und die Stadt hat noch nicht einmal eine private Topographie, die ihr ein vertrautes Gesicht gibt: hier wohnt der, dort wohnt der, hier könnte man, auch wenn es verboten ist, hingehen. Kurz: ich bin ganz hilflos, und wie ein Säugling in jeder Hinsicht auf Betreuung angewiesen. Deshalb die Vernichtungsangst, wenn die Flasche (oder die Zärtlichkeit) – zu lange auf sich warten läßt; deshalb auch die irrationale Bereitschaft, wenn sie dann doch noch kommt, fast wie ein vom Tode Erretteter zu reagieren: mit intensivster Zuneigung und Dankbarkeit. So werden Bande geknüpft, die noch lange halten, wenn man wieder zu Hause ist. Einen Augenblick frage ich mich, ob das alles gewollt und in ein Solidaritätskonzept eingeplant ist: das Kontaktverbot, das neue, von der Stadt weit weg gebaute Hotel, das plötzlich zu einem Kafkaschen Schloß wird und die (normalerweise) lückenlos perfekte Betreuung, die alle positiven

Gefühle absorbiert. Ich bin ja ein Ausnahmefall, die Instanzen der Betreuung wechseln sonst nicht. Hat die Lücke, die bei mir entstanden ist, dazu geführt, daß ich mir des sonst verborgen bleibenden Mechanismus bewußt werden konnte, oder habe ich mir auch den nur eingebildet: in der Regression, die mit einer intensiven (totalen?) Betreuung immer ein Stück weit einhergeht, eigene, kindliche Ängste verzerrt symbolisiert – quer zu der Wirklichkeit?

Das Telefon klingelt. Die Sache hat sich nur etwas verzögert, sagt Phuc, er würde in einer halben Stunde bei mir sein. Und er kommt wirklich. Es gibt noch eine kleine Querele wegen des Wagens. AAPSO-Delegierte sind wohl hochrangiger eingestuft als einfache Gäste des Solidaritätskomitees. Aber Phuc versteht es meisterhaft, in meinem künftigen Status eine Zweideutigkeit aufrechtzuerhalten. Ich soll auch weiter im AAPSO-Speisesaal essen, sagt er, es seien noch einige Delegierte da, die nicht mit nach Ho Chi Minh-Stadt geflogen sind, und wir bekommen das Auto.

Bei Ton That Tung fängt es wie jedesmal mit einer Tasse Tee an. Giang sitzt dabei, mein Reiseführer von 1970, flankiert von zwei schwedischen Journalisten. Es wird englisch gesprochen, und ich muß zunächst eine Stunde lang übersetzen: Tung spricht französisch, die Schweden können englisch, womit Giang, dessen Französisch und Deutsch perfekt sind, wiederum seine Schwierigkeiten hat. Ich schaffe es dann ganz gut, komme mir fast wie ein Professioneller vor, ja mehr noch, wie einer, der zum Team gehört. Tung, Giang und ich blinzeln uns zu, wir verständigen uns, auch darüber, was wir den Schweden erzählen und zeigen wollen und was nicht. Aus einem Betreuten bin ich beinahe zu einem Betreuer geworden, die Ängste sind weg (auf Kosten der Schweden?). Dann bleiben wir, Tung, Giang, Phuc und ich, allein. Stolz zeigt mir Tung noch andere Teile des Krankenhauses, seit 1970 hat es sich erstaunlich modernisiert. In der Intensivstation sind die Schwerkranken an Überwachungseinheiten angeschlossen, ganz wie bei uns. Jetzt, wo die Schweden fort sind, hört Tung auch auf, die typischen, für Ausländer vorgesehenen Geschichten vom Anfang aus dem Nichts 1954, vom geduldigen Aufbau, vom heroischen Durchstehen der Bombardements zu erzählen: er weiß, daß ich dies alles (es ist wahr, nichts erlogen) schon lange kenne. Er schimpft auch auf die Ministerialbürokraten, die ihm oft sinnlose Schwierigkeiten machen. Kürzlich hätten sie, ohne ihn zu fragen, alle Wege im Krankenhaus asphaltieren lassen, bei Regen sei das Wasser nicht mehr versickert . . . Und anderes mehr, was ich nicht mehr behalten habe. Kurz, er bezieht mich ein, ich bin nicht mehr bloß ein Aufhänger für vorgefertigte Informationen, sondern ein Freund, dem man auch von seinen Kümmernissen erzählt. Das tut wohl. Wie wir zu seinem Büro zurückkehren, begrüßt er noch einen Herrn in mittleren Jahren, der dort, mit zwei oder drei anderen Leuten auf ihn wartet. Er stellt mich ihm vor, ganz selbstverständlich: ein Kollege aus der BRD, ja, und der Herr ist General, Befehlshaber eines nördlichen Militärbezirks, den er noch aus dem Krieg mit den Franzosen her kenne. Hier ist er nur ein Patientenangehöriger (seine Frau liegt im Krankenhaus) zugleich ein entfernter Bekannter, wird freundlich, ja herzlich begrüßt, aber ganz beiläufig, und nicht als Prominenz behandelt. Tung informiert ihn rasch über das Befinden seiner Frau, dann gehen wir wieder in sein Büro. Die Banalität, die Alltäglichkeit dieser Szene gibt mir am meisten Sicherheit, die petites Perceptions sind wieder da, die seit Leibniz einen Gegenstand in die Wirklichkeit eingraben und ihn so abheben von den Produkten der Einbildungskraft: von Idee, Wahn, Mythos und Traum.

Danach werfen Phuc und ich einen Blick auf Hanoi. Wir lassen unser Auto stehen, wandern am kleinen See entlang, am Thong Nhut Hotel vorbei wieder auf die Einkaufsstraße zu. Phuc hat keine Zigaretten mehr, bei den Straßenhändlern sind auch keine zu sehen. Er wird sichtlich nervös. Ich verspreche ihm, im Hotel ein paar Schachteln zu kaufen, denn dort gibt es ja immer welche. Wir gehen in einen Andenkenladen für Touristen, es ist ein Valutaladen, wie die Intershops in sozialistischen Ländern. Ich finde ein paar Ohrringe für Edith. Im zweiten Verkaufsraum gibt es Alkohol und ausländische Zigaretten: ich erwerbe ein paar Schachteln und stecke sie Phuc zu. Vor 9 oder auch 7 Jahren, als ich zum letzten Mal hier war, wäre eine solche Szene noch undenkbar gewesen: der Mythos von Anspruchslosigkeit, Unbestechlichkeit und asketischer Würde war auf dem Gipfel seiner Macht: ihm zuwiderzuhandeln, indem man Trinkgeld – oder auch nur kleine Geschenke

– annahm, wäre ein Sakrileg gewesen, beinahe tödlich. Das errichtete immer auch eine Distanz zwischen den ausländischen Gästen und ihren Betreuern: deren Bedürfnisse und Entbehrungen durften nur allgemein und abstrakt zu Worte kommen, als Bedürfnisse und Entbehrungen aller Menschen im Lande, die sie, die Betreuer, mit ihren Mitbürgern selbstverständlich und solidarisch teilten. Eine private Komplizenschaft: mit der Lust meines Betreuers, hier und jetzt, auf eine Zigarette, auf einen Schluck Reisschnaps, auf ein gutes und reichliches Essen konnte so gar nicht entstehen. Auch im Bereich der Wünsche und Nöten fehlten die kleinen Wahrnehmungen: der Betreuer blieb nur in großen Zügen erkennbar, die für den Ausländer zugelassen – vorgezeichnet? – waren, auch er eher eine Gestalt der Legende als des Alltags. Phuc hat diese Legende verscheucht, er ist aus den Wolken zu mir herabgestiegen, er hat mich zu seinem Kumpel gemacht, ja, ein Stück weit zum Komplizen – gegen den Mythos. Wir klopfen uns auf die Schulter, sind plötzlich Freunde. Einen Augenblick bin ich ganz berauscht davon, daß dies möglich ist: banale Alltäglichkeit zwischen den Menschen ist für einen Ausländer wie mich, für den sie im Programm nicht vorgesehen ist, so selten und kostbar geworden, daß sie zu Glück wird. Die alltägliche Wirklichkeit, die blöde Banalität als Erlösung vom Mythos, wie Gottes menschgewordener Sohn: ich muß mich vorsehen, denn schon habe ich aus ihr einen neuen Mythos gemacht.

Zum ersten Mal mache ich einen ausgiebigen Mittagsschlaf. Danach ordne ich noch einmal meine Sachen, denn morgen früh fliegen wir, Phuc, ich und noch ein weiterer Betreuer, der Duc heißt, ich kenne ihn noch nicht, nach Danang und Hué.

Im Morgengrauen fahren wir nach Gia Lam. Duc, mein zweiter Begleiter, ist Mitte 50, sein kurzgeschnittenes Haar weist schon erste graue Fäden auf. Er ist etwas kleiner als Phuc, zierlicher gebaut, und hat ein schönes, ruhiges Lächeln, das gelegentlich einen schelmischen Anflug bekommt. Sein Blick hat nicht mehr den éclat der Jugend, eine verständnisvolle, gutmütige, aber auch etwas resignierte Ironie scheint an dessen Stelle getreten zu sein. Er war während des Kampfes gegen die Franzosen im Maquis, kein Soldat, sondern Beamter des Außenministeriums, Hoang Minh Giam, heute Präsident des Solidaritätskomitees, war schon damals sein Chef. Obwohl Duc es nicht wahrhaben will (Phuc und ich, wir beide sind gleich, sagt er), wird mir schnell klar, daß er es ist, der während dieser Reise für mich die Verantwortung trägt. Fast auf den ersten Blick mag ich ihn, fasse Vertrauen. Und mein Bedürfnis wächst, mit ihm und Phuc so unterwegs zu sein wie 1970 mit Giang und mit Tham, den beiden Kollegen, die das Gesundheitsministerium mir damals zugeordnet hatte. Ich möchte wieder lernen, mir die Augen öffnen lassen für die Errungenschaften des Sozialismus in diesem Land, das ich wie kein anderes geliebt habe, seit ich Estland im Alter von 13 Jahren verließ. Aber die fugenlose Harmonie meiner ersten Begegnungen mit dem vietnamesischen Sozialismus stellt sich nicht ganz wieder her. Ich bleibe gegenüber meinen eigenen Bedürfnissen, zu glauben, mich anzuvertrauen skeptisch, ja mißtrauisch: gerade weil sie so plötzlich und so stark in mir anschwellen. Vielleicht habe ich nur Stadtausgang von der geschlossenen Abteilung, in Begleitung zweier verständnisvoller, gütiger Pfleger, die allzu schädliche Reize von mir fernhalten und das richtige, angemessene Verhalten mit mir einüben sollen: City-Training im vietnamesischen Sozialismus?

In Gia Lam installieren wir uns zuerst im allgemeinen Wartesaal. Kader mit abgetragenen Jacken und verschlissenen Aktentaschen, die in die Provinz ausschwärmen, Soldaten, ein paar kinderreiche Familien mit Körben, Koffern, Säcken füllen den Raum. Es riecht nach Reis und Nuoc Mam (ein Fisch-Extrakt, die wichtigste Eiweißquelle der Vietnamesen). Die Atmosphäre erinnert mich an Phu Bai, den Huéer Flughafen Anfang der 60er Jahre, nur etwas ruhiger und disziplinierter geht es hier zu: fast alle Reisenden finden auf den Bänken Platz, niemand muß auf dem Fußboden hocken, die Zigarettenkippen werden im Aschenbecher ausgedrückt, nicht einfach auf den Boden geworfen. Ich bin hier der einzige Ausländer, fühle mich wohl, will gerade mit meinen Sitznachbarn ein Gespräch anfangen. Aber ein Flughafen-Milizionär, der uns ausfindig gemacht hat, führt uns nach einem kurzen Palaver mit Phuc in den VIP-Trakt herüber. Hier sitzen die sowjetischen Berater, ein paar Staatsgäste wie ich mit ihren vietnamesischen Begleitern, ein Fernsehteam, einige mittlere

Funktionäre. Bei der Gelegenheit nehme ich wahr, daß ich 1970 und 1972 diesen VIP-Trakt für den allgemeinen Wartesaal gehalten hatte: ich hatte mich damals gewundert, daß es nicht nur für mich, sondern auch für die vietnamesischen Reisenden so wenig Paß- und Zollformalitäten gab. Jetzt erst wird mir klar, daß er die Hälfte des Flughafengebäudes einnimmt und selber noch in einen großen Wartesaal und einige kleine Empfangsräume für besonders prominente Gäste unterteilt ist.

Der Himmel bleibt verhangen, als wir in Danang landen. Aber die etwas feuchte Wärme ist wieder da, und kaum haben wir das Flugzeug verlassen, bricht auch schon die Sonne hervor. Wir werden von zwei Mitgliedern der vaterländischen Front abgeholt. Sie stehen am kleinen Gattertor, im offenen Hemd. Im Empfangssaal des Flughafengebäudes trinken wir eine Tasse Tee und lernen uns etwas kennen. Phuc erzählt, als er mich vorstellt, von meinen Jahren in Hué, ich frage nach Xuan Que und Triet, mir fällt wieder ein, daß beide aus der Provinz Quang Nam stammen. »Ihre Freunde sind auch unsere Freunde«, sagt Tuyet-Mai, der Wortführer unserer beiden Gastgeber. Er war während des Krieges mit beiden in der gleichen FNL-Zelle, ihr politischer Lehrer, der sie auch für den Widerstandskampf gewann. »Die Medikamente und die chirurgischen Instrumente, die Que und Triet uns gebracht haben, kamen also von Ihnen.« Schon ist eine freundschaftliche, ja intime Atmosphäre da, wie sie bei den offiziellen Begegnungen in Saigon nicht entstanden war. Und ich bin zum ersten Mal mit weiteren Maschen des Netzes in Berührung gekommen, dessen äußerste Verästelungen Triet, Que, Phan und Tuong damals waren. Wer hinter ihnen stand, mit wem sie verbunden waren, das durfte ich während meiner Huéer Jahre nicht wissen: zu ihrem und auch zu meinem Schutz. Und als ich 1967 vors Russell-Tribunal ging, hatte ich die Frontlinie schon überschritten und mich in die Nachhut im tiefsten Hinterland, in die internationale Solidaritätsbewegung eingereiht. Abstrakt wußte ich zwar, daß die Kader der Befreiungsfront, die ich bei internationalen Konferenzen kennenlernte, etwas mit Ques, mit Triets, und mit Tuongs Kampf zu tun hatten. Aber bis zu ihnen – und so auch bis zu meiner eigenen Vergangenheit – hatte ich mich bisher an den Maschen dieses Netzes nicht entlangtasten können. Mit Tuyet-Mai nähere ich mich nun, zum ersten Male von der andern damals dunklen gebliebenen Seite, ihnen und damit auch mir selber, meiner eigenen Vergangenheit. Ein Stück des Mysteriums hellt sich auf, Gestalten, die jahrelang hinter den Kulissen verborgen geblieben waren, betreten die Bühne, ich höre sie, sehe sie, kann mit ihnen sprechen, drück ihre Hand.

»Wir wollen es heute kurz machen«, sagt Tuyet Mai, »denn Sie wollen sicher so schnell wie möglich nach Hué.« Ich bin freudig überrascht von seinem Verständnis. Wie anders ist es hier als in Saigon. Niemand ist peinlich berührt davon, daß ich meine Freunde von damals wiedersehen will. Aber die nächsten Worte treffen mich dann wie ein Peitschenhieb: »Wenn Sie morgen Nachmittag wieder zurück sind, sehen wir uns wieder«. Ich versuche zu erklären: es ist unmöglich, alle meine Freunde in 24 Stunden wiederzusehen, das Krankenhaus, die Fakultät . . . Que würde ich bei dem Empfang der Vaterländischen Front treffen, und Tuong sei gar nicht in Hué, lautet die etwas stockende Antwort. Die alten Zweifel werden wieder wach: hatten Nghi und Hoa doch recht, will man verhindern, daß ich erfahre, Tuong sei im Gefängnis? Mit großer Festigkeit sage ich, nach 12 Jahren sei ein Tag in Hué zu kurz, und in Saigon hätte ich erfahren, Tuong sei doch dort. Tuyet Mai lacht: »Gut, dann bleiben Sie eben einen Tag länger.«

Wir fahren ins Hotel, durch die Vororte in das Zentrum der Stadt. Die Straßen sind voller Menschen, die Elendshütten, aus Konservenbüchsenblech und alten Holzkisten, die die von den Amerikanern ausgebombten und zwangsevakuierten Dorfbewohner sich zwischen 1965 und 1972 hier errichtet hatten, sind noch immer bewohnt. Das Hotel, das im Krieg wohl amerikanische Soldaten beherbergte, ein häßlicher Billigbau aus Beton, ist hingegen fast leer. Am schwarzen Brett mit den Dankesadressen finde ich den Namen Seipps, des Dermatologen, der mein letztes Hueer Jahr teilte und mir 1967 half, mein Bild-Material zum Russell-Tribunal herauszuschmuggeln. Er war mit einer Reisegruppe vor einem Jahr in Vietnam, und also auch hier. Gleich kommt mir das unpersönliche Hotel etwas vertrauter vor.

Nach dem Essen bleiben noch zwei Stunden bis zu unserer Abfahrt nach Hué. Niemand folgt mir, als ich das Hotel verlasse. Es gibt hier anscheinend keine adretten jungen Männer mit Kugelschreiber und Notizbuch in der Tasche, die auf den Polsterbänken der Empfangshalle darauf warten, daß ein Fremder spazierengehen will. Nach zwanzig Schritten kehre ich wieder um, frage Duc und Phuc, ob sie mich begleiten möchten. Phuc ist etwas verlegen: ob ich nicht alleine oder mit Duc gehen könne. Er hat gerade auf der Straße eine achtjährige Cousine getroffen und möchte schnell seine Verwandten besuchen. So schlendere ich mit Duc auf einen Markt zu, der voller Orangen, Bananen, Gemüse, Süßigkeiten und Feuerwerkskörper ist. Ich kann die horrenden Preise nicht mit der Warenfülle in Einklang bringen. »Die Leute kaufen jetzt sehr viel«, sagt Duc, wie entschuldigend, »das Tet-Fest steht vor der Tür.« Menschen jeden Alters flanieren auf den Straßen, hocken vor den Hauseingängen oder Ladentüren. Wir begegnen ein paar kichernden katholischen Nonnen; einem buddhistischen Mönch, dessen grau-gelbe Soutane vor Schmutz starrt. Er scheint ziellos umherzuirren. Der Kessel Danang, den die Amerikaner zum Überkochen gebracht hatten, brodelt also noch weiter, wenngleich auf kleiner Flamme. Aber viel leichter als in Saigon fällt es mir hier in dieser Stadt, mit der ich niemals sehr intim geworden bin, in betrachtender Distanz zu bleiben. Sie ist nur ein Zwischenspiel. Die Entscheidung über mich fällt in Hué.

Mit unserem schwarzen Wolga verlassen wir Danang. Aus der sandigen tristen Ebene sind die Fischerdörfer wie weggewischt, die bis zur Mitte der 60er Jahre hier noch von der Nuoc Mam-Produktion gelebt hatten. Keine Spur ist von ihnen zurückgeblieben: weder Steine noch Wege, weder Bäume noch Bambusgesträuch. Die Amerikaner haben sie mit ihren Bulldozzern dem Erdboden gleichgemacht (jetzt erst verstehe ich, was dies wörtlich bedeutet), prophylaktisch, um ihre »Military base«, eine der größten der Welt damals, gegen Feuerüberfälle des »Viet Cong« zu sichern. Wir passieren einen vielleicht 15 Meter hohen, bemerkenswert häßlichen Beton-Buddha – ich kann mich nicht mehr erinnern, ob der aus der kurzen Periode des buddhistischen Triumphalismus 1964 bis 1966 stammt? – und lassen rechts und links von der Straße zwei Soldatenfriedhöfe liegen, deren Gräber sich bis zum Horizont erstrecken. Dann erreichen wir die Auffahrt zum Wolkenpaß. Im 14. Jahrhundert war das die Grenze zwischen hinduistischer und fernöstlicher Zivilisation. Einer der strategischen Alternativpläne der Amerikaner sah ihren Rückzug bis hierher vor.

Am Fuß des Passes, unmittelbar am Meer, liegen die gewaltigen Benzinreservoire, die während des Krieges viele Male in die Luft geflogen sind. Damals empfand ich mehr als »klammheimliche Freude« darüber: ein paar Freunden (Christian, Tuong, Phan) konnte ich sie offen zeigen. In den schwierigen Jahren 1965/66, als die Amerikaner immer wieder behaupteten, der »Viet Cong« sei zu umherirrenden kleinen Trupps auseinandergetrieben, waren solche Angriffe für uns der greifbare Beweis, daß der Kampf weiterging. Und eine Art feierlicher Erregung nahm von mir Besitz, wenn wir uns die ersten Serpentinen der Paßstraße hochschraubten und rechts und links von uns das Dschungelgehölz sich bis zum Straßenrand vorschob. Damals wußte ich: die Befreiungskämpfer sind ganz in der Nähe, es ist ihr Terrain, dessen Randzipfel wir hier durchqueren. Angst war der Erregung beigemischt, aber auch freudige Erwartung.

Diese Erregung will sich heute nicht einstellen. Ich bin zwar, wie immer, benommen von der Schönheit dieser Landschaft, vom tiefen Grün des Dschungelgestrüpps, durchzogen von weißschäumenden Kaskaden, vom dunklen Blau des Meeres, dem Azur des Himmels, dem Gold der Sonne. Doch ihr Geheimnis spüre ich nicht mehr. Liegt das an der von den Amerikanern aus strategischen Rücksichten aufs Dreifache verbreiterten Straße: zu meiner Zeit war sie ein schmales, in den Dschungel gesenktes Asphaltband, man konnte sie gleichzeitig nur in einer Richtung benutzen, mit festgelegten Stunden für die Auf- und Abfahrt. Erst wenn die Wagenkolonne von oben herunterkam, wußte man, sie ist passierbar, und wahrscheinlich von Minen frei. Heute ist die Straße breit genug, zwei große Lastzüge aneinander vorbeizulassen, und der Verkehr rollt ständig, in beiden Richtungen. Aber das allein kann es nicht sein. Auch dort, wo die Straße noch schmal ist, auf den kleinen Nebenpässen zwischen Lang Co und Cau Hai und am Ufer der Lagune (auf der anderen Seite stand damals der »Viet Cong«) kehrt die Erregung nicht wieder. Das Gestrüpp, die Reisfelder, die Dünen, die Bananenhütten, aus denen früher jeden Augenblick ein Befreiungskämpfer treten konnte, haben ihre Hintergründigkeit verloren: als hätten sie nichts mehr zu verbergen, als zeigten sie nur noch sich selber. Die »Viet Cong«, damals noch die ominöse Zukunft des Landes, für uns, auf der anderen Seite, unsichtbare Gravitationszentren, von denen jede Bewegung, jedes Ereignis von einigem Gewicht ausging, sind ja nicht mehr »dort«, in den Bergen. Die Zeichen ihrer Anwesenheit sind verschwunden: Zeichen, die damals ihre potentielle Allgegenwart für Freund und Feind ankündigten: sieh, wir sind da . . . aber nicht hier, sondern dort . . . wenn Du uns finden willst, mußt Du diese Zeichen lesen können. Heute haben sie die beredsame Tarnkappe, die diese Landschaft für sie war, abstreifen können, sie sind hier, mitten unter den Leuten, in den Gemeinde- und Rathäusern, den Polizeirevieren, den Kasernen – keine ahnungsvolle Hoffnung mehr, (und keine tödliche Bedrohung, für die andern), sondern sichtbare, überprüfbare Gegenwart, eine ganz gewöhnliche öffentliche Verwaltung. Ist das der Grund, weshalb Dschungel, Reisfelder, Lagunen mir heute so banal und alltäglich erscheinen, ihrer einstigen ereignisträchtigen Bedeutsamkeit entkleidet? Oder bin ich nur darüber enttäuscht, daß das Indianerspiel zuende ist – mit seinen Millionen Toten? In den Bergen dort, in den Dünen ist jedenfalls nichts mehr, was noch kommen könnte. Es ist alles schon da, angekommen in der Welt der Straßen, der Städte.

Unterwegs begegnen wir vielen Soldaten auf Lastwagen, aber auch zu Fuß, auf der Landstraße, in den Dörfern. Sie tragen die grünen Uniformen und die Tropenhelme der vietnamesischen Volksarmee, nur durch die sehr kleinen Rangabzeichen auf den Kragenspiegeln kann man Offiziere und Mannschaften unterscheiden. Sie bewegen sich diskret, weichen entgegenkommenden Bäuerinnen mit ihren schweren Tragkörben aus; nichts an ihnen erinnert an den auftrumpfenden Gang der Marines und Paras des alten Regimes. Wohl sieht man weniger Militärs als 1967, als ich diese Straße zum letzten Mal befuhr, und manche stacheldrahtstarrenden Stützpunkte und Kasernen aus der Zeit der Amerikaner verfallen langsam zu Ruinen oder sind heute von Zivilisten bewohnt. Aber die ländliche Ruhe, die 1961 und Anfang 62 in diesen Straßendörfern herrschte, ist noch nicht wiedergekehrt: dazu sind der Fahrzeuge und der Soldaten noch zu viele. Nur Lang Co, die

Bastion der katholischen Flüchtlinge am Fuß des Wolkenpasses, auf einer Landzunge zwischen Lagune und Meer, erstrahlt wie damals noch in Licht, Ordnung und Sauberkeit. Zum Schneiden ist die Stille am Dorfrand, den wir durchfahren. Wie riesige Krabben paddeln die Fischer in kreisrunden Körben quer durch die Lagune. Auf der andern Seite der Nehrung, man sieht schon vom Wolkenpaß den kilometerlangen leuchtenden Strand, waren Juliette und ich 1962 beinahe ertrunken. Aber Lang Co mit seinen Häuschen, Gärtchen, Bambushecken und Alleen, mit seinem relativen Wohlstand ist, wie damals, eine Ausnahme: eine problematische Ausnahme, wie man dem sorgenvollen Gesicht Ducs ablesen kann, als er von den »vielen Kirchen« der »immer noch reaktionär gesonnenen« Flüchtlinge dort spricht. Es ist auch kein typisches Straßendorf: erst 50 Meter von der Straße entfernt, jenseits spärlich bewachsener sandiger Dünen, beginnt seine Bambushecke.

Die übrigen Dörfer an der Straße haben sich wenig verändert. Die Reparaturwerkstätten für Busse und Fahrräder, die Verkaufsstände und Imbißstuben in kleinen Verschlägen, aus Bambus und Bananenblättern geflochten, stehen immer noch dort, in den größeren Orten sehen wir halb unter uns, wie von einem Bahndamm, die grauen, schäbigen Märkte, auf denen es von Menschen nur so wimmelt. Diese sind, wie ehedem, ärmlich gekleidet, manche, besonders Kinder, in Lumpen. Kein schreiendes Elend, aber die alte Armut. Und noch eines fällt mir auf: die Kilometersteine, an denen wir vorüberbrausen, geben heute zumeist nicht mehr die Entfernungen zu den nächsten Orten an: nach Phu Loc, Phu Bai, Hué, Quang tri; statt dessen verweisen sie auf Hanoi, Hai Phong, Vinh, Ninh Binh, weit weg im Norden des Landes. Zur geistigen Orientierung ist dies gewiß nützlich; aber ist es auch praktisch? Die Abzweigung nach Phu Bai, dem Huéer Flughafen, 15 Kilometer vor der Stadt, hätte ich fast gar nicht wiedererkannt: wenn ein zerschossener US-Panzer mich nicht hätte aufmerken lassen, der an der Straßenkreuzung liegen geblieben war.

Ebenso unversehens erreichen wir die Stadt: so plötzlich, daß ich gar nicht darauf vorbereitet bin. Wir überqueren den Kanal von An Cuu, an beiden Enden der Brücke herrscht die frühere Geschäftigkeit: auch hier Werkstätten, Gemischtwarenläden, etwas größere Gaststuben, die heiße Suppen anbieten für Reisende, die die Stadt verlassen. Nur ganz wenige Flußboote. Dann führt unser Weg hinein in den häßlichsten Teil der Stadt, staubige Straßen, ohne Bäume – hier lagen früher die Kasernen, Militär-Depots, aber auch die »Securité publique«, die mich im Oktober 1967 zum Verhör einbestellt hatte. Etwas weiter weg fläzt sich die neue Kathedrale, die Ngo Dinh Thuc, Diems Bruder, 1962/63 hatte errichten lassen, in einem Chinoiserien nachempfundenen Pagodenstil. Schmutzig grau ist sie inzwischen geworden, fleckig ausgewaschen die einst zartblaue Fassadenfarbe. Das frühere US-Konsulat: leere Fensterhöhlen, sein Sendemast, in einem unkrautüberwachsenen Hof, ragt 50 Meter hoch, ein Fossil aus einer versunkenen erdgeschichtlichen Periode. Der kleine von den Franzosen hinterlassene Park, der die Straße säumt, ist zu einem Kinderspielplatz geworden. Ein paar bunte Klettergerüste sind dort aufgestellt: die ersten, die ich im Süden des Landes sehe. Über diese Straße radelte ich abends im Stockfinsteren zu Christian, während der politischen Krisen, um mit ihm zu beraten, was zu tun war: im Park quakten damals die Frösche, teilten das Dunkel auf in überschaubare Räume, dämpften die Angst.

Für ein paar Augenblicke verliere ich die Orientierung, bin bestürzt darüber, daß dies mir in Hué passieren kann. Dann ist auf einmal das Haus der International Volontary Service da, Len Acklands muskulöser Nacken (hat Barbara deshalb mit ihm geschlafen) mein Haß, der später zur Freundschaft wurde, als Barbara uns alle verlassen hatte, unsere Bridge-Abende, die vielen Informationen fürs Russell-Tribunal, die sie mir gaben, Len, Dave, Sandra, Victoria. Don Luce leitete damals den IVS in Vietnam: ein paar Jahre später fand er die Tigerkäfige in Con Son.

Der Wagen bremst. Die Rechtsfakultät (wo ich meine ersten Vorlesungen hielt, unser Fakultätsneubau war 1961 noch nicht errichtet) hier, vor dem ehemaligen Palast des Regierungsdelegierten fand am 1. 6. 63 die große Studentendemonstration gegen Diem und Nhu statt, Phan leitete sie, er saß auf dem Zaun gegenüber und intonierte die Protestslogans, das Rektorat (gedämpftes Licht in Huans Büro) dann biegen wir auf das Grundstück ein, wo wir damals alle wohnten: Ruppi und Babs, Seipp, Discher, Krainicks, Huan und ich: 2 Le Loi.

1970 sagte mir in Hanoi Ho Dac Di, der Rektor der dortigen Universität, es habe vor dem Krieg ihm gehört.

Das Grundstück ist heute von einem Pförtner bewacht, dem man eine kleine Loge gebaut hat. Die Professoren, die früher hier wohnten, haben einer Behörde Platz machen müssen, dem »Büro für Beziehungen zu Ausländern«, es gibt diese Einrichtung offenbar in jeder größeren Stadt. Wie notwendig ist sie hier, in einer Stadt, die von Ausländern nicht gerade überschwemmt wird? Ein hagerer, grobknochiger Mann begrüßt uns, eher zurückhaltend, mit einem maskenhaften Lächeln. Ich nehme ihn kaum wahr, vor lauter Aufregung bin ich ganz durcheinander gekommen. Hier, ja hier habe ich 6 Jahre meines Lebens verbracht, hier, in diesem Haus, und dort (man sieht nur eine Ecke davon hervorlugen) fünf Jahre. Hier habe ich gelernt, gelehrt, gekämpft, mit euch, für euch, ja, es stimmt, ich bin zurückgekehrt, ich bin wieder da, laßt mich euch wiederfinden, mich selbst wiederfinden, heißt mich willkommen, nehmt mich wieder auf, selbst der verlorene Sohn wurde von seinem Vater in die Arme genommen, wieso nicht ich, der ich die ganzen Jahre, die ich fort war, an euch gedacht, für euch, für uns gearbeitet habe? Diskret versuche ich dem »Genossen Verantwortlichen für Auslandsbeziehungen« klar zu machen, was dieses Grundstück für mich bedeutet, aber der drängt: »Bitte, wir müssen jetzt in Ihr Hotel«. Ich darf nicht einmal in den Hausflur des Gebäudes, das 5 Jahre mein Zuhause war, darf die zwei Kokospalmen am Kanal nicht sehen, nicht den Bahnhof, das gegenüberliegende Ufer, die blauen Berge am Horizont: das Panorama, das mich die Jahre über begrüßt und durch seine Schönheit besänftigt hatte, wenn ich morgens oder nach der Arbeit auf meinen kleinen Balkon trat. Warum? Ist diese Vergangenheit vergiftet, weil sie nicht vom ersten Tag an der Befreiung gehört hat? Wollen sie nur den Vorsitzenden der Freundschaftsgesellschaft begrüßen, den Sprecher des Antiimperialistischen Solidaritätskomitees, das Mitglied des Friedensrates? Und nicht den Lehrer und Arzt, der hier in Hué aus einer Verwirrung der Gedanken und Gefühle heraus schließlich lernend zu ihnen fand? Muß ich mich meiner Jahre in Hué schämen, so tun, als hätten sie nie existiert, um die neue offizielle Beziehung mit »den vietnamesischen Freunden« nicht zu gefährden?

Der »Genosse Verantwortliche« begleitet uns zu unserem Hotel. Wir fahren am Fluß der Wohlgerüche entlang, dem Song Huong der Dichter. Der frühere Sitz des Provinzchefs – etwas verwahrlost, aber der Stacheldraht ist weggeräumt, Quoc Hoc, Dong Khanh, die beiden berühmten »Lycées« der Stadt, Ho Chi Minh, Pham van Dong, To Huu, viele vietnamesische Revolutionäre sind hier zur Schule gegangen, Tuong hat in Quoc Hoc unterrichtet. Das Krankenhaus, das sich anschließt, erkenne ich kaum wieder. Die ein- bis zweistöckigen kolonialen Pavillons mit ihren Säulen und Terrassen, die luftigen Alleen sind verschwunden, an ihrer Stelle steht ein wohlgepflegter grauer Kompaktbau, mehretagig, der den Blick verschließt, die Amerikaner haben ihn 1969 hingebaut, nach den Zerstörungen, die ihre Bomben und ihre Artillerie unmittelbar nach der Tet-Offensive angerichtet hatten. Links vom Krankenhaus, ich trau meinen Augen nicht, eine neue Brücke, modern, trägerlos schwingt sie sich über den Fluß: sie ist sicher nützlich, aber die Harmonie der Uferpromenade mit ihren Flamboyants und Blumengärten, ganz 1900, ist dahin. Ich bin gekränkt, ja etwas beleidigt: meine Erinnerung so zu verunzieren! und wie ein vierjähriger trotziger Junge möchte ich unseren vietnamesischen Begleitern sagen: »Macht sie doch weg«.

Unser Hotel, Ngo Dinh Cans Repräsentationsbau aus dem Jahre 1963, liegt unmittelbar am Ufer des Parfum-Flusses, nicht weit vom Stadtausgang. Die Straße führt hier durch Dong Da, ein Kleine-Leute-Viertel, das einst Hochburg des »Viet-Cong« war, über Reisfelder und idyllische Dörfer hin zum Meer. In den ganzen Jahren habe ich dieses Gebäude nur einmal betreten: Anfang 1967, als der General Ngo Quang Truong dort den amerikanischen Offizieren als neuer Kommandeur der 1. Division vorgestellt wurde. Die vielen Lobreden machten es deutlich, daß die Public-Relations-Abteilung der US-Armee mit der ersten Division eine neue Eliteeinheit und mit Truong einen neuen Helden aufbauen wollte. Der neue Held wurde ein Jahr danach beim Pokerspiel von der Tet-Offensive überrascht und mußte sich Hals über Kopf zu seinen Beschützern in Sicherheit bringen. Später wurde er Korps-Kommandeur und einer der berüchtigtsten Schlächter der Thieu-Armee, den Amerikanern, die ihn »gemacht« hatten, bedingungslos ergeben. Ihre Werbekampagne für ihn trug sogar noch verspätete Früchte: wenige Tage vor dem Ende, im April 1975, kursierte in Saigon unter den verängstigten Anhängern des alten Regimes das Gerücht, Truong habe den Einkreisungsring der Kommunisten gesprengt und rücke mit noch intakten Divisionen auf die Hauptstadt vor. 1967 kannte ich ihn noch nicht, hatte auch noch nie etwas von ihm gehört. Prof. Krainick, der Leiter des deutschen Ärzteteams, hatte mich damals als seinen Vertreter zum Empfang geschickt, und ich war hingegangen in der Hoffnung, dort zumindest Material für die »Vietnamesischen Lehrjahre«, die ich inzwischen zu schreiben begonnen hatte, zu finden, oder gar ein paar nützliche militärische Informationen für die Freunde von der Befreiungsfront. Ein paar Wochen später zündeten Pioniere des »Viet Cong«, die mit Booten den Fluß heraufgekommen waren, Sprengladungen im Hotel, eine Etage brannte aus. Löcher im Gemäuer, rauchgeschwärzte Fensterhöhlen waren meine letzte Erinnerung an diesen Bau.

Hier, in diesem großen Speisesaal im Erdgeschoß, fand damals der Empfang statt. Mitten unter amerikanischen und Thieu-Offizieren, unter US-»Diplomaten«, CIA-Agenten und Zivilberatern stand ich, ein deutscher Arzt. Vielleicht, ja wahrscheinlich (wenn man den Pionierangriff wenige Wochen später bedenkt) war einer der vietnamesischen Dienstboten, die uns stumm Whiskys, Erfrischungsgetränke und Sandwiches reichten, ein illegaler Kämpfer der Befreiungsfront. Er kann nicht gewußt haben, daß auch ich insgeheim für seine Freunde arbeitete. Was muß er von mir gedacht haben? Was wird er heute denken, wenn er mich hier wiedersieht? Auch wenn man ihm sagt, daß ich auf seiner Seite stand: kann er meiner denn ganz sicher sein? Anders als er gehörte ich ja keiner illegalen Organisation an, ich empfing keine Aufträge, sondern entschied selber, was ich tun und wieweit ich mit meiner Zusammenarbeit mit dem »Viet Cong« gehen wollte. Ja kann ich meiner selbst denn ganz sicher sein? Haben die Phrasen von »Free World« und »winning the hearts of the people«, die sich bei diesem Empfang gebetsmühlenartig wiederholten, nicht auch mich für Minuten besoffen gemacht, hat mich das Angebot, Teil dieser unbezwingbar scheinenden Macht zu sein, keinen Augenblick lang fasziniert? Gut, ich bin der Verführung nicht erlegen. Als ich den Saal verließ, habe ich die wohlige Stimmung stillschweigenden Einverständnisses mit der »Freiheits«-Mission der Amerikaner gleich abgestreift: mit dem leisen Ekel, den eine Frau empfinden mag, die sich aus Vernunft und Berechnung mit einem ungeliebten Mann eingelassen hat, bei seinen Berührungen aber doch nicht ganz gleichgültig bleiben konnte. Vielleicht ist davon etwas an mir hängen geblieben, was die vietnamesischen Freunde heute noch spüren? Schlagen sie mir deshalb – indem sie meine Vergangenheit von mir fernhalten – einen radikalen Neuanfang vor? Und ist es manchen illegalen Kadern in den Städten vielleicht ähnlich gegangen? Sind sie wie ich »infiziert«, nicht ganz zuverlässig, und nehmen sie deshalb nur den dritten Rang nach den jahrzehntelang erprobten Funktionären des Nordens und den Kämpfern der Berge ein?

Im Saal erwarten uns zwei Vertreter der Vaterländischen Front. Sie dürften zwischen 40 und 50 Jahre alt sein. Tu, der größere von beiden, trägt ein hellblaues Hemd, er sieht wie ein etwas verhärmter Büroangestellter aus, sehr zurückhaltend bleibt er im Hintergrund. Er sagt mir auch nicht, daß er seit kurzem Xuan Qués Mann ist und 21 Jahre lang, von 1954 bis 1975, in Con Son im Gefängnis war, davon lange Zeit auch in den Tigerkäfigen. Körperlich ist er in gutem Zustand, aber aus dem Blick, aus den Bewegungen spricht eine große Müdigkeit: als ob der Elan, die forttreibende Kraft in ihm auf Sparflamme gestellt wäre. Mai, der kleinere, ist umso beweglicher. Seine braune Jacke ist zerschlissen und geflickt, mit seiner schwarzen Baskenmütze erinnert er an einen Boule spielenden französischen Rentner, aber dieser Eindruck wird sogleich von dem braunzerknitterten Revolutionärsgesicht mit großen, wachen, freundlichen Augen korrigiert. Er war »die ganzen Jahre über in den Bergen«.

Wir trinken Tee, Mai hält eine kleine Begrüßungsrede. »Wir kennen Sie gut hier in Hué«, sagt er, »wir sind glücklich, daß Sie zurückgekommen sind«. Ich erwidere, bei meiner Abreise, 1967, hätte ich meinen Freunden von der Befreiungsfront gesagt, eines Tages sehen wir uns im befreiten Hué wieder. Hué sei ein Stück meines Lebens, vielleicht das wichtigste, sicher aber eines der liebsten. Nun, nach 12 Jahren sei dieser Wunsch endlich erfüllt – eine Minute lang kämpfe ich mit den Tränen.

Mai und Tu warten schweigend, bis ich weitersprechen kann. Vielleicht haben sie ähnliches, nur noch viel stärker empfunden, als sie selbst nach Jahren des Kampfes und des Leidens Hué, ihre Heimatstadt, ihre Freunde, ihre Verwandten wiedersehen konnten – im Jahre der Befreiung, 1975. Auch Duc und Phuc spüren die Besonderheit dieses Augenblickes. Nur der »Genosse Verantwortliche« erscheint mir auch jetzt kalt wie ein Fisch.

Ich bringe meine Sachen in mein Zimmer. Die Flure sind leer, wir scheinen die einzigen Gäste zu sein. Inzwischen hat sich, unten in der Halle, ein junges Mädchen im weißen Ao der Huéer Studentinnen zu meinen Begleitern gesellt. Sie repräsentiert das touristische Informationsamt der Stadt und soll uns zu den Königsgräbern begleiten. Ich versuche mein Vietnamesisch an ihr: sie hört hin, versteht mich: der triumphierende Stolz, mit dem die Vietnamesen früher den Ausländern begreiflich machten, sie würden doch nie ihre Sprache erlernen, scheint überflüssig geworden zu sein, man braucht ihn nicht mehr, um sich einen von fremden Eindringlingen unbetretbaren Raum abzuzirkeln, und auch nicht, um – wenigstens hier – ihnen überlegen zu sein.

In der späten Nachmittagssonne fahren wir heraus aus der Stadt, über den Kanal, über die Eisenbahnlinie, auf den Nam Giao zu, die kaiserliche Zeremonienstätte, mittlerer Punkt einer Linie, die vom Mast der Zitadelle bis zum Berge Binh Ngu reicht: die Hauptachse der Huéer Geodäsie, die die »richtige Lage« aller kultischen Gebäude zu garantieren hat und damit die Harmonie der Wohnstätten von Irdischem und Überirdischem. Dann biegen wir rechts ab, in Richtung auf das Belvedere und das Grab Tu Ducs.

Hier kenne ich jede Hütte, jeden Baum. Wie oft bin ich alleine, mit Huan, mit Tuong, mit Christian hierher hinausgeradelt? Jenseits des Nam Giao begann damals das Niemandsland. Aber anders als vor dem Wolkenpaß, als in der Dünen- und Lagunenlandschaft zwischen Lang Co und Cau Hai ist der Zauber von einst hier ungebrochen. Die kleinen Bambusbrücken; die gewundenen braunroten Laterit-Wege, die über sanfte Bodenwellen zu einem Feldaltar oder einem Pagodentor führen, an kaum teppichgroßen Reisgärten vorbei; hineinverstreute Gräber, Bambushaine, eine Bäuerin, die geräuschlos dieses Bild durchquert; fast alle Symbole der volkstümlichen Tradition haben sich hier zu einem einzigen Gesichtsfeld zusammengezogen, als wäre es gar nicht die Wirklichkeit, sondern ein Seidenbild. Ich halte den Atem an; die schimmernden Farben, das flirrende Licht, sie reichen von den Gegenständen, die sie umhüllen, bis hin zu meiner Haut: ich strecke meine Hände aus, tauche in sie ein, saug sie in meine Lungen; und mit ihnen die Geschichte dieses Landes, dieses Tages, meine eigene Geschichte, die hier zu Licht, Luft und Farbe geronnen ist.

Wir halten vor dem Eingang zum Grabe Tu Ducs. Die Stille ist hier noch greifbarer. Aber die Atmosphäre ist doch etwas weniger dicht als vorhin in der miniaturhaften Landschaft jenseits des Nam Giao. Hier brauchen die Elemente des sakralen und irdischen Lebens sich nicht alle in einem einzigen Gesichtsfeld zusammendrängen: der Herrscher hatte mehr Raum zur Verfügung als das Volk. Hintereinander können wir unseren Blick auf dem Lotosteich ruhen lassen, an dem Tu Duc seine Gedichte schrieb, auf dem Ehrenhof mit den Statuetten der Mandarine, auf dem Halbdunkel des Altarraumes mit seinen Schlachtenbildern, seinen Fruchtschalen, seinem Weihrauch, auf der steinernen Rhombe des Grabes, die leergeblieben ist, um Grabräubern keinen Appetit zu geben (die wirkliche letzte Ruhestätte des Kaisers bleibt ein Geheimnis). Der Kiefernhain, der das Grabgelände umgibt, sorgt für ein leises Rauschen, das die Stille noch unterstreicht. Mai fragt mich, ob ich nicht für länger, mit Edith und den Kindern, hierher kommen wolle. Gerne, sage ich, aber jetzt wäre es noch zu schmerzlich. Ich dürfte ja meine Freunde nicht zuhause besuchen und sie auch mich nicht. Ich verstünde ja das Bedürfnis ihres Staates nach Sicherheit. Überall woanders könnte ich es ertragen, auch wenn es sich gegen mich selber wende, aber hier in Hué nicht, und sicherlich nicht, wenn ich für längere Zeit hierherkäme. In 5 Jahren vielleicht, wenn diese Beschränkungen für Ausländer gefallen seien.

Mai und Tu schweigen: sie müssen sich erst fassen. Dann sagt Mai mit zitternder Stimme: später möge das wohl so kommen. Aber ich dürfte auch heute an der Gastfreundschaft Hués nicht zweifeln. »Wir wissen genau, wer unsere Freunde sind, die uns damals geholfen haben, und wer nicht.« Ich antworte nicht. Ein kleiner Sprung bleibt zurück in der porzellanenen Harmonie, die in der letzten halben Stunde zwischen uns entstanden war. Hätte ich mit einer Höflichkeitsfloskel erwidern sollen, mit einer Ausrede? Woanders kann ich lügen, hier nicht.

Auf der Rückfahrt bitte ich darum, kurz auf das Belvedere hochzufahren. Es überragt die klassische Landschaft der Königsgräber, Pagoden und Reisfelder, tief unter uns liegt wie eine silberne Schlange das breite Band des Parfum-Flusses, den man bis in die laotischen Berge hinein zurückverfolgen kann. Ein Fährboot verbindet die Ufer: auf der anderen Seite, im tiefen Wald, die Gräber Minh Mangs und Gia Longs. Dort, im Grabgelände Gia Longs, des Gründers der letzten kaiserlichen Dynastie, hatte damals die Provinzleitung der Befreiungsfront ihr Hauptquartier errichtet. Dies hier ist der schönste Ort der Welt, sage ich, hier möchte ich alt werden und sterben; Tu, der Stille, rezitiert ein Gedicht über Schönheit und Tod. Der Hügel, der früher kahl war, ist jetzt aufgeforstet, mit mannshohen, noch etwas dünnblättrigen Eucalyptusbäumen, und auf einigen Fleckchen wird Gemüse angebaut. Belvederes höchster Punkt, der jahrzehntelang verlassene alte französische Bunker (wir sind damals oft auf ihn hinaufgeklettert) ist jetzt wieder in einen Militärposten zurückverwandelt. Soldaten hängen dort gerade Wäsche auf. Die Sonne geht unter. Auf der Rückfahrt versuche ich, die Landschaft noch in einem Foto festzuhalten, aber es ist schon zu dunkel dazu. In der Dämmerung streifen wir die Pagode Tu Dam. Von hier hat Thich Tri Quang am 7. 5. 1963 Diem und seinem Regime den Fedehandschuh entgegengeschleudert. Hier habe ich ihn und die hungerstreikenden Mönche ärztlich versorgt, nachdem ich mich durch die Absperrketten der Polizei gestohlen hatte, hier wurde ich, als ich nach Diems Sturz zurückkehrte, am 14. 4. 64 im Triumph empfangen, hier habe ich aber auch Stunden um Stunden verbracht, um Thich Tri Quang – vergeblich leider – von der Notwendigkeit der Zusammenarbeit mit der Befreiungsfront zu überzeugen. Liegt es nur am langsam grau werdenden Licht, daß die Pagode aussieht, als werde sie nicht mehr gebraucht, als seien alle ihre Läden verschlossen? Wir fahren zu schnell vorüber, als daß ich dies klären kann.

Zum Abendessen werde ich allein an einen Tisch gesetzt: Duc

und Phuc bekommen ein vietnamesisches Menü, sie sitzen mit ein paar anderen Kadern zusammen, ich werde »europäisch« bedient. Verstoßen komme ich mir vor, wieder nicht angenommen, obwohl ich weiß, daß es hier sicher kein böser Wille, sondern mißverstandene Gastfreundschaft ist. Ich frage Phuc, ob wir alle unser Essen nicht teilen können: es geht nicht, die Vorschriften. Ob sie begreifen, was ich empfinde? Zusammen essen, zusammen reden, nach einem ereignisvollen Tag, das gehört doch zur Freundschaft? Oder erstickt eine selbstverständlich gewordene bürokratische Regelung, gegen die es keine Einsprüche gibt, alle derartigen Gefühle?

Nach dem Essen gibt es kein offizielles Programm mehr. Warum kommen Tuong, Dinh Cuong, Buu Y, Xuan Que und die anderen Freunde nicht einfach hierher? Oder hat man ihnen meine Ankunft nicht angekündigt? Wo bleiben Bach, Dai, Van, die Kollegen von der medizinischen Fakultät? Ich bin doch nur knapp 48 Stunden hier, der morgige Tag wird mit offiziellen Empfängen und Besuchen ausgefüllt sein: und heute Abend verrinnen die Stunden, umsonst. Alle Zweifel sind wieder da: wenn man es ihnen erlaubt hätte, wären sie längst schon hier, um mich nach 12 Jahren willkommen zu heißen.

So bleibt mir nichts anderes übrig, als alleine spazieren zu gehen. Alleine? Das wäre zu traurig. So frage ich Phuc, ob er mitkommen möchte. Er ist sehr müde, will mich aber auch nicht alleine gehen lassen, »wegen der Sicherheit«. Ich bin zu erschöpft, zu traurig, vielleicht auch schon zu gut konditioniert, als daß ich noch den Versuch wage, bei Tuong, bei Dinh Cuong oder bei Huans Schwiegereltern vorbeizugehen. Wahrscheinlich würde ich ihnen damit nur schaden. Wem hilft es, dieses Opfer an Freundschaft, an Unmittelbarkeit, diese disziplinierte Unterordnung persönlicher Gefühle unter das offizielle Programm? Das Menschliche – bestenfalls Beiprodukt staatlich verordneter Lebensbahnen? Nein, ich will kein Gestirn sein, kein Mond, kein Planet. Dann schon eher ein Komet, der die Ordnung der Gestirne durchbricht, oder eine Sternschnuppe auf dem Weg zur Erde.

Die Nacht ist lau, der Himmel wölbt sich zu einer hohen Glocke wie nur in den Tropen: keine Ebene, kein Himmelszelt, auf das die Sterne nebeneinander aufgesteckt sind, sondern ein in die Weite strebender lebendiger Raum voller Bewegung

(Heraklit, nicht Parmenides!). Er besänftigt meine verwirrten Gefühle – wie leicht bestechlich ich doch bin. Wir betreten die alte Eisenbrücke über den Fluß. Auf den Fußgängersteigen können wir nebeneinander gehen, ohne uns ständig nach Radfahrern umsehen zu müssen: für diese sind jetzt die Fahrbahnen reserviert, der Autoverkehr fließt ausschließlich über die neue Brücke. Ich zeige Phuc die Rundfunkstation an der Auffahrt: hier, im Hof dieses Gebäudes stand ich am Abend des 8. Mai 1963, mit Hunderten von Buddhisten, die mit mir auf die Lautsprecherübertragung einer Rede Thich Tri Quangs warteten, als Diems Panzer auffuhren und ohne Warnung in die Menge hineinschossen, acht Kinder blieben auf der Strecke. Nach Diems Sturz wurde an dieser Stelle ein kleines Mahnmal errichtet, es steht heute noch da, nur die Inschrift ist etwas verwittert.

Einige Schritte weiter treffen wir auf einen Mann in zerrissener Uniform und roter Polomütze, einen Palmenzweig in der Hand, er spricht mich an, in einem wirren, unverständlichen Englisch, von privaten Worten durchmischt. Hundert Meter bleibt er neben uns, unablässig – (und von Minute zu Minute unverständlicher) – redend. »Er gehört in Dein Fach«, sagt Phuc, und »das sind manchmal die Glücklichsten, ihre Träume sind schon Wirklichkeit geworden«. Meint er damit auch: die unseren eben noch nicht?

Phuc ist ein angenehmer Wegbegleiter. Er war noch nie hier in Hué, geduldig hört er mich an, anstelle von Tuong, von Cuong, von Y. Ein Freund anstelle von Freunden. Ist das im Gefängnis auch so, vor dem Untersuchungsrichter? Gedanken, Gefühle, die keine geeigneteren Ansatzpunkt finden, heften sie sich an den, der gerade da ist: und sie annehmen will? Ist Phuc nur eine Kleiderpuppe für meine Gefühle, ein Professioneller der Solidarität, der meine Bewegtheit hinnimmt, mit Empathie, aber nur bis zum nächsten Betreuten? Nein, das paßt nicht zu ihm, eine solche therapeutisch abwartende Haltung. Er ist eher etwas forsch, er weiß sich durchzusetzen, im alten Regime hätte ein Ky aus ihm werden können, mit etwas Pech . . . Im Sozialismus ist er, trotz seines draufgängerischen Temperamentes, feinfühlig geworden, ja, er kann jetzt beides gleichzeitig sein. Führt so der Sozialismus Typenlehren des Charakters ad absurdum?

Auf der andern Seite des Flusses: der Dong Ba-Markt, die Hauptgeschäftsstraße, Tran Hung Dao. Viele frühere Läden sind vernagelt; andere verkaufen Reste, ein paar sind zu Reparaturwerkstätten für Fahrräder, Radios oder Elektrogeräte geworden. Den großen Lebensmittelladen, das Haushaltswarengeschäft, die vielen Textilgeschäfte finde ich nicht mehr. In der einzigen Buchhandlung gibt es Zeitungen, Schulbücher und politische Broschüren – alle aus Hanoi. Kaum Romane, Gedichtbände. Die Auswahl ist spärlich, das Papier sicher knapp. Etwa ein Dutzend staatlicher Läden sind auf dieser Straße inzwischen entstanden: mehr als ich in Saigon und in Danang zu sehen bekommen habe. Sie haben geschlossen, so daß ich ihr Warenangebot nicht in Augenschein nehmen kann. In den privaten Gemischtwarenläden jedenfalls ist außer Süßigkeiten, Feuerwerkskörpern und Spielzeug zum Tet-Fest nichts da. Wo kauft man Kochtöpfe, Messer, Tassen? In Saigon wurden sie noch vom Straßenhandel feilgeboten. Hat man hier, wie Nghi es behauptet, den privaten Handel abgewürgt, bevor man ein staatliches Verteilungsnetz aufgebaut hatte? Oder gibt, nach dem Abbruch der chinesischen Hilfe (sie brachte vor allem Konsumartikel ins Land) einfach nicht mehr genügend Produkte, die verkauft werden könnten: wie bei uns nach dem Krieg? Und ist die Versorgungslage hier wirklich – so scheint es – schlechter als in Saigon, Hanoi und Danang? Fragen, Fragen, auf die ich keine Antwort geben kann, nicht in den zwei Tagen, die ich hier bin, nicht ohne daß ich mit Freunden, die täglich in dieser Stadt leben, darüber reden kann. Der Vorhang, der sich bei Nghi und Hoa etwas geöffnet zu haben schien, beginnt sich wieder zu schließen. Übrig bleiben Fragen, Zweifel, Vermutungen.

Auf dem Markt kostet ein Kilo Orangen 9 Dong. Wer kann sich das leisten: ein Viertel des Monatseinkommens für ein paar Früchte? Freier Markt, freie Preise sagt Phuc. Jemand muß das hier kaufen können, sonst lägen diese Berge von Früchten nicht hier. Weist dieser »freie Markt« auf parallele Einkommensquellen hin, neben dem staatlichen Gehalt? Daß die Waren unter den Händlern kreisen – und nur von ihnen konsumiert werden – ist undenkbar: es wäre ein ökonomisches Perpetuum mobile. Bei dem Motto: »Ich erziele ein sehr hohes Einkommen, indem ich meine Ware sehr teuer an diejenigen verkaufe, die ihre Waren genauso teuer an mich und andere verkaufen, um damit ein sehr hohes Einkommen zu erzielen« bleibt außer Betracht, daß die Waren ja produziert werden müssen.

Wir kommen an den kleinen Kanal, an dem auch die Pagode Dieu De liegt, von der die Protestbewegung gegen General Khanh im August 1964 ausging. Ich kann nicht erkennen, ob sie noch in Betrieb ist: wir bleiben am anderen Ufer. Die Hunderte von Hausbooten, die früher hier angelegt hatten, sind bis auf einige wenige verschwunden. Wo sind die Menschen, die früher auf ihnen wohnten? Haben sie alle ein Unterkommen in der Stadt gefunden? Oder wo sonst? Sind sie freiwillig gegangen? Phuc meint, auf diesen Booten sei es früher schmutzig und unmoralisch zugegangen: es seien schwimmende Bordelle für US-Soldaten und Marionetten-Offiziere gewesen. Aber ich weiß, daß dies nur für den kleinsten Teil dieser Boote zutrifft. Viele ihrer Bewohner hatten keine Mittel für eine Unterkunft auf festem Boden, sie lebten kärglich vom Gütertransport und etwas Fischfang. Mit der »Flüchtlingsproduktion« der Amerikaner wurden es von Jahr zu Jahr mehr. Tuong könnte mir auf manche dieser Fragen eine Antwort geben: die Antwort eines Kämpfers.

Wir schwenken ein zur Pham Boi Chau-Straße. Auch hier waren früher viele kleine Läden, die heute ebenfalls zumeist geschlossen sind. In einem früheren Großhandels-Kontor finden Abendkurse statt: oder ist es politischer Unterricht? Wer hat die Aufgaben des Großhandels übernommen? Natürlich der Staat, aber wie löst er sie? Nur wenige Menschen sind jetzt noch auf den Straßen. Während wir auf dem Heimweg die Brücke wieder überqueren, kommt Phuc auf die Erpressungsversuche der Chinesen zu sprechen. Immer stärker hätten sie ihre Hilfsangebote mit politischer Agitation für den Maoismus zu verknüpfen gesucht. An einer Brücken-Baustelle im Norden hätten sie an beiden Aufgängen Mao-Bilder postiert, und schon ab 1965 hätten sie verlangt, überall im Lande Mao-Statuen aufzustellen: als neue Markzeichen der Schirmherrschaft über Vietnam, die sie seit über 2000 Jahren beanspruchen. Phuc ist zornig, als er mir davon erzählt. Aber ich bin schon zu müde, um in seinen Zorn einzustimmen. Mechanisch nicke ich, sage »ja« . . . »natürlich« . . . Die Ingredienzien des

Gefühlssturms, der mich zuerst zum Weinen gebracht und dann in einen Bilder- und Farbrausch versetzt hatte wie auf einem Mescalin-Trip, sind, wie Kaffeesatz, ganz tief am Boden meiner Empfindungs- und Wahrnehmungsfähigkeit abgesintert. Ich bin etwas enttäuscht darüber – zugleich aber auch beruhigt, daß ich gesund genug bin, auch hier in Hué noch müde und schläfrig zu sein. Das Mückennetz, das aus meinem Bett ein Zelt, ja ein kleines durchsichtiges Haus macht, lullt mich in die Vergangenheit ein, in ihren Alltag, nicht so sehr in ihre entscheidungsträchtigen Stunden. Zum ersten Mal seit meiner Rückkehr fühle ich mich wieder geborgen.

Beim Erwachen: der zartblaue Himmel der Januarmorgen (wenn es um diese Jahreszeit nicht regnet, was leider häufig ist), ein leiser Wind weht, die Luft ist leicht und durchsichtig, sie hat die Hitze, die Ereignisse des Tages noch nicht in sich aufgesogen. Die fast 2000 Meter hohen Berge des Truong Son, der annamitischen Kordillere, zeichnen sich noch im Morgendunst ab, über 60 Kilometer entfernt, an der Grenze zu Laos – noch eine Stunde und sie sind verschwunden. Die Katu leben dort, Herzjäger, wie die französischen Ethnologen behaupten. Oder ist das nur eine Legende, ein furchteinflößendes Märchen, Forschungsreisenden aufgeschwätzt, um die Fremden draußen zu halten? Auch A Shau liegt in diesen Bergen, das »Special Forces«-Camp, das die Soldaten der Befreiungsfront 1966 überrannten. »Ich hatt einen Liebsten, der starb in A Shau« sang damals Trinh Cong Son.

Ich strecke meine Glieder diesem Tag entgegen; nicht nur mit meinen Augen, mit meinen Ohren, mit meiner Nase, sondern mit meinem ganzen Körper nehme ich ihn in Besitz. Der Schlaf unterm Mückennetz – nicht so sehr der Gefühlssturm gestern abend – hat mir Hué wiedergeschenkt, die Bilder von damals mit denen von heute nicht nur in meinem Kopf, sondern auch in meinen Muskeln, meinen Sehnen verankert. Ganz natürlich, ganz selbstverständlich kommt es mir vor, daß ich hier bin, als sei ich überhaupt nie über längere Zeit weggewesen. Vertraut sind die Geräusche, die aus den Fahrradreparaturwerkstätten kommen, vertraut die Stimmen der Frauen, die sich über die Straße hinweg Späße zurufen: bei dem kleinen Spaziergang noch vor dem Frühstück muß ich mich nach ein paar hundert Schritten zur Umkehr zwingen, so sehr zieht es mich den Le Loi-Boulevard die Uferpromenade entlang zu unserem früheren Haus. Nein, es ist kein Wunder geschehen, ich bin nur wieder dort, wo ich hingehöre, wo ich, mit dem Herzen, die ganze Zeit war.

Nach dem Frühstück fahren wir zum Empfang der Vaterländischen Front. Ihr Haus liegt in einer der Seitenstraßen des Le Loi-Boulevards. Jetzt also werde ich meine Freunde wiedertreffen. Aber außer Mai und Tu sehe ich nur eine vertraute Gestalt: Xuan Que. Sie ist schöner geworden, ihr früher etwas flaches Gesicht leuchtet. Wir umarmen uns. Chao Thay, sei gegrüßt, mein Lehrmeister, sagt sie lächelnd. Weder Tuong, noch Dinh Cuong noch Y sind zugegen. Von den Kollegen der medizinischen Fakultät ist auch keiner da. Wir setzen uns an einen langen Tisch, auf dem lauter Schalen mit Mangustinen und andern Huéer Früchten stehen. Ich blicke mich um: eine alte Dame kommt mir jetzt doch etwas bekannt vor: es ist Madame Nguyen Dinh Chi, die frühere Directrice der Mädchenschule Dong Khanh. Während der Tet-Offensive hatte sie sich den »Viet Cong« angeschlossen, dieses Ereignis hatte damals in ganz Vietnam Aufsehen erregt. Irgendwann einmal, 1961 oder 1962, war ich zusammen mit Krainicks bei ihr eingeladen. Aber diese Erinnerung bleibt nur ein Schatten. Auch der runde Kopf des buddhistischen Mönches – groß ist er und wohlgenährt – ist mir nicht ganz fremd: ich weiß, ich habe ihn schon getroffen, aber wo? Warum ist Thich Don Hau nicht gekommen? Am Tage vor meiner Abreise, im November 1967, hatte ich ihn in seiner Pagode Thien Mu noch besucht, die über Jahre hinweg ein Treffpunkt der Befreiungskämpfer und der Huéer Studenten war. Nach der Tet-Offensive ging er mit dem » Viet Cong« in die Berge, ein alter, gebrechlicher Mann, und forderte über den Befreiungssender die Huéer Studenten zum Widerstand gegen die Amerikaner und Thieu auf. Soll ich auch ihn nicht wiedersehen?

Tong Hoang Nguyen, der Präsident der Vaterländischen Front, begrüßt mich. Trotz Schlips und Anzug sieht er eher aus wie ein Fahrrad-Rikschah-Kuli, mit seinem braunen, zerknitterten, pockennarbigen Gesicht, den bräunlichen Zähnen, dem knochigen Körper. Ich mag ihn gleich gern: vor allem sein breites Lachen, in das man keinen Hinterhalt legen kann.

Nguyen berichtet stolz über seine Provinz Binh Tri Thien: sie sei das Symbol der wiedergefundenen Einheit des Landes. Quang Binh und der Distrikt Vinh Linh gehörten früher zum Norden, Thua Thien und der größte Teil von Quang Tri zum Süden. 7 Millionen Bomben sind auf die Provinz gefallen: und immer noch sterben Tausende bei der Feldarbeit durch Blindgänger und Minen. Über 50% der Wälder sind durch Bombenkrater, Bulldozer, Entlaubungsmittel vernichtet. Das hat sich aufs Klima ausgewirkt: Dürre und Überschwemmungen hätten sich in den letzten Jahren abgewechselt. Dennoch sei die Provinz unter den ersten gewesen, die nicht nur ihren Eigenbedarf an Nahrungsmitteln produziert, sondern darüber hinaus Überschüsse an Reis an den Staat verkauft habe: zum ersten Male in ihrer Geschichte, denn während des ganzen Krieges und auch während der Zeit des französischen Kolonialismus hätte man Reis importieren müssen ... Jedes Stück Erde werde bebaut, 43% der Nahrungsmittel seien im übrigen nicht mehr Reis, sondern Kartoffeln, Maniok, Gemüse. So sei man vom Wetter weniger abhängig. In Quang Tri würde inzwischen eine gewaltige Bewässerungsanlage gebaut, Tuong sei dort, um über die Menschen, die sie errichten, ein Buch zu schreiben. Ich frage nach den Rationen, bekomme darauf aber keine Antwort. Die Menschen hier hätten endlich ihr Schicksal in die eigene Hand genommen, sagt Nguyen, sie setzten all ihre Kräfte ein. Überall entstünden neue Formen sozialistischer Produktion, Genossenschaften, auf dem Lande, in der Stadt. Heute würden beide Hälften der Provinz bereits weitgehend die gleiche Entwicklung nehmen.

Es ist keine Pflichtübung, die Nguyen hier abrasselt. Enthusiasmus liegt in seinen Worten, Aufbruchstimmung: wir bauen eine neue Welt. Man hört kein Papier knistern, wie in Saigon, als unsere dortigen Gastgeber uns ihre Fortschritte auf dem Weg zum Sozialismus vor Augen führen wollten, und es hört sich auch nicht generalstabsmäßig an, wie in den Ministerien in Hanoi. Hier in Hué liegen Ausdenken und Machen noch nahe beieinander: Die Menschen, die den sozialistischen Aufbau dieser Provinz planen, kennen diejenigen noch von Angesicht zu Angesicht, die diese Pläne verwirklichen. Ich muß an die Sowjetunion denken, während des ersten Fünfjahresplanes, an Rumänien, Bulgarien, Ungarn, die DDR nach 1945. Trotz des Stalinismus hat es auch dort, unter Sozialisten, einen solchen Enthusiasmus, eine solche Aufbruchsstimmung »zu neuen Ufern« gegeben. Wie kann man die Fehler von damals vermeiden? Wie läßt sich der Enthusiasmus auf die nachfolgende Generation übertragen? Wie erkennt man die Grenzen, bis zu denen die Menschen zu gehen bereit sind?

Nguyen spricht dann von mir: daß auch ich durch meine Hilfe damals beigetragen hätte zur Befreiung, die den Aufbau von heute erst möglich macht. »Wir haben Sie schon damals gut gekannt, auch wenn Sie es nicht wußten«, sagt er. Nguyen Thu Dinh, der Leiter der Forstverwaltung der Provinz, erzählt mir, von einem seiner Neffen, der Medizin studierte, habe er die ganze Zeit von meiner Arbeit für die Befreiung des Landes gehört. Wegen der polizeilichen Überwachung damals habe er mich nicht persönlich kennenlernen können. Ich versuche ihnen allen deutlich zu machen, wie glücklich ich bin, im befreiten Hué zu sein: und daß mir bei meiner Ankunft gestern Nachmittag die Tränen gekommen sind, Tränen der Freude. Qué darauf mit einem ganz leisen Vorwurf in der Stimme: »Als Sie 1967 gingen, versprachen Sie, sogleich nach der Befreiung zurückzukommen: und jetzt sind fast 4 Jahre vergangen«. Aber sie verstehe das. Nicht immer könne man gleich tun, was man sich am sehnlichsten wünsche. Sie selber habe über 2 Jahre warten müssen, bis sie Hanoi sehen und Onkel Hos sterblicher Hülle ihre Ehrerbietung erweisen konnte.

Ich frage nach Thich Don Hau: er sei krank, sagt Nguyen, könne heute nicht unter uns sein. Während der Überschwemmungen im Oktober sei er noch, trotz seiner 80 Jahre, überall im Lande herumgereist, um den Menschen Mut zu machen. Im übrigen sei er noch immer Abgeordneter der Nationalversammlung. Ich frage auch nach den Buddhistenprozessen und ihren Auswirkungen hier im früheren Zentrum ihrer Macht. Thich Thanh Tri, der Mönch, antwortet ausweichend: fast alle Mönche seien ja wieder frei. Aber er rechtfertigt die Urteile nicht, sagt auch kein Wort über den Platz der Buddhisten in der sozialistischen Gesellschaft. Das müssen Nguyen und Vater Binh, der katholische Priester im Provinz-Präsidium der Front, für ihn übernehmen.

In der herzlichen, warmen, ganz persönlichen Atmosphäre dieser Begegnung fällt es mir schwer, weitere Fragen nach Tuong zu stellen. Ich zwinge mich dazu, sage, daß ich Geschenke für seine Kinder und seine Frau mitgebracht hätte, die ich gerne persönlich übergeben möchte. Ob ich ihnen zu Hause einen Besuch abstatten kann? Ein Augenblick Zögern. Es sei zu weit, meint dann der »Genosse Verantwortliche«, aber Nguyen fügt hinzu, man könne Tuongs Frau ja rasch holen. Ich erwidere, lieber möchte ich selbst hingehen – und meine Geschenke lägen übrigens noch im Hotel. Keine Antwort. Aber in 10 Minuten ist sie da, mit ihrer vierjährigen Tochter. My Da (dunkle Nacht heißt sie) sei nicht nur eine schöne Frau, wie ich selber sehen könne, sagt Nguyen, sondern auch eine der bekanntesten Dichterinnen des Landes: sie habe kürzlich den vietnamesischen Lyrikpreis verliehen bekommen. Die gesamte Jugend des Landes kenne ihren Namen.

My Da spricht zunächst kaum: ist sie verschüchtert? Die Gegenwart von Ausländern nicht gewöhnt? Verängstigt? Ist sie überhaupt ganz freiwillig mitgekommen? Oder hat man sie abgeholt, aus ihrer täglichen Arbeit herausgerissen, als lebendigen Beweis, daß mit Tuong alles in Ordnung ist? Auf meine Frage, ob sie mich kenne, sagt sie, ja, Tuong hätte ihr Fotos von mir und meiner Familie gezeigt. Aber sie bleibt vorsichtig, auf der Hut, als wisse sie nicht ganz genau, welche Antwort von ihr erwartet wird. Macht das Ausländer-Tabu diese – und damit auch mich – zu gefährlichen Menschen, für alle, die ihnen nicht in offizieller Funktion gegenübertreten? Einen Augenblick lang frage ich mich sogar, ob sie wirklich Tuongs Frau ist, und nicht ein hastig engagiertes Double, das ihre Rolle jetzt aus dem Stegreif spielen muß. Aber – nachdem ich nochmals meine Traurigkeit bekundet habe, weil ich Tuong nicht sehen kann, sagt sie (jedenfalls meine ich es zu hören, denn mein Vietnamesisch kehrt allmählich wieder) Tuong käme heute abend aus Quang Tri zurück. Nguyen lacht: na, dann würde ich ihn ja heute abend sehen, ja, und sie würden ihr Möglichstes tun, damit auch Dinh Cuong und Buu Y dabei sein könnten. Aber 10 Minuten später, beim Abschied, scheint das alles wieder ungewiß. Man werde schon sehen. Ob der gutangezogene Herr, der »Genosse Verantwortliche für Ausländerbeziehungen« auch dafür verantwortlich ist? Er spricht mit Hanoier Akzent und riecht nach Sicherheitspolizei, der mißtrauische Blick, das gezwungene Lachen. Dann: zum Abschied die Fotos, die Geschenke: ich bekomme zwei Bambusdosen mit eingebrannten klassischen Motiven, Wasserbüffeln, Bambus, Reihervögeln, ländliche Kunst, grob, einfach, kraftvoll, keine preziösen Exportobjekte. Unsere Menschen haben sie gemacht, sagt Nguyen, wir sind nicht reich. Ist das ein Zeichen, daß er mich zu den ihrigen rechnet, nicht zu den ahnungslosen Fremden, denen man auf Partei- und Regierungsbefehl Freundschaft, Solidarität und ein paar kostbare Souvenire schuldet? Dennoch schreibe ich in mein Notizbuch: »ich werde weiter darauf drängen, Tuong zu sehen«. Ich muß es, denn meine Ängste, meine Zweifel, meine Unsicherheit und Zerrissenheit haben ein solches Ausmaß angenommen, daß ich eine Probe aufs Exempel brauche: und obwohl es ganz und gar irrational ist, weise ich Tuong diese Aufgabe zu.

Zurück im Hotel schreibe ich ihm: »Lieber Tuong, ich war für zwei Tage in Hué, und trotz meiner vor über 6 Wochen bei Eurer Bonner Botschaft geäußerten Bitte war es nicht möglich, Dich zu sehen. Ich bin tief traurig darüber, weil ich schon über Jahre auf diesen Augenblick des Wiederfindens gewartet habe. Das hier ist jetzt Hué, aber ohne Dich, wahrscheinlich auch ohne Cuong, ohne Y. Die Befreiung, das war für mich immer auch die Hoffnung, meine Freunde in Freiheit wiederzusehen, von ihnen zu hören, wie es ihnen seit unserer Trennung ergangen ist, mit ihnen durch die Stadt zu flanieren, sie zu Haus besuchen. Ich werde nicht nach Vietnam zurückkehren, bis das auch für einen Ausländer wie für mich gestattet ist. Natürlich werde ich zu Hause meine Solidaritätsarbeit weitermachen, aber bis dahin mit Bitterkeit im Herzen. Die Freunde von der Vaterländischen Front waren sehr freundlich zu mir und ich hatte die große Freude, Xuan Que wiederzusehen. Aber das alles kann unsere Wiederbegegnung und die mit den anderen Freunden nicht ersetzen. Man hat mir weder die Zeit gegeben noch das Vertrauen geschenkt, meine eigenen persönlichen Bindungen und Freundschaften zu erneuern, auch außerhalb von offiziellen Empfängen. Es wäre wichtig für mich, daß Du mir bald schreibst. Hast Du meine beiden Briefe erhalten? Ist Deine Adresse immer noch 26 Le Loi? Abgesehen von den genannten Behinderungen bin ich glücklich, im befreiten Hué und, wenigstens einen Moment lang, Zeuge seiner Verwandlung in eine sozialistische Stadt zu sein, zu sehen, daß die Menschen hier endlich für sich selbst arbeiten, frei von Fremdherrschaft und Ausbeutung. Gemessen daran hat mein Kummer, Euch nicht wiedertreffen zu können, kaum Bedeutung. Ich habe wenigstens Deine Frau und Deine kleine Tochter gesehen, gib ihnen für mich einen Kuß und sei umarmt.«

Nach dem Mittagessen – wieder sitze ich allein am Tisch – geht es zum Krankenhaus. Der Chefarzt Dr. Cung – er war auch beim Empfang der vaterländischen Front dabei – empfängt mich am Tor. Er stammt aus Hué, hat aber in der DDR studiert und versteht genug Deutsch. Wahrscheinlich gehört er zu den Viet-Minh-Kadern, die den Süden 1954 verlassen mußten und jetzt nach der Befreiung ihrer Heimatorte dorthin zurückgekehrt sind. Das neue Hauptgebäude, das von der Straße her so massig und erdrückend wirkt, ist durch mehrere Innenhöfe aufgelockert, nimmt aber doch ein gutes Drittel des Hospitalsgeländes ein. Der größere Teil der Hauptallee mit ihren großen Bäumen ist ihm zum Opfer gefallen. In Cungs Zimmer erwartet uns sein »Stab«. Nur zwei bekannte Gesichter sind dabei: Dr. Hoai, er war Mitte der 60er Jahre Leiter der Gesundheitsverwaltung der Provinz, und Frau Ngan, eine Pharmazeutin, die damals im Zentrallabor arbeitete. Hoai hatte mich früher oftmals geimpft, gegen Cholera und Pest, während der 66er und 67er Epidemien. An Frau Ngan, immer noch jugendlich und hübsch, habe ich nur eine ganz vage Erinnerung, mit irgendwelchen Unannehmlichkeiten verknüpft, die mir aber heute nicht mehr einfallen. Die Kollegen von der medizinischen Fakultät sind nicht dabei. Das macht mir vorerst noch keine Sorge. Im Laufe des Nachmittags werden wir sicher die 200 Meter hinübergehen können, um sie in ihren eigenen Arbeitsräumen aufzusuchen. – Cung berichtet über die Zeit seit 1975. Nur 9 Ärzte hätte es bei der Befreiung hier im Krankenhaus gegeben. Alle andern hätte das alte Regime zum Militär eingezogen. Diese 9 seien aber sämtlich geblieben, keiner sei mit den Amerikanern geflohen. Heute arbeiteten sie gleichberechtigt neben den Ärzten der Befreiungsfront. 90 Ärzte, Pharmazeuten und Hochschullehrer seien zur Zeit am Krankenhaus tätig. Der Vormittag sei der Patientenarbeit auf den Stationen gewidmet, nachmittags werde den Medizinstudenten und den Krankenpflegeschülern Unterricht erteilt. Außerdem schwärmten viele Ärzte nachmittags zu Hausbesuchen und zur ambulanten Arbeit in die verschiedenen Stadtviertel aus. Neu eingerichtet worden sei seit 1975 eine Intensivstation, eine Physiotherapieeinheit, eine pathologische Anatomie. Das Labor mache heute praktisch alle Untersuchungen, und die Infusionslösungen würden von der Krankenhausapotheke hergestellt. Viele Instrumente seien jedoch defekt, und es gebe keine Ersatzteile. Hilfe sei dringend erforderlich, auch von der BRD. Das Deutsche Rote Kreuz hätte übrigens im vergangenen Jahr eine moderne Röntgeneinrichtung geliefert, zwei Siemens-Ingenieure hätten diese in mehrwöchiger Arbeit installiert. Ich bekomme das Gästebuch gezeigt, wo sie sich eingetragen haben. Was ich wohl tun könne, um die bundesdeutsche Hilfe zu intensivieren? Ich verspreche, mich dafür einzusetzen. Im weiteren Verlauf des Gespräches erfahre ich noch, daß allein in diesem Krankenhaus seit 1975 1200 Verletzte durch Minen- und Bombenexplosionen behandelt werden mußten – fast alles Bauern, die auf den Feldern gearbeitet hatten – blutige Nachlese, die der Krieg immer noch hält. »Aber das erste, was wir 1975 getan haben, war die Abschaffung der Psychiatrie«, sagt Cung, »der Bau, in dem Sie gearbeitet haben, war keine Krankenabteilung, es war ein Irrenhaus. Das konnten wir keinen Tag länger dulden«. Die meisten Kranken hätten sie einfach heimgeschickt und zu Hause weiterbehandelt, die andern seien auf die Innere Medizin gekommen. Ich bin ganz begeistert von dieser unerwarteten Anwendung der Prinzipien Franco Basaglias und der italienischen »Demokratischen Psychiatrie«, von denen Dr. Cung sicher nichts weiß. »Ging das denn«, frage ich ihn. »Sehr gut«, erwidert er, »man muß sich nur liebevoll um diese Menschen kümmern und darf sie nicht einsperren«. Am nächsten Tag allerdings, auf der Rückfahrt nach Danang, zeigt Duc mir vor der Stadteinfahrt einen kleineren Krankenhausbau: »das ist jetzt die Psychiatrie«, sagt er, etwa 60 Kranke seien dort untergebracht. Aber jetzt ist es zu spät, um Cung zu fragen, ob er nicht doch einige besonders problematische Patienten hier untergebracht hat.

Dann sehen wir uns das Krankenhaus an. Zu meiner Zeit wirkten manche Stationen eher wie ein Nachtasyl, überfüllt, verdreckt. Schwerkranke Patienten mußten von ihren Angehörigen gepflegt werden, sonst bekamen sie kaum etwas zu essen, verkamen in ihren unbezogenen Betten. Die Pfleger und

Schwestern, zumeist Angehörige Huéer Hofbeamtenfamilien, saßen in ihren Verschlägen, lasen Romane, tranken Tee, bestenfalls ließen sie sich zu pseudoärztlichen Verrichtungen herab: hörten Herz und Lunge ab, maßen Blutdruck, füllten Formulare aus. Einen Kranken zu füttern, zu betten oder gar zu säubern war unvereinbar mit ihrer aristokratischen Würde. Wer gegen diesen Verhaltenskodex verstieß, mußte schon gute Gründe dafür haben: praktizierender Katholik sein wie die paar Nonnen, oder Bestechungsgeld vorweisen können. Wer solche Entschuldigungen nicht hatte, geriet in Verdacht, Kommunist zu sein: Nächstenliebe als subversive Potenz in einer Gesellschaft, wo sie nur unter Verwandten (und auf dem Lande unter Nachbarn) geduldet wurde.

Von diesen asylartigen Sälen, Warteräumen zum Sterben oder trotzdem Überleben, ist nichts mehr übrig geblieben. Die Betten haben Matratzen, sind bezogen mit frischen, allerdings etwas grauen Tüchern (wir haben nicht genug Waschmittel, sagt Cung, müssen einweichen, kochen, kochen). Fieberkurven hängen an jedem Bett, an vielen auch Infusionslösungen, die Krankenpfleger und Schwestern scheinen tatsächlich mit den Patienten beschäftigt zu sein, die Ärzte wissen über ihre Kranken Bescheid. Röntgenabteilung, Labor, Sterilzentrale erinnern an ein deutsches Kreiskrankenhaus. Auf der Intensivstation gibt es Beatmungsgeräte, allerdings nicht die komplizierten elektronischen Überwachungseinheiten, die Ton That Tung sich in Hanoi besorgt hatte. Einen Augenblick habe ich ein déjà vécu: hier hat Krainick gelegen, 1965, mit seiner Encephalitis japonica . . . kann es sein, daß dieser Pavillon, er diente damals als Wachsaal für Frischoperierte, in den neuen Kompaktbau inkorporiert ist? Oder hat mein unvernünftiges Bedürfnis, überall Vertrautes wiederzufinden, meinem Gedächtnis schon wieder einen Streich gespielt?

Dann betreten wir den Park: das Stück, was von ihm übriggeblieben ist. So sauber und gepflegt war er noch nie: nicht einmal 1965 zu Zeiten des Chefarztes Dr. Man, der später, 1966, als Dananger Bürgermeister dort den Kampf der Buddhisten gegen Ky und Thieu anführte. Die Kinderklinik war 1961 der einzige mehrstöckige Neubau. Professor Krainick hatte seinerzeit hier gearbeitet, und seine ganze Kraft, sein ganzes Können für die kleinen Patienten eingesetzt. Aber er mußte damals fast alles selber machen. War er einmal ein paar Wochen oder Monate im Urlaub oder krank, so setzte der alte Schlendrian wieder ein, die Krankenstationen verdreckten, die Kinder verkamen. Heute ist hier alles hell, ordentlich, sauber. Die Kinder, damals eingeschüchtert und ängstlich, sprechen uns an, lachen, scherzen mit ihren Krankenschwestern. Und: es ist Spielzeug für sie da. Ich lasse ein paar kleine Autos, die ich aus Hannover mitgebracht habe, als Geschenke für die Stationen zurück. Vorbildlich ist auch die Frühgeburtenabteilung: wie würde sich Krainick freuen, wenn er sie sehen könnte. Im Arztzimmer hängen Fotos von besonders spektakulären Behandlungserfolgen: Drillinge, die bei der Geburt 1,2 Kilo wogen, vorher und nachher.

Dann kommen wir zum früheren Pavillon für Geisteskranke – heute physikalische Therapie. Die Zellen, in denen auf wenigen Quadratmetern bis zu 12 Menschen, fast alle nackt, zusammengepfercht waren, gibt es nicht mehr. Man hat sie niedergerissen. Unter den angeblich gefährlichen Irren hatte ich Anfang der 60er Jahre auch politische Gefangene entdeckt. Mauern und Wände sind heute sauber gestrichen (früher war dafür niemals Geld vorhanden), Blumen stehen auf den Tischen. Der hintere Teil des Gebäudes war seinerzeit eine verdreckte Leichenhalle. Hier hatten am 8. 5. 1963 8 von Diems Panzern zerfetzte Kinderkörper gelegen. Mit Hans H.: er wurde ein Jahr später süchtig und brachte sich um – hatte ich sie gefunden und von Raimund Kaufmann, einem andern Kollegen fotografieren lassen, bevor die Polizei sie fortschaffen konnte. Das war der Anfang der Buddhistenkrise, die ein halbes Jahr später zu Ngo Dinh Diems Sturz führte. Jetzt ist hier ein Sektionsraum, sauber, hygienisch einwandfrei. Ich frage nach dem neuen Psychiatrie-Pavillon, mit dessen Planung und Bau ich mehrere Jahre lang beschäftigt war. Misereor hatte ihn finanziert, er war erst einige Wochen vor der Tet-Offensive 1968 fertig geworden. Später hatte ich gehört, der Pavillon diene als Flüchtlingsunterkunft. Er müsse noch hergerichtet werden, bevor die Neuropsychiatrie dort einziehen könne, sagt, etwas verlegen, Cung. Ich bitte den Bau wenigstens von außen ansehen zu können. Wir verlassen das Krankenhausgelände und gehen die paar Schritte auf ihn zu. Er steht, hellgelb und weiß angemalt, inmitten eines großen

Blumengartens, von einem Holzzaun umgeben. Von außen sieht er nicht so aus, als müsse er noch hergerichtet werden. Eine Familie sitzt auf den Stufen der Eingangstür. Cung weiß nicht, wer heute drinnen wohnt oder wie er sonst genutzt wird; vielleicht möchte er es mir auch nicht sagen. Sind Beamtenwohnungen daraus geworden? Ich mache ein paar Fotos, während Cung und der »Genosse Verantwortliche« zum Aufbruch drängen. Die Situation ist auf einmal wieder spannungsgeladen: als ob ich Cung, den Genossen Verantwortlichen und die anderen Kollegen dazu gezwungen hätte, verbotenes Gelände zu betreten. Wie Kinder, die in Pfarrers Garten Äpfel klauen gegangen sind, wollen sie rasch wieder fortlaufen, bevor sie von jemandem erwischt werden. Hörbares Aufatmen, nachdem sich das kleine Krankenhaustor wieder hinter uns geschlossen hat. Wahrscheinlich war diese kleine Exkursion in das sicherheitspolizeilich genehmigte Programm nicht eingeplant.

Zum Abschied gibt es noch eine Tasse Tee. Ich frage, ob denn keiner der Studenten der ersten drei Jahrgänge, die ich unterrichtet hätte, im Krankenhaus tätig sei. Die meisten seien nach dem Doktorat zum Militärdienst eingezogen worden, sagt Cung, einige arbeiteten in Saigon, andere in der Provinz. Meine Frage, ob denn nicht ein einziger von ihnen hier sei, bleibt ohne Antwort. Dabei weiß ich von Seipp, daß einer seiner Famulanten noch vor einem Jahr die dermatologische Abteilung am Krankenhaus geleitet hat. Sollen – bei aller Herzlichkeit und Liebenswürdigkeit, mit der ich hier empfangen werde –, unsere ehemaligen Studenten von mir ferngehalten werden? Seipp hatte seinen früheren Famulus ja auch nur zufällig, auf der Straße, getroffen. Wenn sie gedurft hätten, wären sie gekommen, um mich willkommen zu heißen, manche aus innerem Antrieb, andere, weil der Respekt dem früheren Lehrer gegenüber es ihnen gebot. Sind sie Säuberungen zum Opfer gefallen? Geflohen? Oder sind Kontakte von früher, die sich nicht, wie mit Qué zu neuen, offiziellen Beziehungen umkanalisieren lassen, grundsätzlich unerwünscht, auch bei mir? Nein, es ist nicht der verzweifelte Schmerz wie in Saigon, die Szene ist zu nüchtern, um sich zum Mythos zu verdichten, die Studenten die ich nicht sehen kann, sind ja keine Freunde, die mir besonders nahestehen. Ich bin nur verärgert, gekränkt, daß man mir gegenüber die Formen nicht wahrt: weil ich damit mein Gesicht verliere.

Warum fahren wir jetzt nicht zur Fakultät, die unmittelbar neben dem Krankenhaus liegt, sondern zum andern Flußufer? Am Markt vorbei geht es zum kleinen Kanal, an dem wir gestern entlangspaziert sind. Diesmal überqueren wir ihn. Wie Tu Dam scheint auch die zweitgrößte Pagode Huées, Dieu De, geschlossen zu sein. Das Tor ist zu, der Hof leer. Hätte ich Zeit, alleine vorbeizukommen, so könnte ich überprüfen, ob dieser Eindruck stimmt. Wir halten schließlich vor einem der klassischen, eingeschossigen Häuser Hués. Der Giebel ist mit Schnitzereien verziert, der große Hauptraum nicht durch Wände, sondern durch unverkleidete Holzsäulen untergliedert. Früher gehörte es einem Großhändler, jetzt ist die Stickereigenossenschaft Pho Hiep hier untergebracht, sie wurde vom Volkskomitee der Stadt schon zweimal für ihre Leistungen ausgezeichnet. Das Haus hier ist nur einer ihrer Produktionsräume. Auch der Leiter dieser Einrichtung, Le van Duyet, ist Widerstandskämpfer, ein sanfter, stiller Mensch, der mit ganz leiser Stimme zu uns spricht. Sieben Monate nach der Befreiung sei diese Genossenschaft gegründet worden, sagt er, vor allem um Arbeitsplätze für die vielen Arbeitslosen in der Stadt zu schaffen. Die Stickereiarbeit knüpfe an eine alte Huéer Tradition an, die allerdings während des Krieges fast ganz abgerissen war. Ja sie war wirklich fast abgerissen. Einer der ersten Gegenstände, die ich in Hué kaufte 1961, war ein bestickter Wandteppich, er stellte zwei beieinander stehende Reihervögel in einem Bambusgesträuch dar, umschwirrt von einer Schar kleiner Vögel. Über ein Jahr lang wunderte ich mich, weshalb die Studenten, die mich zu Hause besuchten, sich mühsam das Lachen verbeißen mußten, wenn sie den Wohnraum betraten – bis einer mir schließlich sagte, ein solcher Behang sei das traditionelle Hochzeitsgeschenk, er symbolisiere das glückliche Paar mit seinen Kindern. Als ich ihn erwarb, für knapp 50 DM, war der Teppich sicher schon über ein halbes Jahrhundert alt, die später gefertigten waren süßlicher Kitsch. Jetzt sehe ich, wie neue hergestellt werden, die genauso schön sind wie mein eigener. Werden sie anstelle des Flitters aus Kunststoff und Nylon treten können, mit dem die Amerikaner das Land ein Jahrzehnt überschwemmt hatten?

Mit hundert Arbeiterinnen habe man angefangen, sagt Duyet. Jetzt habe die Genossenschaft über 400 Mitglieder, in der Mehrzahl Frauen und Mädchen, aber auch ein paar junge Männer seien dabei. Jeder könne hier Mitglied werden, ohne Rücksicht auf seine soziale Herkunft und darauf, was er während des Krieges tat. Ein beträchtlicher Teil der Arbeiterinnen seien Frauen von Offizieren oder Beamten des alten Regimes, andere seien Studenten, die sonst keine Arbeit fänden (später erfahre ich, daß besonders Studenten der Philosophie, der Rechts-, Polit- und Wirtschaftswissenschaften, die vor 1975 auf der Universität waren, so gut wie keine Berufschancen haben). Alle hätten sie die gleichen Rechte. Die Mitglieder der Genossenschaft wählten sich ihre Leitung selber, einmal im Jahr, und sie würden ihrer Leistung entsprechend bezahlt. Was das letztere bedeutet, kann ich nicht ganz klären. Wird stückweise abgerechnet, zu Festpreisen? Oder spielt auch eine Rolle, welchen Anteil ihrer Produkte die Genossenschaft (wem? dem Staat?) hat verkaufen können? Drei Wochen muß eine Stickerin (oder ein Sticker) arbeiten, um einen großen Wandbehang fertigzustellen. Wer wird das bezahlen können? Vermutlich ist ein Großteil dieser Waren für den Export bestimmt. Wenn es für sie aber keinen Inlandsmarkt gibt, werden die traditionellen Symbole dann nicht eines Tages durch gefällige Kinkerlitzchen ersetzt, angepaßt an den Geschmack europäischer – und sowjetischer – Mittelstandskunden? Wie lange werden diese Behänge ihre heutige Schönheit behalten, eine Schönheit, die die zentralen Ereignisse des traditionellen Lebens – Geburt, Heirat, Alter und Tod – in einem Repertoire von Bildern und Szenen verdichtet hat, das die Menschen nur hier verstehen? Wenn solche Behänge ausschließlich in den Export gehen, findet damit nicht auch eine Form kultureller Enteignung statt? – ganz zu schweigen von der materiellen: Zum Gegenwert weniger Stunden Arbeitszeit handeln wir uns die dreiwöchige Mühe und Arbeit dieser Mädchen ein (ja diese selber ist noch viel weniger wert, denn mit unseren paar Mark bezahlen wir ja auch noch den Transport, den Zwischen- und Einzelhandel in unserm Lande). Ihnen bleibt kaum das Lebensnotwendige. Natürlich, das Land braucht Devisen; seine Arbeitsproduktivität ist noch sehr niedrig, wie soll man sie erhöhen, wenn nicht durch Importe von Investitionsgütern, die eine raschere Industrialisierung versprechen? Und die muß man durch solche Exporte bezahlen. Es gibt so viele vernünftige Argumente für solche fatalen Transaktionen. Ohne sie müßten 400 Huéer Familien vielleicht hungern oder von der Arbeit der übrigen leben. Dennoch empfinden sie sich als Opfer, diese Frauen und Mädchen – man sieht es ihnen an. Anders als von den kleinen Saigoner Ex-Prostituierten, die die gleiche Stickarbeit machten, bekommt man von ihnen kaum eine Antwort, wenn man sie anspricht, kaum ein Lächeln, wenn man die Schönheit ihrer Produkte lobt. Eher erntet man einen finsteren, giftigen Blick. Duyet und seiner Stellvertreterin: auch so eine gütig blickende alte Widerstandskämpferin mit großflächigem, braunen Gesicht – ist es offenbar noch nicht gelungen, diese jungen Frauen dazu zu bewegen, das Opfer, das ihnen abverlangt wird (für den beschleunigten Aufbau ihres Landes) aus eigenem Antrieb zu bringen. Und paradoxerweise scheint der unmittelbare Zwang, auch der Arbeitszwang, dem die ehemaligen Saigoner Prostituierten in ihrer Schule ausgesetzt sind, eher hingenommen zu werden als der ökonomische Druck, dem diese Mädchen aus gutem Hause sich hier plötzlich unterworfen sehen. Natürlich: die Prostituierten kamen zumeist vom Lande, waren Flüchtlingsfrauen und Mädchen, denen kaum eine andere Wahl geblieben war, und viele hatten sich ihres Gewerbes, so einträglich es war, die ganze Zeit über geschämt. Nach dem Ende des US-Spukes konnten sie dort wieder ansetzen, wo sie vor ihrer Vertreibung aus ihren Heimatdörfern aufgehört hatten: bei ihrer Hände Arbeit. Für die Huéer Mädchen aus gutem Haus, die Offiziersfrauen und Mandarinstöchter, die seit jeher Wohlstand und gesellschaftliches Ansehen genossen hatten (auf Kosten des Großteiles ihrer Landsleute), ist der Hände Arbeit jedoch nicht nur eine ungewohnte Last, sondern zugleich auch eine Schande. Sie leisten sie mit zusammengebissenen Zähnen. So deutlich spürbar ist hier im Raum Bitterkeit und Haß, daß ich mich einen Moment lang frage, ob diese Genossenschaft ganz aus dem eigenen Antrieb ihrer Mitglieder zusammenbleibt: ob es neben dem ökonomischen Zwang zur Arbeit nicht auch irgendeine Form des administrativen gibt . . . Vom Leiter wird das verneint, und ich glaube ihm. Aber der freiwillige, bewußte Zusammenschluß der Produzenten ist hier in dieser Genossenschaft (und in wie vielen anderen des Südens?) sicher noch nicht verwirklicht. Klassenkampf findet in diesen Räumen statt, jeder, der ein bißchen sensibilisiert für Stimmungen ist, muß das erkennen. Das Ziel des Kampfes ist, aus diesen ehemaligen Parasiten der Gesellschaft Arbeiterinnen, selbstbewußte Produzenten zu machen: den falschen alten Stolz auf Herkunft und Besitz zu brechen und einen neuen Stolz, auf die eigene Arbeit, darauf, selbst ein Stück Aufbauwerk zu sein, an seine Stelle zu setzen. Wie schwer das ist.

Warum sagen uns Duyet und seine Stellvertreterin aber nichts von diesen Problemen? Natürlich haben sie, vom objektiven Standpunkt her gesehen, recht. Diese Genossenschaft ist – wie die vielen andern in der Stadt – für die früheren Offiziers- und Beamtenfamilien, materiell gesehen, eine große Hilfe; sie gibt ihnen darüber hinaus auch noch die Chance, einen Platz zu finden im neuen, sozialistischen Vietnam. Durch ihre Arbeit – (und die Opfer, die sie durch Lohnverzicht bringen) – gestalten sie den Aufbau ihres Landes mit. Jetzt, nach ihrer Entmachtung als Klasse, stimmen ihre eigenen Interessen und diejenigen ihres Landes, das sich auf dem Weg zum Sozialismus befindet, objektiv sogar überein. Aber welche Arbeit ist noch zu leisten, damit sie es begreifen? Das Glas eisgekühlten Tees, auf der Terrasse ihres Hauses, am Ufer des Flusses oder eines kleinen Kanals, kredenzt von geräuschlos ergebenen Dienstboten (manchmal noch Kindern?). Die Muße, zu lesen, sich zu bilden, Majong oder Poker zu spielen? Die Gewißheit, zur Schule, zur Universität gehen zu können und später eine Stellung zu finden, die die Fortführung dieses Lebens erlaubt? Und wenn man besonders privilegiert war: in der Sommerhitze des Juli die kühlen Nächte, die Wälder, die Seen, die Wasserfälle im Hochland, wo man eine Villa besaß, die geheimnisumwitterte Welt der Bergvölker, der Kitzel des Abenteuers, auch wenn man nur die Ränder des Dschungels betrat? Die traditionellen Feste zuhaus, zu denen man die gesamte Verwandtschaft einladen konnte? Das Glück der eigenen Kindheit, die voll von solchen Erinnerungen ist – kann man das einfach abschütteln, hierherkommen, jeden Tag 8 Stunden die Nadel führen, und nach drei, vier vorgezeichneten Schablonen in wochenlanger Arbeit einen Teppich herstellen, der teuer ins Ausland verkauft wird – für einen Lohn, der gerade den eigenen Hunger stillt? Welche Widerstände müssen zu überwinden sein, um sich einzugestehen, daß das eigene Kinderglück unterkellert war von Mühe, Schweiß, Hunger, Krankheit – (und Tod –?) der Anderen? Und daß die eigene Mühe, der eigene Schweiß, die eigene Entbehrung jetzt zu einem größeren Abenteuer hinführen kann, zu einer Mobilisierung aller noch brachliegenden Kräfte dieses Landes durch Arbeit, die eines Tages allen, auch einem selbst, ein Stück des alten Kinderglücks zurückgeben kann? Eine solche Einsicht nicht nur im Kopf, sondern auch im Herzen, ja in den Händen, mit denen man arbeitet, zu wecken, verlangt eine Zugangsweise zu den Menschen, die bisher kaum entwickelt ist, auch im Sozialismus noch nicht. Brüderlichkeit gehört dazu, und daß Ängste, Widerstände, Verbitterung und Haß von den ehemaligen Opfern, mit denen diese Mädchen heute Seite an Seite arbeiten (und die heute die Macht haben) über lange Zeit geduldig akzeptiert werden. Nichts würde die eigene Einsicht wirksamer aufhalten als eine »Umerziehung«, die vorformulierte Bekenntnisse des früheren Parasitendaseins verlangt – und vorformulierte Absichtserklärungen, in Zukunft zum sozialistischen Aufbau beitragen zu wollen. So schwer es schon für einen Arbeiter oder Bauern ist, die eigenen längerfristigen Interessen zu erkennen, sein Klassenbewußtsein zu entwickeln – die früher Privilegierten müssen ihren ganzen »alten Adam« ablegen, bevor sie in diesen Prozeß überhaupt eintreten können. Duyet tut so, als laufe dieses von selber, in schöner historischer Gesetzmäßigkeit. Aber die historische Gesetzmäßigkeit der gesellschaftlichen Entwicklung kann sich auf ganz verschiedene Weise durchsetzen: man kann diese Menschen gewinnen, man kann sie aber auch dadurch, daß man sie mundtot macht, daß man ihnen Bekenntnisse abverlangt, zu denen sie noch nicht reif sind, verlieren, zu unversöhnlichen Feinden machen, denen nur noch die Wahl zwischen Widerstand und Emigration bleibt. Im Prinzip hat die vietnamesische Führung für die optimistische, pädagogische Version des Klassenkampfes votiert: sie will die früheren Gegner für sich gewinnen. Aber nicht alle Methoden, die sie dafür eingesetzt hat, führen zu diesem Ziel. Wie nötig wäre es, sich auf jedem Schritt dieses Weges Rechenschaft darüber abzulegen, wie weit man gekommen ist (gemeinsam mit den Betroffenen, oder auch ohne sie, wenn diese noch nicht zu sprechen wagen), aber auch nach eigenen Fehlern zu suchen, die es bisher verhindert haben, daß man ihre Vertrauen gewann. Ein solcher Prozeß ähnelt, was die selbstkritische Haltung der Kollegen und Leiter betrifft, aber auch die Notwendigkeit zur Geduld, zum aufmerksamen Hinhören, zum empathischen Verstehen auch des Widerstandes und Trotzes, der Psychoanalyse in ihren offensten, ideologisch am wenigsten verbogenen Formen – auch wenn er auf ein ganz anderes Begriffsgerüst zurückgreift, das aus der Widerspiegelung gesellschaftlicher Beziehungen im persönlichen Leben gewonnen werden muß. Vielleicht findet ein solcher Prozeß in dieser Genossenschaft auch statt. Aber warum verschweigt man ihn uns und zeigt nur harmonisierende Ergebnisse, die von der Stimmung im Saal so eklatant widerlegt werden? Niemand bräuchte sich zu schämen, eingestehen zu müssen, daß dieses Ziel noch nicht erreicht ist. Anlaß zur Besorgnis gäbe es vielmehr, wenn man unempfänglich bliebe für die Signale von Angst, Trotz und Widerstand, die gesetzmäßig zum Prozeß der Einsicht gehören.

Während wir zu unserem Wagen gehen, frage ich den »Genossen Verantwortlichen«, ob wir jetzt zur Medizinischen Fakultät fahren. Nach einem Augenblick verlegenen Schweigens erklärt dieser, heute seien alle Professoren und Studenten beim Arbeitseinsatz, der Bau sei ganz leer. Ich merke gleich, das ist eine Ausrede. Will man verhindern, daß ich Bach, Dai und die andern Kollegen von damals sehe? Aber Seipp, der als Tourist vor einem Jahr hier war, hat sie doch alle getroffen? Ist in diesem letzten Jahr etwas geschehen, was man vor mir verheimlichen möchte? Ist jemand von den Kollegen inzwischen geflohen, eingesperrt? Vielleicht trifft auch keine dieser Vermutungen zu, vielleicht habe ich in Hanoi meinen in Bonn geäußerten Wunsch, auch die Fakultät wiederzusehen, nur nicht eindringlich genug wiederholt – und der »Genosse Verantwortliche« hat nicht die Kompetenz, ihn mir nachträglich zu genehmigen? Jede dieser Vermutungen wäre fast so schlimm wie die andere – ich kann nicht entscheiden, welche von ihnen zutrifft, aber ich bin jetzt nicht nur traurig, sondern auch böse. Wir fahren in die Zitadelle ein, nehmen Kurs auf den Kaiserpalast. Anstelle der Medizinischen Fakultät ist also ein weiteres touristisches Intermezzo ins Programm eingeplant. Ja, hier wohnte Cuong! Aber ich weiß, es ist hoffnungslos, anhalten zu wollen, der »Genosse Verantwortliche« wird es mit Erfolg zu verhindern wissen. Und selbst wenn es mir gelingt: weiß ich, welche Schwierigkeiten Cuong dadurch bekommt? Später werde ich erfahren, von Kim Lan, die in der BRD wohnt und kürzlich 2 Monate in Hué war, daß er und die übrigen Maler aus seinem Freundeskreis nur wenige ihrer Bilder ausstellen dürfen. Cuongs abstrakte Kompositionen, die während des Krieges eine subversive Kraft besaßen, weil sie revolutionäre Inhalte darstellten, verborgen unter der Tarnkappe der Farben und Formen wie die Gegenwart des »Viet Cong« von der klassischen Landschaft, sind heute nicht mehr gefragt; einem seiner Kollegen hätte das Huéer Kritiker-Komitee, das über Ankauf und Ausstellung entscheidet, den Vorwurf gemacht, die Kinder, die er male, seien zu mager. Auch hier wieder diese idiotische Forderung, die noch für lange Zeit mühselige Gegenwart zur blumigen Zukunft zu verklären: ja, überhaupt nur die letztere darzustellen: sozialistischer »Realismus« – (welcher Hohn, dieses Wort hier!) in Reinkultur.

So ärgerlich bin ich, daß ich die Umgebung zunächst nur am Rande wahrnehme, fast widerwillig. Eine Menge kleiner staatlicher Läden gibt es nämlich hier in der Zitadelle, mehr als am Markt, dazu Reparaturwerkstätten, Handwerksbetriebe. Wie aus einer Partitur, die ich nach langer Zeit wieder aufschlage, dringen Arbeitsgeräusche (blechern, hölzern), Zurufe, Gesprächsfetzen zu mir herüber. Tuong und Phan wohnten nicht weit von hier. Hinter diesen Häusern, schon fast am Ende der Stadt, lag Dave Nesmith' Hühnerfarm, wo wir Gartenfeste feierten, am offenen Feuer die Hühner brieten, über den gegenüberliegenden Hügeln rötete Napalm den Himmel, von Zeit zu Zeit bebte die Erde unter den Bomben der B 52. Die Zitadelle ist der schönste Teil der Stadt: die rechtwinkligen Straßen, die kleinen Häuser mit den Blumengärten, die schattigen Alleen, die Drachentore. Vaubansche Geometrie und fernöstliche Mystik. Zu den Blumengärten sind heute viele Gemüsebeete gekommen, und etwas weiter weg, in der verbotenen Stadt und schon inmitten der immer noch halbzerstörten Paläste legt eine Gruppe von Studenten ein großes Kartoffelfeld an. Sie sind beim freiwilligen Arbeitseinsatz, von weitem tönt ihr Lachen herüber, man sieht, daß es eine ungewohnte Arbeit ist, die ihnen Spaß macht, die sie aber wohl auch nicht ganz ernst nehmen. Manche von ihnen stehen in Gruppen herum, unterhalten sich, singen. In diesen Mauern, in diesem Tor haben die Befreiungskämpfer während der Tet-Offensive wochenlang Bomben, Schiffsgeschützen und dem Angriff der US-Marines standgehalten. Auf dem hohen Mast der Zitadelle dort oben wehte 26 Tage lang ihre Flagge. Der »Genosse Verantwortliche« erklärt mir die Restaurationsarbeiten an den Palästen: sie würden von der UNESCO unterstützt. Ich nicke gerade noch mit dem Kopf, bin wortkarg, abweisend, beleidigend kurz.

Zurück ins Hotel. Mir bleiben noch 1½ Stunden bis zum Abschiedsempfang. Phuc bemerkt meine dumpfe Verzweiflung. »Soll ich mitkommen?« fragt er, sagt aber dann: »Nein, Du gehst besser allein«. Ich bin ihm dankbar für sein Verständnis, sein Mitgefühl, dafür, daß er für diese zwei Stunden auf meine Überwachung verzichtet, deswegen vielleicht sogar Ärger in Kauf nimmt. Alleine gehe ich durch die Straßen der Stadt, am Hotel Morin vorbei, das zu meiner Zeit »Faculté des Lettres et des Sciences« war, auf die Post zu. Viele erstaunte Blicke lasten auf mir. Europäer, auch sowjetische Berater sind selten in dieser Stadt, die Amerikaner waren es damals auch, aus Angst, sie fühlten sich hier nie ganz sicher. Lien So, Sowietmensch, tönt es, etwas fragend, aus schüchternem Kindermund. Khong Phai, Nguoi Tay Duc, nein, Westdeutscher bin ich, antworte ich. Das Haus, in dem 1962/63 mein Kollege R. K. wohnte und später Christian, erkenne ich nicht wieder. Wurde es während der Tet-Offensive zerstört? Oder habe ich mich in die Geographie dieser Stadt nur noch nicht wieder hineingefunden? Damals fuhr ich fast immer mit dem Fahrrad, ging nur selten zu Fuß. Ist es die andere räumliche und zeitliche Perspektive? Es macht mich traurig, denn dieser Spaziergang sollte auch eine kleine persönliche Wallfahrt werden. – Immer erstaunter werden die Blicke, einen Weißen so allein und anscheinend ziellos auf der Straße zu sehen. Was kann ich tun, wenn einer wegen dieses verdächtig herumlaufenden Fremden die Polizei alarmiert? Meine Papiere sind im Hotel. Befangenheit, Angst und Spannung verschwinden jedoch im Augenblick, wo ich die Einmündung der Ngo Quyen Straße wiederfinde, die an der Hinterfront des Krankenhauses vorbei zur Fakultät führt. Hier ist wieder jedes Haus, ist jeder Baum mir vertraut und gegen jede Vernunft fühle ich mich schon deshalb ganz sicher. Statt der irrationalen Angst steigt eine ebenso irrationale Hoffnung in mir auf: vielleicht treffen ich jemanden, der sich noch meiner erinnert: einen meiner ehemaligen Studenten? Bach, Dai, Phuongs (Huans Frau) Eltern oder Geschwister? Oder gar Y oder Tuong? Mein Herz zerspringt fast – ja, ich traue mich, dies zu schreiben – vor Sehnsucht nach einer unarrangierten Begegnung, danach, daß mich jemand ganz in seinem eigenen Namen willkommen heißt. So nähere ich mich langsam der Fakultät. Der kleine Seitenweg nach links, der zu ihr hinführt, ist jetzt durch eine Eingangspforte unterbrochen. Das ganze Gelände ist umzäunt. Ich gehe nicht hinein, aus Angst? Aus Rücksicht? Aber ich bin nahe genug, um die Hälfte des großen Gebäudes in mein Blickfeld einzufangen. Pforten und Pförtner halten ja die Lichtstrahlen nicht auf. Und auch nicht die Erinnerungen, die in die entgegengesetzte Richtung laufen, auf diesen hellgrauen Bau zu, in dem ich jahrelang versucht habe, Wissen zu vermitteln, auch über die gesellschaftlichen Ursachen der meisten Krankheiten in diesem Land: Ausbeutung, Hunger, Elend und Krieg. Im Herbst 1962 hielt ich hier, zur Eröffnung des Studienjahres, einen Vortrag über die gesellschaftliche Verantwortung der Medizin. Phan, Tuongs Bruder, der damals sein Studium begann, hat ihn kurz danach in einer Studentenzeitung nahezu Wort für Wort referiert: zwei Jahre später, als wir schon zusammen für die Befreiung arbeiteten, sagte er zu mir: »Als Du damals zu uns sprachst, wußte ich, Du gehörst zu uns: Du fordertest uns auf, unser Schicksal in die eigenen Hände zu nehmen!« Damals hörte ich sie zum ersten Male, diese Wendung, die das Ziel des Befreiungskampfes formuliert. Jetzt stehe ich vor diesem Tor, mit diesen Erinnerungen, die ich einbringen möchte: ausgesperrt. Und um das Maß vollzumachen: Schlag 6 Uhr öffnen sich die Türen des Gebäudes, Hunderte von Studentinnen und Studenten, mit ihren Fahrrädern und Aktentaschen, fluten mir entgegen. Ich kehre um, sie überholen mich. Haben sie ihren landwirtschaftlichen Arbeitseinsatz im Fakultätsbau abgeleistet – mit ihren Heften und Büchern als Werkzeugen? Schal ist er, dieser ironische Triumph, daß ich recht hatte mit meinem Verdacht, der »Genosse Verantwortliche« habe mich belogen! »Lien So« so rufen mir die Studenten spöttisch zu, die sich auf ihren Fahrrädern an mir vorbeizwängen. Ich habe nicht mehr den Mut, »Tay Duc« zu antworten. Wozu? Keiner von ihnen kennt mich. Für wen bin ich zurückgekehrt?

Ich biege in die Nguyen-Huy Tu-Straße ein, die Ngo Quyen und Le Loi, die Uferpromenade, verbindet. Rechts von mir die Krankenhausmauer – die ehemalige Psychiatrie, die Leichenhalle, die Seuchenabteilung; hinter mir die Pavillons der Leprakranken und der Tuberkulösen. Links vor mir das Gefängnis. 1938 schrieb To Huu, einer der bedeutendsten zeitgenössischen Lyriker Vietnams, in diesem Bau seine ersten Gedichte; wie viele Revolutionäre haben hier gelitten und gehofft. Über 2500 konnten während der Tet-Offensive befreit werden. Wenn Gefangene an Pest, Cholera oder Typhus erkrankten, wurden sie auf die Seuchenabteilung des Krankenhauses, ziemlich genau gegenüber von hier, verlegt: ihre Wärter hatten zuviel Angst, sich selber anzustecken. 1967 führten unsere Studenten mich zu diesen Kranken: immer noch halb besinnungslos, waren sie mit Handschellen an die Bettpfosten festgeschnallt. Sie sahen aus wie die Muselmänner der KZs: zum Skelett abgemagert, mit aufgedunsenen Bäuchen, die Beine voll Wasser. Fast alle hatten Beri-Beri, waren an den Beinen gelähmt. Mehrere Protokolle nahm ich damals auf über ihr Schicksal – und übergab sie dem Russell-Tribunal. Heute ist der Wachturm des Gefängnisses, auf dem früher stets ein Maschinengewehr und Scheinwerfer installiert waren, unbesetzt. Soweit man über den Zaun hereinschauen kann, mutet es leer an, unbewohnt, etwas verkommen, wie die früheren Militärposten der Amerikaner.

Am Ende der Straße, schon nahe am Le Loi Boulevard, befindet sich in der Krankenhausmauer jetzt ein Tor: ein neuer Nebeneingang. Ambulante Händlerinnen, die Suppe, Reiskuchen, Bananen, Süßigkeiten und Zigaretten feilbieten, haben sich davor niedergelassen, aber auch mehrere Fahrrad-Rikschas stehen herum (Cyclo-Pousse nannten sie die Franzosen). Ihre Fahrer haben sich in die zerschlissenen Polster gefläzt, schwatzen und rauchen. Einer von ihnen springt auf, als er mich kommen sieht: »Ong ve, Ong ve, Sie sind zurückgekommen«, ruft er laut aus und »lau qua, Bac Si, lau qua, Doktor, wie lange ist es schon her!« Ich umarme ihn, die Tränen sind wieder da: so gibt es doch einen Menschen in dieser Stadt, der sich meiner entsinnt, der sich über meine Rückkehr freut, er selber, ganz von alleine. Nicht einer meiner Freunde, sondern ein Kuli. Freude und Schmerz potenzieren sich zu gläserner Entrücktheit. Das Wunder: im letzten Augenblick ist es geschehen, ich bin angenommen, erlöst: wie Christus kommt mir dieser zerlumpte »Cyclo-Pousse« vor, es fehlt nicht viel und ich falle vor ihm in die Knie. Zugleich weiß ich natürlich: es ist der Mythos, der Krug geht so lange zum Wasser der Gefühle, bis er überschwappt, und genau das ist jetzt wieder geschehen. Wenn ich zu Phuongs Eltern hätte gehen können, wenn ich Bach, Dai, Cuong und Y wiedergetroffen hätte, wenn mir ein paar Studenten auf der Straße »Chao Bac Si« zugerufen hätten, wenn ich einen ganzen Tag lang, unbegleitet, Zeit gehabt hätte, meine eigene Vergangenheit in dieser Stadt wiederzufinden, so wären meine Empfindungen trotz ihrer Intensität wohl noch auf der Erde geblieben. So haben sie sich, in dieser einzigen spontanen Wiederbegegnung, über den kritischen Punkt hinweg verdichtet: bis ich eine Vision bekam wie Jeanne d'Arc. Aber weil ich diesen Mechanismus inzwischen schon kenne, kann ich Schmerz, Freude und Glück auch wieder zurückschrauben auf ein menschliches Maß. Mein Rikscha-Kuli, der für einen Augenblick Christus war, erzählt jetzt seinen Kollegen meine Geschichte. Meine Arbeit im Krankenhaus kommt darin vor, aber auch mein Eintreten für die Buddhisten, 1963. Eine Menschentraube bildet sich um uns herum. Plötzlich steht ein sauber angezogener Mann im grauen Hemd da, in mittleren Jahren, Kugelschreiber und Notizbuch lugen aus der Brusttasche. Keiner weiß, wo er herkommt, wie aus dem Nichts ist er mitten unter uns aufgetaucht. Nein, er ist kein Engel, keine vietnamesische Version der Eskorte von Madame La Mort, im Höchstfall ein Sicherheitsbeamter, aber vielleicht auch nur ein Krankenhausangestellter, der wissen will, was hier vorgeht. Der Cyclo-Pousse-fahrer ist durch ihn jedenfalls nicht eingeschüchtert: er wiederholt einfach, immer noch freudig bewegt, seine Geschichte. Immer mehr Menschen sammeln sich an, der Mann im grauen Hemd versucht, sie zu zerstreuen, ruhig, freundlich – aber ohne großen Erfolg. Ich verabschiede mich, sage, ich würde erwartet. Es wäre zu traurig, wenn der einzige Mensch in dieser Stadt, dessen Freundschaft ich mir ganz sicher sein kann, sich um meinetwillen Ungelegenheiten einhandelte.

In der Hotelhalle treffe ich Phuc. »Wie war es,« fragt er. »Schön«, sage ich, »aber es tat auch weh. So ist das Leben.« Er legt seinen Arm um meine Schulter. Ich erzähle ihm, daß ich am Eingang zur Medizinischen Fakultät war und Hunderte von Studenten heimfahren sah. Dann gehe ich in mein Zimmer, zerreiße meinen ersten Brief an Tuong und schreibe: »Lieber Tuong, ich übergebe Xuan Que die kleinen Geschenke, die ich für Deine Kinder aus Deutschland mitgebracht hatte, in der Hoffnung, Euch alle zu Hause besuchen zu können. Leider standen die Sterne dafür nicht günstig und außer Qué scheint keiner der alten Freunde dieser Tage in Hué zu sein. Was kann man schon gegen die Widrigkeiten des Lebens ausrichten. Vielleicht werden wir uns in fünf Jahren unter günstigeren Bedingungen wiedersehen. Wir dürfen die Hoffnung nicht aufgeben. Hué ist frei, das ist das Wichtigste. Für alles, was daraus folgt, braucht es Geduld, auch für Freundschaften. Sehr herzlich und freundschaftlich denke ich an Dich, wenn auch mit einem leisen Schmerz und ich umarme Dich. Schreibe mir.«

Wie ich, in einem frischen Hemd, wieder herunterkomme, erlebe ich die erste Überraschung: Qué hat Buu Y mitgebracht. Er ist magerer geworden und wirkt dadurch etwas größer: ich habe im ersten Augenblick Mühe, ihn wiederzuerkennen. Wir setzen uns in eine Sesselecke. Que erzählt mir von Triet: er war von 1968 bis 1971 in Con Son; obwohl er gefoltert wurde, hat er nicht gesprochen. Seine Mitgefangenen hätten ihn geradezu verehrt. Plötzlich sagt Y: »Voilà Tuong qui s'amène – da kommt Tuong«. Ich springe auf, laufe hinaus auf den Hof, da steht er, mager wie früher mit seinen eingefallenen Wangen; seine Haut ist noch etwas brauner geworden, und die großen tiefschwarzen Augen, die früher ganz nach außen gerichtet schienen, beleuchten jetzt auch sein eigenes Gesicht. Er ist kein Jüngling mehr, sondern ein Mann, gezeichnet von den Jahren des Kampfes. Das alles erfasse ich wie in einem Flash, denn wir stürzen aufeinander zu, umarmen und küssen uns. Erst nach einer Weile nehme ich wahr, daß auch Nguyen dasteht: er ist es, der Tuong mit seinem Auto abgeholt und hierher gebracht hat. Irre ich mich, daß der »Genosse Verantwortliche«, der inzwischen auch eingetroffen ist, etwas beunruhigt um sich blickt? Ich küsse auch Nguyen ab, aus lauter Dankbarkeit.

Das Essen wartet schon auf uns, ein Huéer Gastmahl, angefeuchtet von mehreren Flaschen Reisschnaps. Tuong fängt an zu erzählen und es wird wieder eine Geschichte daraus: wie er mich, durch seinen Bruder Phan, kennengelernt hat, wie ich Diems Mordtaten aufdeckte und danach der Massenbewegung der Studenten und Buddhisten half, meine Verhaftung und Ausweisung 1963. Dann die triumphale Wiederkehr, die Thich Tri Quang mir 1964 beschert hat. Bis dahin ist es die wahre Geschichte dieser Jahre, nicht wie bei Man Da La, die Legende, die sie überwuchert und fast unsichtbar gemacht hatte. Dann fügt aber auch Tuong ein Stück eigener Legende ein: ich sei der triumphalistischen Versuchung der Buddhisten nicht erlegen, hätte mich nach meiner Rückkehr aus den Umarmungsversuchen Thich Tri Quangs gelöst und zur Befreiungsfront gefunden. So sei ich für ihn und viele andere Studenten in Hué zur geistigen Richtschnur, zum politischen Lehrmeister geworden. Ja, in großen Zügen ist auch das richtig. Aber die Versuchung war doch da, als ich neben Thich Tri Quang, neben Thich Minh Chau, dem Rektor der buddhistischen Universität, im offenen Wagen die 14 Kilometer vom Flughafen Phu Bai in die Stadt hereinfuhr, vorbei an einem ununterbrochenen Spalier fahnenschwenkender jubelnder Menschen, und dann in der Pagode Tu Dam, vor 10 000 Studenten und Jugendlichen sprach (bin ich enttäuscht, daß es dieses Mal anders ist?) Erst Monate danach ging mir auf, daß Thich Tri Quang damals noch keinen Frieden wollte, und schon gar kein Bündnis mit den Befreiungskämpfern, sondern zunächst einmal die ganze Macht. Erst als ich das sah, im September 1964, wandte ich mich vorbehaltlos der Befreiungsfront zu – ohne die Buddhisten gleich abzuschreiben, nein, über Jahre hinweg versuchte ich Thich Tri Quang noch von der Notwendigkeit einer Zusammenarbeit zu überzeugen, eines Kampfes für das gemeinsame Ziel, wenn auch mit verteilten Rollen. Und noch fast bis zu meiner Abreise 1967 hielt ich es für möglich, ja hoffte ich gegen alle Vernunft, daß ein solches Bündnis schon längst existierte, daß Thich Tri Quang es mir gegenüber nur geheim hielt, vielleicht wegen meiner Freundschaft zu Huan. So klar wie Tuong es ausdrückt, war mein Verhältnis zu den Buddhisten nicht. Auch wenn meine Hoffnung, sie hätten mit der FNL doch eine konspirative Allianz geschlossen oder würden dies noch tun, in den letzten Jahren immer schwächer wurde und ich mein eigenes politisches Handeln schon ganz von ihr gelöst hatte.

Dann erzählt Tuong von unserer gemeinsamen Arbeit für die Befreiung. Eine Folge von Szenen entsteht, die außer Phuc, Duc und vielleicht dem »Genossen Verantwortlichen« alle am Tisch in ihrem äußeren Hergang schon kennen. Sind wir Kinder, die ihr Bilderbuch zum zwanzigsten, hundertsten Male umblättern? Oder suchen die Worte, die nun zum ersten Male gleichzeitig für uns alle vernehmbar das Vergangene zum Greifen nahe herbeibeschwören, auch einen Pakt für die Zukunft zu besiegeln? Können sie das? Was ich damals in Hué tun konnte, waren doch nur Handreichungen, auch wenn Tuong ihnen jetzt die Würde von Widerstandshandlungen gibt. Die Aufrufe bundesdeutscher Intellektueller gegen die amerikanische Aggression, die ich ihm für »Vietnam Vietnam« (damals eine halblegale Studentenzeitschrift) übersetzen half; meine eigenen Aufsätze im »Argument« und in »Les Temps Modernes«, die wir zusammen durchsprachen und die er in Auszügen nachdruckte; die Anti-Kriegsgedichte und Lieder, die wir aus dem Vietnamesischen übersetzten. Dann später die Medikamente für das Maquis, die verletzten Befreiungskämpfer, die ich ins Krankenhaus hinein und – was schwerer war – nach ihrer Genesung auch wieder herausbrachte, ohne daß die Polizei davon Wind bekam. Tuong berichtet darüber im singenden Tonfall Hués, der, wie auch andere höfische Dialekte, so leicht hohl und blasiert klingt, bei den Männern der Befreiung jedoch Kraft und Tiefe gewinnt: als hätte die Revolution ihre eigene Phonetik entwickelt. »Gleich als ich in die Berge ging«, sagt Tuong, »habe ich den höheren Kadern der Partei, auch dem Genossen Nguyen, er war damals mein Chef, von Deiner Arbeit berichtet«.»Dann kam von Nguyen und Dir wohl auch die Glückwunschpostkarte zum Tet-Fest 1967, die ich von der Provinzleitung der FNL übermittelt bekam – wißt Ihr, wer sie unter meiner Tür durchgeschoben hat?« frage ich. Nguyen lacht, klopft Tuong und mir auf die Schulter. »Er hat mir das Leben gerettet. Als ein Maschinengewehr anfing zu schießen, hat er mich heruntergerissen und mit seinem Körper gedeckt. Aber wir blieben unverletzt, alle beide«. Wir trinken, ex. Und dann improvisiert Nguyen ein Gedicht. »Ich bin von hier. Sie wollten mich verjagen, aber ich blieb. Dreißig Jahre bin ich nicht weggegangen. Du kanntest mich nicht, aber ich wußte genau, wer Du warst. Ich war der Straßenhändler, der Cyclo-pousse-Fahrer, der Reisbauer auf dem Feld. Du bist an mir vorübergegangen, ich habe über Dich gewacht.« Nach ihm spricht wieder Tuong, mehr zur Tischrunde als zu mir. Ich habe schon zuviel getrunken, um noch alle Einzelheiten zu verstehen, aber an den Blicken der anderen, die an Tuongs Mund hängen, an den Namen, an den Rhythmen der Satzfolgen erkenne ich, es ist ein Epos, das hier seine Erstaufführung erlebt, die Heldensage der Befreiung Hués. Bin ich bei König Artus? Wieder Nguyen, wieder Tuong. Und immer wieder ist von uns dreien die Rede, wie wir uns begegnen, verfehlen, uns Zeichen geben, während der Jahre des Kampfes, und daß wir nun endlich an diesem Tisch vereint sind. »Alle Deine Briefe habe ich in den Bergen erhalten«, sagt Tuong, »und da wir Dich in die befreiten Gebiete eingeladen hatten, wollten wir unser Versprechen auch halten – wir halten immer unser Versprechen. Aber dann kam die Regenzeit und bald danach mußtest Du weg, zum Russell-Tribunal«. »Ja«, sage ich, »und Du hattest mir einen Boten geschickt, um mir zu erklären, warum es damals nicht ging«. Immer mehr Fäden finden sich zusammen, verknüpfen sich. Am Ende des Mahles steht Nguyen noch einmal auf, anstelle der üblichen Verabschiedungssprüche improvisiert er wieder ein Gedicht über Tuong, über mich, über sich selber, über Hué. Wir sind alle etwas beschwipst, gerührt, glücklich. Nicht die bedeutungsgeschwängerte Begegnung mit dem Cyclo-pousse-Fahrer (zwischen Krankenhaus und Gefängnis), nein, dies ist meine wirkliche Heimkehr, dies Gastmahl für einen wiedergefundenen Bruder und Sohn.

Nguyen mahnt zum Aufbruch: es ist schon spät. Aber obwohl meine Zunge schon ziemlich schwer ist, sage ich, ich möchte mit Tuong noch einen kurzen Spaziergang machen, wie in alten Zeiten. Tuong wird einen Augenblick lang unsicher: er sieht Nguyen an und dann Duc: »wenn Duc oder ein anderer mitkommen möchte . . .« Aber Duc und Nguyen sagen wie aus einem Munde (bevor der »Genosse Verantwortliche« den seinen aufmachen kann) »nein, ihr geht besser alleine«.

Wir wandern den Boulevard hoch, an der alten Brücke, am ehemaligen Rundfunkgebäude vorbei, durchqueren ein unbebautes Gelände mit wildem Gras, Tuong kennt diesen Schleichweg, und erreichen so in ein paar Minuten die Uferpromenade. Der Himmel ist heute abend noch immer ein wenig verhangen, aber von der andern Seite des Flusses dringen die Lichter vom Markt herüber, eine Frauenstimme, Hundegebell. Wir lassen uns auf der steinernen Treppe nieder, die hinunter zum Wasser führt. Bevor es die neue Brücke gab, legten hier die Fährboote an. Die Treppe hat keine Funktion mehr, Ratten huschen die Stufen auf und nieder. Sie stören uns nicht. Wir halten uns an den Händen. »Wie ist es Dir selber ergangen, die ganze Zeit?« frage ich. »Erst 1975 erfuhr ich, daß Du am Leben bist, ich hatte Angst um Dich, den ganzen Krieg. Ich wollte Dich nicht aus den Augen verlieren. Weißt Du, Cuongs Bild, wie Du in den Bergen Nachtwache hältst, hängt seit 1967 über meinem Bett«. Tuong gibt mir einen Rippenstoß, lacht, dann erzählt er: Am ersten Tag der Tet-Offensive sei er nach Hué gekommen, um Thich Don Hau, den Vorsteher der Thien-Mu-Pagode, Professor Le van Hao und andere Huéer Intellektuelle für die neugegründete »Allianz der Kräfte für Unabhängigkeit, Demokratie und Frieden« zu gewinnen. Dann kamen die Kämpfe in der Stadt und nach drei Wochen der Rückzug in die Berge. »Weißt Du, Phan kam nicht mehr heraus. Er wurde während einer Säuberungsaktion festgenommen. Aber er hatte falsche Papiere, und sie erkannten ihn nicht, denn er hatte sich mit einer Zigarette sein Gesicht verbrannt und dann dick verbunden«. Mit den andern Verdächtigen hätte man Phan dann nach Saigon geschafft, aber damit war die schlimmste Gefahr schon vorüber, denn dort war er unbekannt, und nach einiger Zeit ließ man ihn laufen. »Phan hat mir 1969 aus Saigon einen langen Brief geschrieben«, sage ich, »ich habe mich damals gefragt, wie er aus den Bergen um Hué nach Saigon kam.« »Er hatte eine Weile in Saigon den Kontakt zu den Befreiungsstreitkräften verloren«, ergänzt Tuong seinen Bericht. »Aber sie holten ihn von der Straße weg zur Armee, bei der ersten Kampfberührung desertierte er, danach hat er im Süden weitergekämpft, als Kriegsberichterstatter der FNL, und er war unter den ersten, die nach Saigon einzogen«. Jetzt sei Phan Dokumentarfilmer, kürzlich habe er einen Preis bekommen. »Bitte grüß' ihn«, sage ich, »erzähle ihm, daß ich ihn in Saigon gesucht, aber nicht erreicht habe.« – Auch hier liegen die Fäden wieder beieinander. Als ich damals Phans Brief bekam, mit einer Saigoner Briefmarke, war ich erstaunt und verwirrt. Er schrieb mir, er arbeite weiter für die Befreiung des Landes und beschwor mich, trotz Dischers, Krainicks und Altekösters Tod nicht irre zu werden an ihrer Sache. Die deutschen Ärzte seien schon nach Hause unterwegs gewesen. Bevor sie in das von den Amerikanern besetzte Gebiet der Stadt überwechseln sollten, hätten sie zusammen mit einer Einheit der Befreiungsfront in einer Pagode die Dunkelheit abgewartet. Als ein amerikanischer Hubschrauber die Pagode überflog, sei Frau Krainick schreiend und winkend aus der Deckung herausgelaufen, ihr Mann und die übrigen Ärzte seien ihr gefolgt. Da habe ihr Wächter aus Angst vor einem Luftangriff den Kopf verloren und geschossen. Niemand hätte ihren Tod gewollt, es sei ein Unfall gewesen, provoziert durch Frau Krainicks hysterische Unvernunft. – Damals, 1969, konnte ich mich nicht entschließen, Phans Brief zu veröffentlichen. Zum einen war ich nicht hundertprozentig sicher, daß er von seiner Hand stammte – nach drei Jahren der Trennung hatte ich seine Handschrift nicht mehr so gut im Gedächtnis – zum andern aber, selbst wenn dies der Fall war, auch nicht, ob Phan ihn aus eigenem Antrieb geschrieben hatte: vielleicht war er verhaftet und gefoltert worden und die »psychologische Kriegsführung« in Saigon wollte mit einem solchen Brief erreichen, daß ich von meiner öffentlich geäußerten Auffassung abrückte, der zufolge es wahrscheinlicher sei, Thieu-Truppen hätten die deutschen Ärzte ermordet, im Zuge ihrer großangelegten »schwarzen Propaganda« über angebliche »Viet-Cong Massaker« in Hué. So blieb ich bei meiner Version, mit einigem Unbehagen, denn in Phans Schilderung sah ich Frau Krainick vor mir, wie ich sie kannte.

»Ich selber ging 1972 nach Quang Tri«, erzählt Tuong. »Vorher war ich ein Stadtmensch, ein Intellektueller. Erst in den Jahren des Kampfes habe ich die Bauern kennengelernt, ihre Güte, ihre Ausdauer, ihre Entschlossenheit und ihre Kraft. Sie waren meine Lehrer. Alle Werte, alle Tugenden unseres Landes haben ihre Wurzeln bei ihnen.« Ein Schuß Romantik liegt in Tuongs Worten: und hier, am Ufer des Flusses, wo der Gesang der Zikaden, das Rauschen der Flamboyants, das Glitzern des Wassers sie untermalt, vervielfältigen sie sich noch wie in einem Spiegelsaal. Ich müßte an Blut und Boden denken, müßte voller Skepsis und Mißtrauen sein. Aber diese Assoziation stellt sich nicht ein, ich denke, wie recht er hat. Das bäuerliche Leben ist hier ja noch Wirklichkeit, noch über Jahrzehnte wird es die wesentlichste wirtschaftliche Kraft des Landes bleiben, anders als im Nazi-Deutschland, wo es ökonomisch bereits bedeutungslos war und nur als ideologischer Deckmantel für Ausbeutung und Krieg herhalten mußte. Der Weg zurück zu den Quellen, den Tuong gehen will, ist also kurz – und diese sprudeln noch von selber, sind keine künstlich hochgepumpten Fontänen. Auch der industrielle Aufbau wird seine Kraft noch lange aus der Arbeit der Bauern schöpfen müssen. Das zivilisationskritische Element, das in Tuongs Bauernromantik liegt, trägt also gar keine nostalgischen Züge, richtet sich nicht gegen Industrie und Modernisierung, sondern gegen die kulturelle und wirtschaftliche Ausbeutung durch den Imperialismus, der in den Städten, besonders in Saigon, sein Hauptquartier hatte. So führt diese Romantik auch nicht zurück in eine illusionäre Vergangenheit: im Gegenteil, sie kann ein Wegweiser sein für die Gefühle in die Zukunft hinein, zu den Quellen des Fortschritts. – Das sind meine eigenen Überlegungen, Tuong trägt nichts derart Angelesenes vor: er beruft sich auf seine persönliche Erfahrung. Er erzählt mir die Geschichte eines Quang Trier Bauern, der drei Jahre lang den Wahnsinnigen spielte, um einen Kader der Befreiungsfront gefahrloser in seinem Hause verstecken zu können und für diesen Botengänge zu tun. Nicht einmal die eigenen Kinder hätten das gewußt. Nach der Befreiung sei dieser Mann wieder zur Feldarbeit zurückgekehrt, ohne Belohnung, ohne Medaille. Hunderttausende habe es gegeben, die ähnliche Opfer auf sich nahmen. In den 80 Tagen der Schlacht um Quang Tri, im Sommer 1972, hätten solche Bauern den Amerikanern ihr Stalingrad beigebracht. Das hätte Nixon zum Pariser Abkommen gezwungen. »Ich habe Glück gehabt«, sagt Tuong, »ich wurde weder verwundet noch gefangen«.

Nach dem Pariser Abkommen sei er nach Hanoi gegangen, dort habe er My Da kennengelernt, bald danach auch geheiratet. Sie stammt aus Quang Binh, früher die südlichste Provinz des Nordens. »So habt ihr Binh-Tri Thien in der eigenen Familie«, frozzele ich. Aber ich frage ihn auch nach den geschlossenen Läden, dem überall sichtbaren Mangel, nach den Kadern aus dem Norden; und ich erzähle ihm von Nghis und Hoas Zweifeln, von den Gerüchten über Säuberungen in der Partei, ja über seine eigene Verhaftung. »Saigon ist noch immer die alte Gerüchteküche«, lacht Tuong (und ich denke: vielleicht auch, weil es noch immer keine Zeitungen gibt, die über so etwas berichten dürfen). Aber dann wird er ernst: in Saigon hätten auch einige Großbürger sich während des Krieges auf die Seite der Befreiungsfront geschlagen, weil sie die nationale Entwürdigung durch die Amerikaner nicht hinnehmen wollten: auch nicht als Unterpfand für ihre eigenen Privilegien und Profite. Jetzt, nach dem Krieg, sehen sie sich mit den revolutionären Umgestaltungen konfrontiert. Es sei zweierlei, theoretisch dafür zu sein, oder sie am eigenen Leib zu erfahren. »Natürlich gibt es Fehler, Mißstände, falsche, vorschnelle Entscheidungen; wir haben viel Erfahrung im Kampf, aber noch wenig beim Aufbau. Aber für diejenigen, die wohl die nationale Unabhängigkeit, nicht aber die sozialistische Revolution wollen, sind das nur Vorwände, um abzuspringen, um sich jetzt, wo der Klassenkampf einsetzt, auf die andere Seite zu schlagen. Sie können die Härte, die Entbehrungen des Lebens bei uns nicht ertragen. Viele von ihnen haben mit den Bauern, mit dem arbeitenden Volk nie zusammen gelebt und gekämpft. In der Stadt lebten sie auch als illegale Kader noch im neokolonialen Sumpf – sie mußten es, um ihre Arbeit für uns tun zu können – und später, im Maquis, blieben sie meist in der Nähe der Hauptquartiere, auch dort noch Privilegierte. Vielleicht trifft das auch für Deine Saigoner Freunde zu.«

Tuong will niemanden anklagen. Er glaubt, was er sagt. Und wie groß ist mein Bedürfnis, es ihm nachzutun. Aber dafür müßte ich nicht nur Hoa, sondern auch Nghi abschreiben: ihn preisgeben, verraten. Das kann ich nicht. Drei Jahre habe ich ihn im Kampf, als Untergrundkader erlebt, in dieser Zeit hat er seine Freiheit und wohl auch sein Leben aufs Spiel gesetzt. Gut, er lebte währenddessen in Saigon, in bescheidenem

Wohlstand, der gegenüber Tuongs Entbehrungen in den Bergen sicherlich Luxus war, und er arbeitete gleichzeitig als höherer Beamter in einem Regierungsbüro. Aber 1968 ging auch er ins Maquis – vielleicht in ein Hauptquartier, ich weiß das nicht. Sein Kind, sein einziges, ist jedenfalls während der Kämpfe gestorben, und ich weiß, was das für einen Vietnamesen bedeutet, zumal Hoa heute nicht mehr in den Jahren ist, aufs neue Mutter zu werden. Auf der andern Seite: als ich ihn jetzt wieder traf, hatte er kaum noch etwas vom Kämpfer an sich, der er einst war. Schmerzlich erinnerte seine Resignation mich an Huans Rückzug in die Astrologie, nach dem Fehlschlag der buddhistischen Revolte. Ist er doch der Versuchung von Hoas Reichtum erlegen – mit schlechtem Gewissen – und deshalb so bitter geworden? Tuongs Vermutungen unterscheiden sich ja kaum von einigen meiner eigenen Überlegungen zu Hoa und Nghi, auf dem Rückflug von Saigon nach Hanoi. Aber selbst wenn sie zuträfen – und ich habe begründete Zweifel daran, deshalb bin ich von ihnen ja auch gleich abgerückt, – warum mußte das geschehen? Warum ist Nghi nicht wie Tuong geworden? Und ist Tuongs schier unbegrenztes Vertrauen in die Entwicklung hier durch die Tatsachen gerechtfertigt? »Weißt Du, in Hué ist das anders«, fährt Tuong fort. »Die Befreiungskader und das Volk sind hier eins, die Besatzungskultur hat nur wenige Spuren hinterlassen. Die Leute wissen, daß sie jetzt Herren ihres Schicksals sind (da ist es wieder, das Schlüsselwort), sie sind bereit, alle Entbehrungen auf sich zu nehmen für eine bessere Zukunft. So stellen sie sich hinter die nötigen Veränderungen, wie die Vergesellschaftung des Handels, auch wenn diese zunächst nur neue Schwierigkeiten für sie bringen.« Und die Kader aus dem Norden? insistiere ich. Sie stellten für Hué kein großes Problem dar, meint Tuong, es seien nur wenige, und außerdem hätte sich Hué in den Jahren des Kampfes so stark nach der Einheit gesehnt, sei es gefühlsmäßig so sehr auf den Norden gerichtet gewesen, daß die Menschen stolz auf ihre neue Provinz seien, die diese Einheit – und damit die Verschmelzung von Norden und Süden – symbolisiert.

Ja, es ist richtig, Tuong, Phan, Hao, sie haben die ganzen Jahre an dieser geistigen Orientierung gearbeitet. Hao veranstaltete mitten im Krieg eine Ausstellung über die Volkskunst des Nordens, die Holzschnitte, die aus Dörfern am roten Fluß kamen, besorgte er sich aus Paris. Wieviel Schallplatten aus Hanoi zirkulierten heimlich unter den Studenten! Und ihre Zeitschrift nannten Hao, Phan und Tuong programmatisch Vietnam Vietnam, wobei die Buchstaben beider Worte, in rotem Druck übereinandergesetzt, miteinander verschmolzen wie tropfendes Blut. Aber Tuong meint nicht, wie damals, diesen intellektuellen Überbau. Die einfachen Menschen, die Bauern, die Kulis, sagt er, die Handwerker und Straßenhändler, hätten sich über den Ben-Hai Fluß am 17. Breitengrad hinübergesehnt. Sie hätten sich den Menschen auf der andern Seite brüderlich verbunden gefühlt. Wie oft habe er sie die amerikanischen Jagdbomber verfluchen hören, die täglich im Tiefflug – damit die gegnerische Radar-Abwehr sie nicht erfaßte – hinüberdonnerten. So arbeiteten sie auch heute ganz selbstverständlich mit den Leuten aus dem Norden zusammen. Er selber sei gerade erst aus Quang Tri zurückgekehrt, wo, an der früheren Demarkationslinie, eines der größten Bewässerungsprojekte des Landes verwirklicht werde: »Norden« und »Süden« gebe es bei dieser Arbeit nicht mehr. Bauern seien dabei, Soldaten, Schüler, Studenten: aus beiden Teilen des Landes. Die Menschen setzten ihre ganze Kraft ein, sie wüßten alle, worum es geht. Er selber habe ein paar Wochen dort mitgearbeitet, voller Enthusiasmus, voller Bewunderung für sie sei er zurückgekehrt. »Ich fahre wieder dorthin«, sagt er, »das wird das Schlußkapitel meines Romans – ja, eines Romans über Hué, über Kampf, Liebe, Arbeit und Sieg in dieser Stadt – auch Du kommst darin vor. Weißt Du, man muß das wesentliche sehen, das wesentliche sagen und das wesentliche tun – und das versuche ich jetzt.«

Das Wesentliche: für Tuong ist es das, was entsteht, was geboren wird jetzt nach dem Sieg: die neue Welt, die bewußte Menschen sich selbst erschaffen, die »Herren ihres Schicksals« geworden sind. Er ist einer von ihnen, er legt selber Hand an: wartet nicht, bis bessere Zeiten kommen. Die Befreiung war für ihn noch ein Wunder – so schlagartig war sie da. Von der Revolution erwartet er keine mehr: die muß man jetzt selber tun. Aber er glaubt an die Menschen in seiner Stadt, seiner Provinz, seines Landes (ob er Saigon dabei einbezieht?), er glaubt, daß sie in gemeinsamer Arbeit dies Wunder vollbringen können, so wie sie auch das Wunder der Befreiung erzwangen. Und so tief vergräbt er sich in diese Arbeit, daß er ihre Kehrseiten (das »Unwesentliche«) dabei übersieht, nicht nur die sterbende Welt der Bürger, sondern auch die oft daneben gehende Planung, die bürokratische Überzentralisierung, die unnötigen Kontrollen, die Einschränkungen der Bewegungsfreiheit, die Rechtlosigkeit gegenüber dem Staat, die Pervertierung spontanen Enthusiasmus wie des seinen zur emotionalen Pflicht. Verschwinden diese Kehrseiten aus dem Blick, wenn man als Pionier tief einsteigt in die revolutionäre Arbeit – und springen sie einem umso stärker in die Augen, je mehr man Zuschauer bleibt? Gibt es eine eigene Art skeptischer Erkenntnis – bei Praxisverzicht? Und wie weit bildet diese die Wirklichkeit ab? Rührt daher die verschiedene Haltung Tuongs und Nghis? Aber fällt es in Hué nicht auch leichter, leichter als in Saigon, sich aufzumachen zu »neuen Ufern«? Wieviel näher liegen sie an der Stadt, fast vor ihren Toren, und wieviel weniger Ballast haben die Menschen hier abzuwerfen, materiell ebenso wie ideologisch? Vielleicht ist Saigon doch nur ein Sonderfall? (und Hoa und Nghi haben nur das Unglück gehabt, gerade ihm gegenüberzustehen?) In Hué liegen Tradition und revolutionäre Zukunft ja ganz nahe beieinander, man braucht die erstere nicht zu widerrufen, um sich zur letzteren zu bekennen. Wieviel schwieriger ist das in Saigon. Nghi und Hoa sind ja nicht über ihre nationale Tradition zu einer revolutionären Haltung gelangt: ihre Tradition war eher die bürgerlicher Liberalität, von der her sie zunächst intellektuell zum Marxismus fanden. Mit wieviel mehr Widersprüchen müssen sie fertig werden: wieviel größer ist die Gefahr, daß sie auf der Strecke bleiben. Bin ich nicht selber schon halb auf der Strecke geblieben, indem ich mich mit ihnen identifizierte, mit meiner eigenen Tradition, die der ihren so nahe verwandt ist? Tuong, mein Bruder, gib mir das Feuer wieder, das in Dir brennt, in mir ist es beinahe erloschen.

Es beginnt zu regnen: mit großen warmen Tropfen, die einstweilen noch gebührenden Abstand voneinander halten. Tuong bringt mich zurück zum Hotel. »Wie weit mußt Du laufen?« frage ich ihn. »20 Minuten«, sagt er, »höchstens eine halbe Stunde.« Dann wohnst Du gar nicht 26 Le Loi?« »Nein, das ist der Schriftstellerverband, aber besser, Du schreibst mir dorthin.« Ich frage ihn nicht, weshalb und auch nicht nach seiner wirklichen Adresse. Will ich den Zauber nicht brechen? »Weißt Du, daß ich 1974 schon ganz in Deiner Nähe war?« sagt Tuong, »in Leipzig, mit einer Delegation. Ich habe Dir geschrieben, hatte aber keine genaue Adresse, der Brief kam zurück.« Und ich: »Aber jetzt sind wir zusammen, was sind schon fünf Jahre, und wir werden uns wiedersehen, bald!« In der Hotelhalle gebe ich Tuong noch die Plastiktüte mit den Geschenken für seine Kinder. Im letzten Moment nehme ich den Brief noch heraus, den ich ihm nachmittags geschrieben hatte. »Morgen früh, um ½8 bin ich wieder da«, sagt Tuong, »um 8 Uhr müßt ihr fahren.« Ich sinke müde ins Bett. Der Reisschnaps beginnt jetzt erst richtig zu wirken.

Am nächsten Morgen ist der Himmel immer noch bezogen, es ist auch etwas kühler geworden. Ich habe meinen Seelenfrieden (so nannten das die Pietisten) wiedergefunden. Der innere Aufruhr der vorangegangenen 10 Tage ist, wie ein Sturm im Wasserglas? zur Ruhe gekommen: in einem wunschlosen Glück. War das die Klimax? Haben alle Rätsel, alle Verwicklungen sich auf einmal gelöst? Oder hat man mir nur eine ganz intensive Befriedigung verschafft, um eben diesen kathartischen Effekt auszulösen: (ein Trick aus der Physiologie?) Nichts wird anders durch diese kraftlose Überlegung. Ich könnte Tuong, Nguyen, Mai, Qué, Duc und Phuc, ja die ganze Stadt in dankbare Zärtlichkeit einhüllen: wie eine Frau, die mich nach Jahren des Hinhaltens, Wartens, der Eifersucht und der Qual doch noch erhört hat. So war mir zumute, nachdem ich zum ersten Male mit Juliette schlafen durfte, nach fünf Jahren Verzauberung, Verzweiflung, Liebe und Haß. Fliederfarben waren in jenem Sommer die Kleider der Mädchen, wie Venus die Schaumgeborene trat der Boulevard St. Germain aus dem Morgenlicht. Bald zwanzig Jahre ist das her.

Tuong kommt und mit ihm Nguyen. Wir lassen den Nachklang des gestrigen Tages auf uns wirken. »Grüß Kim Lan«, sagt Tuong, – sie lebt in München und war 1962-1965 eine der Führerinnen der buddhistischen Studenten, Tuong, Cuong und Y eng verbunden. Im vergangenen Jahr kam sie für zwei Monate nach Hué. »Sag ihr, sie solle heiraten«, flüstert Tuong mir zu, »Thuan oder einen andern ihrer Freunde, das wird ihr guttun«. Und während wir auf unsern Wagen warten, erzählt er: die Kinder seien gestern nacht noch aufgewacht und hätten sich gleich auf die Geschenke gestürzt. Heute morgen übten sie, vor unserm Familienfoto »Edith«, »Jonathan« und »Manuel« auszusprechen, »Erich« sagten sie schon lange. Tuong hat auch Fotos von der eigenen Familie mitgebracht und eine schöne pastellfarbene Postkarte von Ho Chi Minh, wie er mit einem Tuschpinsel Gedichte schreibt: »ein Geschenk für Jonathan von seinem Onkel Viet Cong«. – Die letzten Gruppenbilder, die Abschiedsumarmungen. So gelöst bin ich, daß ich sogar dem »Genossen Verantwortlichen« einen Kuß gebe und mich bedanke für die schöne Führung am Kaiserpalast. Nguyen und Tuong winken, verschmelzen im Morgennebel zu einer einzigen Silhouette. Duc, Phuc und ich, wir sind wieder allein (mit unserm lächelnden, schweigsamen Fahrer), wir haben das Abenteuer bestanden, das Böse vertrieben: wie Westernhelden verlassen wir nach getaner Arbeit die befriedete Stadt. Noch einmal der Kanal von An Cuu, und dann sind wir schon in der Ebene der Reisfelder, am Horizont die Berge, die heute grau sind und in den Wolken verschwinden.

Das etwas trübe Wetter holt mich auf die Erde zurück. Ich frage mich, was in diesen anderthalb Tagen wirklich geschehen ist. Das Entscheidende: ich habe Tuong wiedergesehen, er war frei, nicht im Gefängnis, und, noch mehr, unbeirrt arbeitete er weiter für die Revolution. Aber: es ist nur Nguyen zu verdanken, daß ich ihn wiedersehen konnte, Nguyen hat seinen Wagen nach Quang Tri geschickt, um ihn zu holen, und er ist auch heute morgen mit ihm zusammen ins Hotel gekommen. Hat sich auch hier ein Kampf abgespielt, zwischen dem »Genossen Verantwortlichen«, der alle Begegnungen auf offiziellen Gleisen halten wollte, und Nguyen, der mich und meine Geschichte kannte und alles dafür tat, daß ich meine Freunde wiedersah? Vielleicht ist Nguyen heute morgen überhaupt nur gekommen, um sich mit dem Prestige seines Namens und seines Amtes, als Schutzschild gleichsam, hinter Tuong zu stellen: damit niemand diesem »unautorisierte Kontakte« mit Ausländern vorwerfen kann? Y brauchte gestern ein solches Geleit offenbar nicht (oder stand er Nguyen einfach nur ferner?) und Dinh Cuong war nicht zu erreichen. Ich komme durcheinander, ganz geht die Rechnung nicht auf. Warum durfte ich die Kollegen der Medizinischen Fakultät nicht sehen? Wußte

Nguyen nichts von dieser Weigerung (oder erfuhr er zu spät davon), hat der »Genosse Verantwortliche« hier ganz allein entschieden? Oder sind auch Nguyens Einflußmöglichkeiten begrenzt, darf auch er den Bogen nicht überspannen? Mußte – und wollte – er sich darauf beschränken, ein Treffen alter Kampfgenossen zu arrangieren, aus Freundschaft zu Tuong, zu mir – und vielleicht auch, um uns beiden gegenüber eine alte Dankesschuld abzutragen? Immerhin, wenn es diese Auseinandersetzung gab, ist Nguyen dabei Sieger geblieben – selbst wenn er nicht alles erreicht hat. Vielleicht hat er auch, um meinetwillen, um Tuongs willen – und auch um seiner eigenen Selbstachtung willen – im Handstreich ein paar Risiken auf sich genommen: Buu Y benachrichtigt, Tuong abgeholt und die »zuständigen Behörden« einfach vor vollendete Tatsachen gestellt. Passen würde das zu ihm, dem alten Partisanen. Und wieder kriecht diese freundschaftliche Wärme in mich hinein. Ich lasse mich von ihr treiben, wie auf salzigem Mittelmeerwasser, und döse für einen Augenblick ein. Eine Unebenheit auf der Straße rüttelt mich hoch: haben sie Tuong etwa aus dem Gefängnis vorgeführt (wichtig genug war er für sie ja), hat er, wie 1948 in Moskau der jiddische Dichter P. M. beim Gastmahl um sein Leben geredet? Ganz unsinnig ist er, dieser Verdacht, denn danach war ich mit Tuong ja allein. Aber vielleicht saß auch am Fluß hinter uns noch ein Lauscher, dessen Atem sich in der Geräuschkulisse der hin- und herhuschenden Ratten verlor? War Tuongs Gruß an Kim Lan und sein Hinweis auf Thuan, der in Paris lebt, eine verschlüsselte Botschaft, der einzige Notschrei, den er ausstoßen konnte? Drei Wochen später, bei Kim Lan in München, weiß ich genau, daß ich wieder gesponnen habe. Und schon jetzt wische ich diesen flash back meines Verfolgungswahnes weg, mit Duc und Phuc an meiner Seite fällt mir das ganz leicht. Immerhin: dieser Rückfall wäre mir erspart geblieben, hätte man mir erlaubt, mich in Hué ein paar Tage lang ganz frei zu bewegen, von Freund zu Freund, von Haus zu Haus; wenn ich so eine bunte Mischung von Meinungen, von Gerüchten – und ein paar belegbare Informationen – hätte aufschnappen können, die nicht über die offiziellen Kanäle geflossen sind. Davor hat das Programm mich auch hier fast vollständig abgeschirmt – und das Kontaktverbot, das ich als Gast nicht brechen wollte.

Muß ich also doch wählen, zwischen Tuongs und Nghis Positionen – und meinen eigenen, halsbrecherischen Deutungen? Mein Herz möchte sich auf Tuongs Waagschale legen, aber meine Vernunft zögert noch, sich zu entscheiden. Was wäre geschehen, wenn ich Tuong nicht hätte sehen können? Ich wäre von meinem Amt als Vorsitzender der Freundschaftsgesellschaft zurückgetreten, denn es verlangt ein Mindestmaß an Vertrauen der vietnamesischen Partner. Aber ich hätte auch mein halbes Leben verloren. Es hing an einem einzigen Haar. Auch wenn Hoa und Nghi sich in Einzelheiten geirrt haben – Tuong war ja frei – waren es nicht solche Schwierigkeiten, die sie in Hué für mich voraussahen? Haben sie sich selber zurückgezogen, weil es ihnen selber unmöglich gemacht wurde, sie zu überwinden?

Ganz gemütlich geht jetzt die Reise: keiner von uns hat es besonders eilig. Mehrere Male halten wir an, um zu fotografieren. Ich weiß schon, daß ich dieses Buch schreiben werde: vielleicht läßt man mich danach für viele Jahre nicht mehr hierher, deshalb möchte ich, soviel ich kann, mitnehmen von dieser Landschaft. Es hilft nichts, daß ich mir sage, wie unsinnig das ist, daß nach 5 oder 6 Jahren die Erinnerungen, auch die fotografierten, verblassen, wenn sie nicht aufgefrischt werden können, daß das Gedächtnis sich häutet wie eine Schlange. Wie auf der Hinfahrt brausen die Kilometersteine vorbei: ich lese: Nha Trang, Pho Ho Chi Minh, My Tho, Tay Ninh, Ca Mau. So war ich also auf der Hinreise in eine Falle getappt: in eine Falle, die die antivietnamesische Propaganda in meinem eigenen Kopf aufgestellt hatte: Vinh, Hanoi, Hai Phong und Ninh Binh, diese Aufschriften waren gar nicht als einseitige geistige Orientierung auf den Norden gemeint: wer aus dem Süden kommt, dem prägen sich Namen und Entfernungen der wichtigsten Städte des Nordens ein, wer aus dem Norden kommt, der lernt die größeren Zentren des Südens kennen und erfährt, wie nahe er ihnen gekommen ist. Es ging also darum, auch diejenigen, die nur kurze Strecken zurücklegten, aus ihrer Dorf- und Kirchturmsperspektive herauszulösen, ihnen eine weiträumigere Orientierung über das ganze Land hinweg anzubieten: um Einheit und Zusammenhalt ging (und geht) es also, nicht um Dominanz und geographisch drapierten Triumphalismus des angeblichen »Siegers« aus dem Norden. Wo habe ich mich sonst noch geirrt – ohne daß ich mich – wie hier – noch korrigieren kann?

Auf dem Wolkenpaß haben wir die Sonne eingeholt. Wieder mache ich Fotos, versuche die Dananger Bucht einzufangen. Phuc möchte sich vor den Bergbefestigungen aufnehmen lassen: ich erinnere mich, das war während des Krieges immer verboten. Die Soldaten der Volksarmee, die dort oben ihre Wäsche aufgehängt haben, lachen nur, sie winken uns zu, endlich hat jemand eingesehen, daß diese hundertjährigen Ziegelforts keine militärischen Geheimnisse sind. Eine halbe Stunde später sind wir in Danang, in unserem Hotel. Wir haben gerade noch Zeit, um uns zu waschen, dann geht es zum Empfang der Patriotischen Front.

Tuyet Mai holt uns ab, der Freund, der mit Xuan Que und Triet in der gleichen illegalen Parteizelle gearbeitet hat. Er war bis 1963 in Hué. Während der Buddhisten-Krise habe er mehrfach versucht, mit mir Kontakt aufzunehmen, sagt er. Eine vage Erinnerung steigt in mir auf: aber wie eine Seifenblase ist sie zerplatzt, bevor ich sie greifen kann. War es in Tu Dam? Stand er neben mir, über Thich Tri Quang gebeugt, als dieser mitten im Hungerstreik seine Asthmakrise bekam, war er damals einer der Leiter der buddhistischen Laienbewegung? Er war zwar in Tu Dam, aber dessen kann er sich nicht entsinnen. Wir suchen beide weiter nach Erinnerungsspuren, jeder von uns findet welche, aber sie passen nicht zusammen. Dabei ist sie greifbar nahe, die Erinnerung: ich spüre sie körperlich, in den Muskeln, im Brustkorb, ja, mit dem Atem dringt sie hinaus zu Tuyet Mai; aber sie will sich nicht in ein Bild übersetzen lassen, in eine Szene, die bei uns beiden deckungsgleich wäre. Und wir haben nicht mehr viel Zeit dazu.

Vo van Dang, der Vorsitzende der Front, ist ein großer, breitschultriger Mann, zugleich Mitglied des Volkskomitees der Provinz. Auch er hat die tiefe , singende Stimme der Befreiungskämpfer dieser Region, in der die Sätze so leicht zu Gedichten gerinnen. Wer ist der Vorsitzende dieses Komitees? Warum stelle ich diese Frage nicht, habe ich wieder Angst vor der Antwort? Ist es ein Kämpfer wie Dang? Duc sagt (später), Dang sei ein guter Revolutionär, allerdings, was die Verwaltung angehe . . . Wäre ein Mann aus Hanoi hier besser am Platze? Auch Danang – Quang Nam versorge sich jetzt selber mit Nahrungsmitteln, hören wir, ja, die Provinz könne noch Reis an die staatlichen Aufkäufer abgeben, Trockenkulturen, die keine Bewässerungsregulierung erforderten, wie Maniok, Kartoffeln und Gemüse befriedigten einen zunehmenden Teil des Nahrungsmittelbedarfs. Wie in Hué, – und auch die Sätze dafür sind fast identisch. Sind es Losungen der Hanoier Zentrale? Wieviele Male muß Dang sie ausgesprochen haben, wir sind ja nicht sein erster Besuch. Aber auch hier klingen sie nicht abgeleiert. Ein gerader, ungebrochener Stolz ist in ihnen erkennbar und eine greifbare Nähe zu ihrem Objekt: als ob Dang den Geruch der in der Provinz produzierten Kartoffeln, Tomaten und Bohnen noch in der Nase hätte.

Dr. Hoang Thao, der Leiter der Gesundheitsverwaltung der Provinz, und der Chefarzt des ehemaligen Malteserkrankenhauses, Dr. Pham Dinh Kien, sind bei diesem Gespräch zugegen. Zu meiner Verwunderung höre ich, daß Graf Landsberg und v. Truczinski, zwei Funktionäre des Malteserordens, die sich während des Krieges durch besonderen antikommunistischen Eifer auszeichneten, im vergangenen Jahr für ein paar Wochen hier waren. Sie haben große Versprechungen gemacht. Kien zeigt mir einen Brief von ihnen, der kurz nach ihrer Rückkehr nach Deutschland hier ankam, in dem von 100 000,– DM die Rede ist, die über »Misereor« ausgezahlt werden sollten. »Seither haben wir nichts mehr von dem Geld gehört«, sagt Kien, mit einer Spur ironischer Resignation. »Schade, daß Sie morgen schon fort müssen«, fährt er fort, »so können wir keinen Besuch mehr im Krankenhaus einplanen. Sie hätten ein paar Bilder machen und sich überzeugen können, daß wir alles tun, es in gutem Zustand zu halten.« Alle andern stimmen beifällig zu. Sollte ich deshalb nur einen Tag in Hué bleiben? Damit ich mir hier noch dieses Krankenhaus ansehen und aufgrund der dort gewonnenen Informationen aus erster Hand die sehnlich erwartete bundesdeutsche Hilfe zu Hause wieder flottmachen kann? Ist damit wieder eine Sumpfblase meines Mißtrauens geplatzt?

Professor Vinh Linh (sein Name bezeugt, er stammt aus kaiserlichem Haus) berichtet dann über die Fortschritte im Erziehungswesen. Alphabetisierungskurse, neue Schulen, neue Universitäten. Alle früheren Lehrer – fast alle – seien 1975 an ihrem Platz geblieben, betont er, sie unterrichten weiter an ihren alten Schulen. Ich denke an die Schülerinnen und Studenten in Hué, die nur in der Stickereikooperative einen Arbeitsplatz gefunden haben und frage, ob bei den gegenwärtigen Verhältnissen, wo die industrielle und technologische Entwicklung noch ganz an ihrem Anfang steht, durch die vielen Schulen und Universitäten nicht auch Überqualifikation und akademische Arbeitslosigkeit erzeugt werden könnten. Niemand versteht diese Frage. Lernen, Aneignung von Wissen ist für sie keine Investition, die sich schon bald in höherer Produktivität auszahlen muß. Es ist ein Grundbedürfnis und Grundrecht der Menschen. »Die Lernbegierde der Vietnamesen ist unstillbar, sie meinen, man kann gar nicht genug wissen«, sagt Vinh Linh, »da kommen wir mit unseren Bildungseinrichtungen gar nicht nach.«

Neben mir sitzt ein kleiner, kränklich aussehender Mann in einer abgetragenen grünen Baumwolljacke, der bis dahin geschwiegen hat: Ha Ky Ngô, der stellvertretende Vorsitzende der Front. Jetzt, wo die vorgeplanten Programmpunkte abgehandelt sind, sagt er leise: »Triet hat mir von Ihnen erzählt, wir waren in Con Son zusammen in einer Zelle.« Er selber war über 8 Jahre dort eingesperrt, die Befreiung, 1975, war auch im buchstäblichen Sinne die seine. »Triet hat uns ärztlich behandelt, er hat uns Mut zugesprochen. Viele hätten ohne ihn nicht überlebt«, sagt er, »Sie können stolz sein auf diesen Schüler.« Ich erzähle ihm, daß Triet 1967 die beste Doktorarbeit gemacht hat, über den Nachweis von Pest-Erregern im Hirnwasser, Ngô erwidert, das wundere ihn nicht. Zerbrechlich, hilflos, etwas fehl am Platze wirkt er in dieser Runde – was haben Haft, Hunger und Folter in ihm zum Verstummen gebracht? »Er bezieht jetzt eine Invalidenrente«, sagt Dang, »aber er hilft bei unserer Arbeit mit, so gut er kann«. Ich möchte diesen früh alt gewordenen, schmächtigen Mann in meine Arme nehmen wie ein krankes, verängstigtes Kind, obwohl er das vielleicht gerade am wenigsten braucht. Fühle ich mich mitschuldig an seinem Schicksal? Habe ich genug dafür getan, daß es nirgends mehr ein Con Son geben kann?

Auf dem Rückweg fragt mich Tuyet Mai noch, ob ich Giau gekannt habe, den »diemistischen Professor« in Hué. Er habe viele Studenten, darunter auch Tuong und Phan, bei der Polizei denunziert. Meint er Hoang van Giau, der in Hué Psychologie und Philosophie unterrichtet hat? Er hatte am 8. 5. 1963 an der Huéer Radiostation neben mir gestanden, am 20. 8. 1964 war er einer der Anführer bei der Demonstration gegen General Khanh, im Frühjahr 1966 neben Huan einer der bürgerlichen Führer der buddhistischen Revolte. Er wohnte neben Christian, als ich ihn einmal mit diesem besuchte, wetterte er gegen die »kommunistische Unterwanderung« des Kampfkomitees der Huéer Studenten, das sich dadurch vor der Öffentlichkeit – meinte er die amerikanische? – diskreditiere. Ich erinnere mich noch, wie bestürzt ich war, nahm es dann aber für eine taktische Äußerung, auch noch, als ich bald danach hörte, Phan und Tuong seien festgenommen worden. (Durch Intervention Thich Tri Quangs und Thich Don Haus kamen sie in 24 Stunden wieder frei). »Er ist jetzt im Gefängnis«, beendet Tuyet Mai dieses Thema etwas brüsk.

Ich bin verdutzt. Zweifellos gehörte Giau, wie Huan, zum rechten Flügel der buddhistischen Bewegung – zumindesten seit der Zeit, wo er nicht mehr Student, sondern Professor war. Wie Huan hatte auch er darauf gesetzt, daß die Unterstützung der Amerikaner den Buddhisten zum Sieg über Thieu und Ky verhelfen sollte. Beide glaubten, nur so sei dieser Sieg zu erringen. Also mußte alles, was die Amerikaner verunsichern konnte, peinlichst vermieden werden: und das war vor allem der Verdacht, die buddhistische Bewegung sei von der FNL oder ihren Sympathisanten »unterwandert«. War diese strategische Position (mit Hilfe der Amerikaner an die Macht zu kommen) einmal bezogen, so wurde die Ausschaltung der »Verdächtigen« zu einem zwingenden politischen Gebot. Giau folgte also nur konsequent seiner eigenen politischen Logik, wenn er Tuong und Phan bei der Polizei anschwärzte (ähnliches soll Thich Thien Minh in Saigon getan haben), konsequenter als Huan, der derartiges aufgrund seiner Liberalität und seines Abscheus vor jeglichem Denunziantentum nicht fertig brachte. »Wenn wir einmal die Macht haben«, sagte Giau damals, »werden die Amerikaner schon sehen, wer hier Herr im Hause ist. Wir schicken sie nach Hause, wann wir es wollen.« Natürlich waren das Illusionen – erkennbar schon daran, daß sogar Thieu glaubte, »Herr im Hause« zu sein und den Amerikanern seine Politik aufzuzwingen, auch wenn dieser Glaube täglich von den Tatsachen widerlegt wurde. Aber

Giau – ebenso wie Huan, wie Tri Quang – hielten daran fest, und Giau und Thien Minh waren, im Gegensatz zu Huan und Tri Quang, wohl auch bereit, die Späne in Kauf zu nehmen, die bei der Durchsetzung einer solchen Politik zwangsläufig fallen mußten: denjenigen, die sie gefährdeten, den Schutzschild der buddhistischen Bewegung zu entziehen und sie, als »Kommunisten«, der Gefangenschaft und dem Risiko der physischen Liquidation auszusetzen. Deshalb sitzt Giau heute im Gefängnis. Weshalb aber macht Tuyet Mai aus ihm, dem buddhistischen Oppositionellen gegen Diem, Ky und Thieu, einen »diemistischen Professor«, der er gewiß niemals war? Soll hier die konterrevolutionäre Kontinuität seiner politischen Biographie mit allen Mitteln, auch gegen die Tatsachen, hergestellt werden? Weil er 1966 die FNL-Sympathisanten und damit auch den fortschrittlichen Teil der buddhistischen Bewegung verraten hat, muß er das doch 1963 nicht auch schon getan haben, zu einer Zeit, wo es das Schielen auf die Gunst der Amerikaner bei den Buddhisten kaum in ersten Ansätzen gab? Es ist fast wie bei der psychiatrischen Anamnese, beim forensischen Gutachten: post festum (nach der Erkrankung, nach dem Delikt) werden Spuren gesucht (und gefunden), die diese schon ankündigen, ja mehr oder weniger zwangsläufig auf sie zuführen. So entsteht ein Gesamtbild des Kranken (des Täters), das beruhigt, weil es nichts Unvorhersehbares mehr enthält. Welche Verzerrung der Wirklichkeit ist aber nötig, damit man ein solches Bild aufrecht erhalten kann? Braucht man solche Bilder, um einigermaßen im Einklang mit sich selber weiterzuleben? Ist Veränderung – zum Guten, zum Bösen – eine Gefahr? Werden viele deshalb so unwirsch, wenn einer an diesen Bildern zu rühren beginnt?

Nach einem kurzen Abstecher zum Cham-Museum der Stadt, wo ich die in grauen Sandstein gehauene Tänzerin wiederfinde, deren Bild mich die Jahre meiner Abwesenheit begleitet hat, fahren wir hinaus zum Meer. Unterwegs sind die blechernen Überreste der US-Militärbase noch sichtbar, die am Flughafen schon abgeräumt waren. Zum ersten Male sehe ich, wenn auch aus einiger Entfernung, das Malteser-Krankenhaus. Hätte ich Duc bitten sollen, dort für einen improvisierten Besuch anzuhalten? Aber er hat schon genug für mich getan. Der Strand erinnert mich an Thuan An bei Hué. Ein paar Soldaten haben sich in den früheren Hütten der Sommerfrischler einquartiert. Die Brandung ist ziemlich stark. »Geh' nicht zu tief herein«, ermahnt Duc mich. Die Soldaten stellen zwei rote Fähnchen auf, die angeben, wo das Schwimmen noch relativ gefahrlos ist. Das Wasser ist lauwarm, die Schaumkronen der Wellen brechen sich an meiner Brust, die kleinen weißen Bläschen zerplatzen spurlos, wie mein unvernünftiges Mißtrauen. Immer neue folgen. Es ist wie ein Sektbad. Duc und Phuc haben sich auf zwei Liegestühlen niedergelassen, die die Soldaten inzwischen irgendwo aufgetrieben haben, und betrachten das Meer. Nach 10 Minuten steige ich aus dem Wasser, dusche (ja, die Dusche in der Umkleidekabine funktioniert), und geselle mich meinen beiden Reisegefährten zu. Phuc drängt zur Abfahrt. Aber er wirkt etwas verlegen, als sich der Wagen auf der sandigen Spur etwas holpernd in Bewegung setzt. »Du kennst sicher die Marmorberge schon«, sagt er, mit bittenden Augen. Ich: »Wir können gerne dort Halt machen«. Er strahlt. »Weißt Du, ich habe sie noch nicht gesehen und sie sind im ganzen Land berühmt. Meine Freundin hätte mir gesagt: Du warst in Danang und nicht auf den Marmorbergen?«

Wir steigen die steilen Stufen zu den Eingängen der Grotten empor, die die buddhistischen Kultstätten bergen. Die Hauptgrotte ist mindestens so groß wie der Innenraum einer gotischen Kathedrale. Von oben fällt meerfarbenes Licht ein: das Blau des Himmels hat sich im Grün der Bäume gebrochen, die auf dem Gipfel den Eingangskrater umsäumen. Ein innen ausgehöhlter Zuckerhut, der oben ein Loch hat, muß dieser Berg sein, in den wir auf halber Höhe eingedrungen sind. Wie ein Puppenhaus steht in der riesigen Grotte ein kleiner steinerner Tempel, überragt von einer der schönsten Buddhastatuen, die ich je zu sehen bekommen habe. In ihrem Lächeln beginnt der schwere Stein sich vom Boden zu lösen, gerät ins Schweben. Daneben die Statue einer Frau, die an Madonnen erinnert, höchst ungewöhnlich für eine buddhistische Kultstätte. Und wie hat der Cham-Altar sich hierher verloren: auf dem ein Krieger, ganz und gar unbuddhistisch, sein Schwert erhebt? In dieser Grotte hat während der Tet-Offensive 1968 Phan Hanh Son, ein Arzt der Befreiungsfront, über Wochen Verwundete operiert, sie wurden danach in die vielen benachbarten kleinen

Höhlen gebracht, die Amerikaner konnten sie bei ihren Durchkämmungsaktionen nicht finden. Eine kleine Gedenktafel am Eingang einer Grotte erinnert daran. »Wenn die Buddhisten uns helfen, können die Amerikaner und die Marionettentruppen nichts tun«, sagt Duc, in einer merkwürdigen Verschiebung der Tempora. Sie haben hier offenbar geholfen.

Steile Steinstufen führen uns nun einem der Berggipfel zu. Aus einem Hohlweg taucht, unversehens wie ein neues Bühnenbild, eine kleine Pagode auf. Ihre rückwärtige Mauer lehnt sich an den Berg an, vor ihr, auf einer natürlichen Terrasse, die den Blick auf das Meer freigibt, ein Gärtchen mit Gemüse und Erdnußbeeten, aber auch mit vielen Blumen. Ein junger Mönch, in braunem Gewand, jätet Unkraut. Ich grüße ihn mit aufeinandergelegten Händen: wie die Buddhisten es tun, wenn sie jemandem ihren Respekt erweisen. Erstaunt erwidert er den Gruß und lächelt. Ein Bild des Friedens, der Einkehr, der verhaltenen Schönheit, ausgeschnitten aus einem fernöstlichen Märchenbuch. Gern würde ich ihn fragen, wie die Befreiung sein Leben verändert hat, aber ich will Phuc und Duc nicht in Verlegenheit bringen. Ein paar Schritte weiter, die Pagode verschwindet, eine zweite kleine Terrasse erscheint. Drei, vier Tische, Holzstühle stehen da, ein Limonadenverkäufer mit seinem Wagen. Auch diese Szene wirkt friedlich, beschaulich, wie ein kleines Ausflugslokal um 1900. Dennoch schockiert sie mich an dieser Stelle, sie definiert mich als Touristen, die kleine Pagode, das Gärtchen, den Mönch als Ausstellungsstücke. Hat der Limonadenhändler (oder der staatliche Betrieb, der ihn hier hingestellt hat) meine Eremitenstimmung von vorhin gleich miteingeplant? Ich fühle mich wie nackt ausgezogen, ertappt bei einer verbotenen (käuflichen?) Zärtlichkeit.

Noch 20 Meter müssen wir hochklettern: dann stehen wir ganz oben auf dem Gipfel: ein kleines Plateau, auf dem vier oder fünf Menschen Platz finden, in der Mitte ein Stein. Der Blick kann in alle Richtungen schweifen: wir sind hier am höchsten Punkt der Marmorberge. Das Panorama erstreckt sich vom Meer, vom Wolkenpaß über die Stadt Danang, über die Reste der US-Militärbase bis in ein breites Tal von Reisfeldern, das sich einem Flußlauf folgend, allmählich auf die laotischen Berge zu verschmälert. Den Amerikanern ist es nie gelungen, dieses Tal unter ihre Herrschaft zu bringen: es blieb bis zum Ende eines der großen Einfallstore für die Truppen der Befreiungsfront. Dann blicke ich hinab: überall Abgrund. Mit dem Schwindel erfaßt mich wieder diese unvernünftige Angst: jetzt ist es soweit, jetzt stürzen sie dich hinab. Aber als mein Fuß auf einer der unebenen Stufen umknickt und ich zu fallen drohe, fängt Phuc mich auf und führt mich eine Weile am Arm, bis wir die ebene Erde erreicht haben. Dort stehen wir nach wenigen Schritten vor den Hütten der Steinmetze, die Ringe, Aschenbecher, Tiger und Drachen aus dem bunten Marmor schnitzen. Hier war ich im Herbst 1967 mit Dr. Jäger, dem Chefarzt der »Helgoland«. Er hatte keine Angst vor den »Viet Cong«, mit seinen bald 70 Jahren verstand und respektierte er sie. Phuc handelt mit großem Geschick um ein paar Souvenirs, während Duc und ich ziemlich hilflos herumstehen. Nichts scheint sich verändert zu haben. Nichts? Ich frage ein kleines Mädchen, ob es zu Schule geht: In die vierte Klasse, antwortet es stolz.

Abends geben Dang und Tuyet Mai für uns im Hotel ein Essen. »Vielleicht verdanke ich Ihren Medikamenten, Ihrem Operationsbesteck mein Leben«, sagt Dang. Wahrscheinlich ist das nur eine Freundlichkeit. Aber Triet kennt er genau, er weiß, daß er das Bindeglied zwischen der Huéer Medizinischen Fakultät und den Sanitätsstationen der Front in den Bergen war. Dang wirkt souveräner als Nguyen, vielleicht auch etwas weniger sentimental: aber genauso warm und herzlich. Sehr ähnlich sind sie sich, diese beiden alten Partisanenführer aus den Bergen: nicht nur im Aussehen. Wer von beiden hat gesagt, Befreiung bedeute, daß die Menschen ihre elementaren Lebensrechte wieder in Anspruch nehmen können: und dazu gehöre auch das Recht auf Liebe, das vielen jungen Menschen während der Fremdherrschaft vorenthalten war: den Soldaten, den illegalen Kadern, die in Verstecken leben mußten, den Gefangenen. Ich habe nur die tiefe Stimme noch im Ohr: »Das Einfachste, Selbstverständlichste, die Liebe war nicht mehr möglich, im Krieg, im Gefängnis«. So viel Bewegung lag darin; hat er an Menschen wie Tu gedacht, oder gar an sich selber? Wer von ihnen beiden? Die Stimmen, die Gesichter von Dang und Nguyen verschmelzen. Erst wenn die Fotos entwickelt sind, werden sie wieder auseinandertreten in zwei klar unterscheidbare Gestalten. Nguyen, Dang, Tuong, aber auch Tuyet Mai, wie sehr gleichen sie sich, wie verschieden sind sie aber auch von den Kadern der Patriotischen Front, die wir in Saigon getroffen haben: Bei Pham van Ba, bei Quynh Hoa, ja sogar bei Dang Quang Minh, der aussieht wie ein altgewordener Volksschullehrer, welche Freude an der Spekulation, an mäanderhaften Gedankengängen, an Paradoxien, an ironischen Pointen. Als ob die Befreiung bei ihnen europäische Kultur, französischen Esprit freigesetzt hätte. Sie alle aber – in weniger raffinierter Form auch Duc und manche andere Offizielle in Hanoi – erinnern mich an Huan, als ich ihn kennenlernte: Französischer Geist, französische Gewohnheiten und Empfindungen, verleugnet, zugleich aber auch in den Dienst eines oft abstrakten vietnamesischen Nationalismus gestellt. Auch bei Dang, bei Nguyen, und besonders bei Tuong spüre ich die Verfeinerung aller geistigen und seelischen Regungen: aber es ist eine Verfeinerung der eigenen Kultur, die nichts abwehren muß, Empfindung und Ausdruck brauchen sich nicht ironisch gegenüberzutreten: so verstärkt sie durch Genauigkeit und Differenzierung noch die Kraft und Direktheit ihrer Gefühle. – Dang Quang Minh amüsierte sich über die Forderungen auf chinesischen Wandzeitungen nach Freiheit der Liebe: sie waren für ihn ein Beleg, daß nach der Askese der Kulturrevolution, die er als bewußt inszeniertes gesellschaftliches Chaos verabscheute, nun Dekadenz und Unmoral anbrechen. Dang (oder Nguyen?) aber meint, wenn er vom Recht der Jugend auf Liebe spricht, nicht bloß romantische Gefühle – für sie sind Entfernungen ja kein Hindernis – er meint auch Augen, Lippen, Hände, Arme, Schultern – den ganzen Körper des Menschen, den man lieben und der geliebt werden will.

Nach einigen Reisschnäpsen fängt auch Tuyet Mai an zu erzählen, persönlicher als Dang. Anfang der sechziger Jahre sei er in Hué Turnlehrer gewesen. Beim Pagodensturm Ngo Dinh Nhus, am 20. 8. 1963, kam er ins Huéer Gefängnis. Die Polizei hätte gleich vermutet, daß er Kommunist sei und ihn deshalb gefoltert: er zeigt mir die Narben an seinen Ohren (ich bin sicher, er hat geschwiegen). Nach dem Sturz Diems hätte Duong van Minh ihn freigelassen: »er öffnete die Gefängnisse für alle, Kommunisten und Nichtkommunisten« (leider nicht überall, sonst hätte Tu nicht 21 Jahre in Con Son bleiben müssen). Er sei danach zunächst in die Zone D gegangen, ein großes, befreites Dschungelgebiet nordöstlich Saigons, das weder die Franzosen noch die Amerikaner je »befrieden« konnten, 1966 sei er nach Danang, der Hauptstadt seiner Heimatprovinz, zurückgekehrt, mit dem Auftrag, dort den Widerstand der Bevölkerung gegen Ky und Thieu zu organisieren. Er habe sogar im Hause Dr. Nguyen van Mans gewohnt, des seinerzeitigen Chefarztes des Huéer Krankenhauses, der später, als Schützling General Nguyen Chanh This, des damaligen Kommandeurs des I. Korps, Bürgermeister von Danang wurde. Nach dem Scheitern des 66er-Aufstandes hätte Tuyet Mai die »patriotischen Truppen«, durch den Einkreisungsring der Elitebataillone General Kys und Oberst Loans, ins befreite Gebiet bringen sollen: jedoch sei es zu spät dazu gewesen, sie hätten es nicht mehr geschafft, die meisten Offiziere seien auch darauf politisch nicht vorbereitet gewesen. Auch Dr. Man habe sich nicht entschließen können, in die Berge zu gehen: er habe sich gefangennehmen lassen. »Er war auf seine Weise ein Patriot«, sagt Tuyet Mai, »nur die Kraft und Ausdauer, die man für den Befreiungskampf braucht, haben ihm gefehlt.« Das dürfe man niemandem übelnehmen. Bis vor kurzem hätte Man in Phu Nhuan, einem Vorort Saigons, eine Privatklinik betrieben. Als ich meine Nase etwas rümpfe, sagt Tuyet Mai, man müsse Geduld haben mit solchen Menschen – besonders mit solchen wie Man, die sich immerhin als Patrioten erwiesen hätten. Und im übrigen sorge das Gesundheitsdezernat der Stadt schon dafür, daß die Einkünfte privat praktizierender Ärzte in Grenzen blieben. Immer vertrauter kommt Tuyet Mais Gesicht mir vor, je länger er spricht. Aber der Durchbruch zu einer Erinnerung, die wir dann beide aus unserm Gedächtnis loseisen könnten, bleibt auch an diesem Abend aus.

Nachdem unsere Gastgeber sich verabschiedet haben, mache ich mit Duc zusammen noch einen Bummel. Auch jetzt, es ist 11 Uhr, sind die Straßen noch voller Menschen. Viele der kleinen Eßlokale haben noch geöffnet, gerupfte Hühner und Rindfleisch, die neben den großen Suppenkesseln liegen, locken die Kunden an. Eine Schale Pho (Hanoier Suppe) kostet 1 Dong. Alle andern Gerichte sind noch teurer. Duc war 7 Jahre in Peking, zunächst von 1949 bis 1954, und dann noch einmal, 1966, während des Auftaktes zur Kulturrevolution. Mit viel Schmerz spricht er vom Genfer Abkommen: sie, die Vietnamesen, hätten es unter dem Druck Chou en-Lais und Chruschtschows unterzeichnen müssen, obwohl es sie, ganz nahe am vollständigen Sieg über die Franzosen, dazu zwang, einen großen Teil seit langem schon befreiter Gebiete preiszugeben. »Hätten sie uns weiter unterstützt, so wäre der zweite Krieg uns erspart geblieben«, sagt er. Wieviel größer muß seine Verbitterung vor 1975 gewesen sein, als der Sieg noch in Frage stand.

Am nächsten Morgen sagt Duc, wir könnten noch nicht starten. In Hanoi sei das Wetter zu schlecht. Zwei Stunden später stellt sich heraus, daß unser Abflug auf morgen verschoben werden muß. Inzwischen ist es 11 Uhr geworden. Ein wenig auch als eine Probe aufs Exempel, schlage ich Duc vor, das Malteserkrankenhaus zu besuchen, merke jedoch schon an seiner Reaktion, daß dies auf Schwierigkeiten stoßen wird. Wir werden sehen, sagt er. Zum Mittagessen ist es dann entschieden: wir haben nur Wartezeit zu verbringen, es gibt kein zusätzliches Programm. Wie nützlich wäre es gewesen, wenn ich dieses Krankenhaus hätte sehen und fotografieren dürfen: schon um in der BRD weitere Hilfsmittel flüssig zu machen. Dabei gibt es keinen vernünftigen Grund, mich fernzuhalten: sogar Truczynski und Landsberg, die jahrelang die vietnamesische Befreiung verleumdet haben, fanden offene Türen. Wahrscheinlich ist es nur nicht möglich gewesen, so schnell vom Gesundheitsministerium in Hanoi oder einer möglicherweise noch höheren Stelle die Erlaubnis für einen solchen Besuch zu bekommen. Da müssen die Nachteile: daß materielle Hilfe ohne gründliche Information kaum zu mobilisieren ist, eben resignierend in Kauf genommen werden. Dennoch: schön wäre es gewesen, wenn dieser Test trotz solcher Klippen positiv ausgegangen wäre: ich hätte dann auch meinen Verdacht endgültig über Bord werfen können, die »Genossen Verantwortlichen« hätten meinen Besuch in Hué soweit abkürzen wollen, wie das ohne grobe Verletzung der Gastfreundschaft überhaupt möglich war. Doch leider nein; nicht deshalb wollten sie mich länger in Danang halten, damit ich mir ihr dortiges Krankenhaus ansehen kann. Denn wenn sie die Erlaubnis zu seinem Besuch vor zwei Tagen besessen haben sollten, so wäre sie auch heute noch gültig. Also stimmt es doch: sie wollten mich nicht – oder nur ganz kurz – in Hué. Ich nehme diese etwas schmerzliche Erfahrung heute aber mit mehr Gelassenheit hin. Sie stellt nicht mehr mein ganzes Engagement in Frage, verursacht keinen Dammbruch, durch den die eigenen Ängste dann jede Vernunft und zugleich das kleine Stück Boden, auf dem ich zu stehen glaubte, hinwegschwemmen, so daß plötzlich alles nur Denkbare zu drohender Wirklichkeit wird. Mit kühlem Kopf spiele ich jetzt noch einmal die Alternativen durch: sie halten mich auch aus Einrichtungen fern, wo es offensichtlich nichts zu verbergen gibt, wie in diesem Krankenhaus und der Huéer Fakultät. Warum: wahrscheinlich, weil sie versäumt haben, rechtzeitig die Genehmigung für ihren Besuch aus Hanoi einzuholen. Die Angst (oder das Verbot) selbständig zu entscheiden sind dafür verantwortlich, daß ich die Fakultät, das Malteserkrankenhaus nicht sehen durfte, kein besonderes Mißtrauen mir gegenüber. Und außerdem: ja, sie wollten meinen Besuch in Hué auf 24 Stunden beschränken. Warum dies? Wahrscheinlich deshalb: wäre ich länger geblieben, so hätte ich natürlich darauf gedrungen, daß ich auch alle meine Freunde und Bekannten sehen kann – bei Tuong und Buu Y war mir dies ja auch gelungen. Meine Ankunft hätte sich in der Stadt zudem auch noch herumgesprochen, eine zufällige Begegnung hätte sich aus der anderen ergeben: wie schwierig wäre es für die Sicherheitspolizei gewesen, alle diese Kontakte zu überwachen, wieviele Vorladungen und Verhöre hätte das in den darauffolgenden Tagen und Wochen nötig gemacht: und dies in einer Zeit, wo der Krieg in Kampuchea und die Spannungen mit China auch die Sicherheitskräfte voll beanspruchen. Meine zahlreichen Bekanntschaften aus über 6 Jahren, darunter auch mit vielen Befreiungskämpfern, die heute noch politisch arbeiten, paradoxerweise also gerade meine langjährige Freundschaft mit Vietnam, hätte die Überwachungsbeamten in Hué vor kaum lösbare Aufgaben gestellt und mich dort zu einem besonderen Sicherheitsrisiko gemacht. Wenn die Regeln der Ausländerüberwachung also auch für mich gelten sollten (und sie gelten ja auch für alle Berater aus den sozialistischen Ländern, für alle andern Delegierten der Solidaritätsbewegung) – dann war es ganz folgerichtig, mich möglichst gar nicht nach Hué zu lassen, und wenn sich dies aus politischen Rücksichten schon nicht umgehen ließ, so nur mit einem straffen Programm und für ganz kurze Zeit.

Nur einen Ausweg gab es aus diesem Dilemma: meine Person aus der Ausländerüberwachung vollständig herauszunehmen, mich »sicherheitspolitisch« also so zu behandeln, wie einen vietnamesischen Studenten aus Frankreich oder der BRD, der seine Familie hier besucht. Zu einer solchen Umklassifizierung aber hat es der Hanoier Führung an Vertrauen gefehlt: während der AAPSO-Konferenz und ihrer Vorbereitung vielleicht auch nur an Zeit, denn bei der Zentralisierung der Entscheidungskompetenzen wäre dazu wahrscheinlich ein Politbürobeschluß erforderlich gewesen. Größenwahnsinnig wäre ich, wenn ich mich für so wichtig nähme, daß ich derartiges für mich überhaupt nur in Erwägung ziehe: das Politbüro hat anderes zu tun, als sich um meine Empfindlichkeiten zu bekümmern. So einfach also ist alles: niemand hatte einen besonderen Verdacht gegen mich, gegen mich persönlich. Es ging nur darum, der Sicherheitspolizei überflüssige Arbeit zu ersparen – und meinen eventuellen Kontaktpersonen (Begriff aus der Seuchenhygiene) wie vielleicht auch mir, unnötigen Ärger. Dies berücksichtigt, haben alle ihr Menschenmögliches für mich getan. Wäre ich vernünftig gewesen, so hätte ich gar nicht darum gebeten, nach Hué zu dürfen, als ich von der AAPSO-Konferenz in Hanoi erfuhr – und schon gar nicht in der »ultimativen, erpresserischen Form«, (ein Freund von der DKP warf mir das vor), die den vietnamesischen Gastgebern eine Ablehnung so gut wie unmöglich machte. Statt dessen hätte ich diskret anfragen sollen, ob mein Besuch genehm war. Verdacht vermeiden (und bei meiner Biographie und den Überwachungsauflagen für Ausländer mußte jeder Schritt in Hué verdächtig – d. h. überwachungspflichtig sein!) – Verdacht vermeiden, Beschränkungen hinnehmen, Kontrolle erleichtern, ist das im Sozialismus die erste Freundespflicht? Kann ich das? Vielleicht für eine Weile: wenn die nächste Freundespflicht nicht untrennbar mit dieser unheiligen Dreieinigkeit verbunden wäre: so zu tun, als gäbe es dies alles nicht. Muß ich die Logik, ja die Heiligsprechung und Tabuisierung des Verdachtes akzeptieren? Auch wenn ich selbst sein Objekt bin? Nur wenn ich das tue, wird die übrige Argumentation ja schlüssig. Denn: natürlich hätte das Politbüro mich auch aus der allgemeinen Ausländerüberwachung herausnehmen können. Es hätte auch jedes seiner Mitglieder mit derartigen Kompetenzen ausstatten können: ja, warum nicht, sogar die einladende Organisation, das Solidaritätskomitee. Wenn es dies nicht tut, akzeptiert es dann die Logik des Verdachtes nicht auch für sich selber, seine Mitglieder und die offiziellen Organisationen des Landes? Oder, wenn dies alles aus unerfindlichen Gründen nicht ging – die Zeit war zu kurz, zuviele andere Probleme lagen an – wäre es nicht geboten gewesen, mir zu sagen: »Lieber Freund, wir haben wieder Krieg, Du mußt verstehen, daß wir Deine Kontakte wie die jedes andern Ausländers vollständig überwachen müssen. Wir haben nicht die Zeit gehabt, zu überprüfen, ob Du auch ganz bestimmt kein CIA-Agent bist. Du kannst Deine Freunde sehen, aber nur in unserer Gegenwart. Und stell' nicht zuviel Ansprüche, damit die Überwachung nicht zu aufwendig wird. Wir brauchen unsere Kräfte woanders nötiger.« Natürlich, ich hätte dazu nicht geschwiegen, sondern erwidert: »Ihr habt die Espionitis, was kann ich hier schon für Verschwörungen anzetteln«, und vielleicht auch: »Gebt doch zu, daß Ihr nicht einmal Euren Freunden zutraut, Eure Schwierigkeiten, die unabwendbaren und die abwendbaren, zu verstehen und sie deshalb auch vor ihnen verbergen wollt, das ist der wahre Grund für die Beschränkungen, die Ihr mir auferlegt.« Aber ich hätte immerhin noch die Wahl gehabt, entweder offen mitzuspielen oder aber meinen Besuch auf einen geeigneteren Zeitpunkt zu verschieben. Statt dessen macht ihr die Gründe für die Überwachung: die wirklichen wie diejenigen, die ihr euch selber einredet, zum Tabu und verlangt von mir das Bekenntnis, das alles geschehe nur zu meiner eigenen Sicherheit. Nein, so spiele ich nicht mit!

Dennoch, seitdem ich diesen Mechanismus durchschaut habe, fühle ich mich etwas entlastet. Man kann solidarisch sein und ihn trotzdem bekämpfen, auch dadurch, daß man ihn und seine Auswirkungen beschreibt. Mein Verfolgungswahn auf dem Rückflug von Saigon und in Hanoi war ja kein bloßes Hirngespinst, er hatte seine Ursachen in einer Wirklichkeit, die sich selbst mir entzog – und damit auch den Boden auf dem ich zu stehen meinte. Danach, in Hué, habe ich aber erfahren, daß es dort Menschen wie Nguyen gibt, die sich einem solchen Mechanismus nicht unterwerfen, die Verdacht und Überwachung ihre Sakrosanktheit nehmen und sie in vertretbare Grenzen zurückverweisen. Deshalb konnte ich in Hué – und hier in Danang – auch ein paar eigene, positive Erfahrungen sammeln, für die ich geradestehen kann, Erfahrungen mit dem Aufbau dieses Landes, den Revolutionären und der Revolution. Dank Nguyen, dank Tuong, dank Dang und Tuyet Mai habe ich wieder etwas Boden unter den Füßen. Ich kann auch kleine Pannen wieder mit mehr Humor und Gelassenheit hinnehmen, wie dies sinnlose Warten auf den Abflug, das nun schon fast zwei Tage dauert. Natürlich: ich wäre lieber in dieser Zeit in Hué, oder sie diente neuen Erfahrungen. Aber ich nutze sie auch so: zum Nachdenken, zum Aufschreiben, zum Verarbeiten. Und es stört mich nicht, daß ich vermute (diese Vermutung wird sich morgen bestätigen), nicht das schlechte Wetter halte uns hier fest, wie Duc und Phuc vorgeben, sondern ein ganz anderer Grund. Es ist das Unvermögen unserer Gastgeber, sich am Reservationsschalter der Air Vietnam durchzusetzen. Hunderte von Soldaten wollen zum Tet-Fest heim nach Hanoi (aber das weiß ich noch nicht). Wie dieser banale Entscheidungsprozeß über unseren Abflug im einzelnen abläuft, davon ahne ich bestenfalls etwas: im wesentlichen muß ich sein Endresultat abwarten, und ich fasse mich in Geduld. Dies geduldige Warten auf die Entscheidung haben die vietnamesischen Freunde in den Jahren des Kampfes gelernt, und es hat sie zum Siege geführt. Ich versuche, es ihnen im kleinen nachzutun, ohne, wie in Hanoi, sofort meinen bornierten, privaten Verdacht, man wolle mir etwas antun, (er nährt sich aus meinem eigenen Angstreservoir) dem ihren, der allgemein und unpersönlich ist, entgegenzusetzen. Dazu braucht es ein Stück Vertrauen: Vertrauen auch noch, wenn man meint, man sei nun endlich den Dingen auf den Grund und auf den Grund der Dinge gekommen. Ohne dies Stück Vertrauen, das die Wirklichkeit wieder zusammenkittet, hätte ich nur zwischen Wahn und Verleugnung zu wählen gehabt. Erst seit ich es wiedergewonnen habe, kann ich auch die Logik des Verdachtes, des meinigen und dessen der Vietnamesen, durchschauen, und so erkennen, was Angst ist, was Wirklichkeit. So entdecke ich aber auch Inseln (Eisschollen vielleicht), auf denen diese Logik keine Gültigkeit hat.

Hier, in Danang, achtet kein Mensch auf mich. Wollte ich Verschwörungen anzetteln, so könnte ich dies nach Herzenslust tun. Die Wartezeit ist nicht eingeplant: so gibt es wohl auch keine sicherheitspolizeilichen Handlungsanweisungen für sie. Jedenfalls muß ich Duc und Phuc jedesmal erst herausklopfen, wenn ich mit ihnen spazierengehen will. Und das tue ich in diesen zwei Tagen oft. Danang ist ein riesiger Markt. Wir kommen an zwei großen, gedeckten Markthallen vorbei. Die Straßen, die auf sie zuführen, sind von Obst- und Gemüsebergen verstopft, die von Händlern feilgeboten werden. Nur wenige von ihnen sind selber Bauern, die eigene Produkte verkaufen, sagt Duc. Die Apfelsinen sind kaum billiger als in Hué, Bananen, zu Bergen aufgetürmt, stehen ihnen im Preise kaum nach, und Kartoffeln kosten 2 Dong das Kilo. Die Genossenschaften verkaufen ihre Produkte genauso teuer wie die privaten Händler, ja, sogar im einzigen staatlichen Gemüseladen, den wir finden, sind die Preise kaum niedriger. Nur liegen die Früchte und Gemüse dort nicht auf der Erde herum, sondern sind säuberlich hochgestapelt, wie beim Gemüsehändler in der BRD. Auch Reis, der ansonsten streng rationiert ist, wird auf diesem freien Markt angeboten, allerdings in sehr kleinen Mengen.

Noch einmal frage ich mich, wer das bezahlen kann: ermöglicht die Korruption diesen Markt? aber dann erinnere ich mich, daß die vietnamesischen Kulis, die Dienstboten, die Landarbeiter auch früher diese Waren kaum kaufen konnten: als sie mir lächerlich billig erschienen, aufgrund eines Wechselkurses, der den ungleichen Tausch zwischen kapitalistischen Industrienationen und den von ihnen in neokolonialer Abhängigkeit gehaltenen »armen« Ländern der Dritten Welt getreu abbildete. Obwohl der Geldumtausch für mich auch heute noch günstig ist: diesen Kurs gibt es nicht mehr. Vielleicht werden die Waren heute von sehr vielen Menschen in ganz kleinen Mengen gekauft? Drückt ihr Preis die allgemeine Armut des Landes aus, die jetzt auch die meisten der früher Privilegierten hinnehmen müssen? Warum habe ich mich früher nicht aufgeregt, als diese damals »spottbilligen« Sachen dennoch für 80% der Bevölkerung unerschwinglich waren?

Warum rege ich mich jetzt auf, wo sie es auch für Beamte, Lehrer und Ärzte sind, die damals Häuser und Dienstboten hatten?

Wir zwängen uns in die schmalen Durchgänge der Halle. Ein starker, süßlicher Weihrauchgeruch umfängt uns: eine alte Frau brennt, zum Beweis der Qualität ihrer Ware, kleine Sandelholzstückchen ab. Ich kaufe ein kleines Säckchen davon für Edith. Duc drückt den Preis für einen geflochtenen Korb, den ich ebenfalls mitnehmen möchte, auf die Hälfte: ein Viertel Dong. »Phuc würde es besser machen«, sagt er entschuldigend, »meine Frau beschimpft mich immer, weil ich zuwenig handele«. In Tragekörben liegen, auf dem erdigen Boden, Rinds- und Schweinefleisch, graubraun, von großen Schmeißfliegen umschwirrt. Der Duft von zertretenen Mandarinen, Orangen, Bananenschalen vermischt sich mit dem Geruch von vergorenen Tomaten und getrocknetem Tintenfisch. Plötzlich, inmitten der Halle, ein von Händlern ungenutzter Raum: ein Altar ist dort aufgebaut, eine religiöse Zeremonie findet gerade statt. Ungefähr zehn Frauen, zwei, drei Männer, festlich gekleidet, nehmen an ihr teil. Es bildet sich keine Zuschauertraube darum herum, der Vorgang scheint ganz alltäglich zu sein. Eine alte Frau kommt uns entgegen, anstelle der Nase ein gähnendes schwarzes Loch: Lepra. Einige Bettlerinnen, weniger als früher – Almosengeber sind rar geworden. Nicht viel anders hat es zu Zeiten des alten Regimes hier ausgesehen.

Wir verlassen den Markt und wenden uns wieder einer Geschäftstraße zu. Gemessen an der Größe der Stadt, gibt es in Danang weniger staatliche Läden als in Hué oder Ho Chi Minh Stadt. Wir gehen in ein kleines Warenhaus. Die meisten Produkte: Filme, Papier, Tinte, Kugelschreiber, sind rationiert. Frei kaufen kann man Lampen, Elektrozubehör, Teekessel, Geschirr. Ein Teekessel kostet 7 Dong 50. Die privaten Läden sind zu Verkaufsständen für Gemischtwaren geworden. Hier findet man immer noch viel japanischen Nylon- und Kunststoffflitter, Kaugummi, Zahnpasta, Seife, Parfum. Im Hintergrund ist meist ein Handwerker tätig: ein Tischler, ein Schneider, ein Drechsler. Auch Messingleuchter werden verfertigt, Stickereien, Körbe. Im Vorbeigehen kann ich nicht abschätzen, ob ich ernsthafte Versuche einer Transformation des Handels in Handwerskbetriebe vor mir habe oder eine geschickte Inszenierung, ein Bühnenbild, das den Eindruck erwecken soll, man komme den Auflagen des Gesetzes vom März 1978 nach. Im Ergebnis jedenfalls sind hier viel weniger Läden geschlossen als in Saigon, und die Menge heimischer Produkte, Körbe, Tonwaren, Messinggefäße, die zum Verkauf stehen, scheint größer. Ist hier also ein tragbarer Kompromiß gefunden? Oder wird das neue Gesetz durch bloß formale Befolgung ad absurdum geführt? Wie wird man für die Tausende von Menschen, die den ganzen Tag über durch die Straßen flanieren, herumstehen, kleine Geschäfte machen, je Arbeit finden? In Hué schien dies kein so großes Problem mehr zu sein.

In einer Seitenstraße, auf der wenig Verkehr herrscht, bilden vier oder fünf gutangezogene junge Männer auf Fahrrädern oder Vespas eine kleine Traube. Sie unterhalten sich miteinander, warten scheinbar nur, halten Ausschau. »Das sind Schwarzhändler«, sagt Duc, »sie suchen Käufer für teure Luxuswaren, Fernseher, Tonbandgeräte, Lautsprecher, Verstärker, Fotoapparate, Kameras. Ihre Ware haben sie nicht bei sich, meist gehört sie ihnen auch nicht. Sie stehen nur da, um eine Adresse anzugeben, wenn ein Interessent sich bemerkbar macht«. Der werde, wenn er hinginge, dort auf die Ernsthaftigkeit seiner Absichten überprüft und dann zu einer weiteren Adresse auf den Weg geschickt, wo die gesuchte Ware dann – nie mehr als ein einziges Exemplar – tatsächlich lagert. Diesen Menschen auf der Straße könne man nichts anhaben, sagt Duc verbittert. Es sei nicht strafbar, eine Adresse anzugeben: und auch nicht, einen Fernseher, ein Tonband zu besitzen. So lerne ich von Duc, Straßenszenen zu entziffern. Man muß den Code kennen, ich fange gerade erst an – mit seinen ersten Hieroglyphen . . .

Mit Phuc ziehe ich am Nachmittag noch einmal los: er sucht ein Hochzeitsgeschenk für seine Schwester. In den staatlichen Läden tue ich so, als sei ich interessiert: an einer Lampe, einer Kanne aus Porzellan, »Ausländern verkaufen sie es eher«, sagt Phuc, »und sie werden besser bedient, sie können sich die Stücke aussuchen«. Aber entweder ist es zu teuer, nicht schön genug, oder Phuc findet einen Fabrikationsfehler: so gehen wir jedesmal doch mit leeren Händen aus dem Laden hinaus. Ich habe bei den Straßenhändlern mehr Erfolg: hier tut Phuc so, als sei er der Käufer, und er handelt die kleinen Körbchen, das Spielzeug schnell und geschickt auf Pfennigbeträge herunter. So ist ein Stück Gegenseitigkeit zwischen uns entstanden: jeder hilft dem anderen, wo er kann. An einem Stand sehe ich eine perlmuttbesetzte runde Holzdose: 100 Dong soll sie nach einigem Feilschen immer noch kosten. Soviel Geld habe ich nicht bei mir, ich müßte in der Nachmittagshitze ins Hotel zurück, noch ein paar Dollars wechseln. Wohl weiß ich, morgen früh fliege ich ab. Und doch drängt sich mir der Gedanke auf: solche Dosen kann ich hier jeden Tag kaufen, weshalb also jetzt diese Anstrengung.

Auf dem Heimweg – wir stehen vor der städtischen Gesundheitsbehörde, der eine Bettenstation angeschlossen ist – plötzlich herzerweichende schrille Schreie, ich fahre zusammen. Werden hier etwa Menschen geschlagen? Von dilettantischen Krankenpflegern ohne Narkose operiert? Sind es psychiatrische Patienten, die ruhig gestellt werden? Natürlich nichts von alledem. Im Hof des Gebäudes liegen 6 zusammengeschnürte, kreischende Hängebauchschweine, künftige Braten fürs Tet-Fest. Du Idiot, sage ich mir.

Erhitzt, ermattet trinke ich im Speisesaal vor dem Abendessen noch ein Glas Bier. Plötzlich wird mein Gesichtsfeld enger, es durchmischt sich mit grauen Flocken, der Raum schiebt sich zusammen, die Stimmen am Nebentisch, die klappernden Geräusche aus der Küche rücken in die Ferne. Zyankali, durchfährt es mich, diesmal haben sie es geschafft. Die Angst, die mich einschnürt und gleich danach aber auch die Wut, schon wieder in einer halben Stunde zum zweiten Mal einem Flash back aufgesessen zu sein, lösen den fälligen Adrenalinschub aus: der Blutdruck steigt an, Geräusche und Bilder gewinnen wieder Präzision und Kontur, tunen sich ein auf ihren richtigen Brennpunkt. Ich proste Duc und Phuc zu, die am Nebentisch sitzen.

Nach dem Abendessen lade ich Duc, Phuc und unseren Fahrer Sau zu einer kleinen Festivität ein. Wie der ganze Tag, ist auch dieser Abend eine Draufgabe: wir haben kein offizielles Programm. Ich habe das schon den ganzen Nachmittag genossen: ohne die Gier, in möglichst kurzer Zeit möglichst viele Eindrücke aufschnappen zu müssen (und das noch unter den prüfenden Blicken von Begleitern, die viel lieber möchten, daß man sich in den Programmpausen »erholt«), kann ich durch die Stadt flanieren, in ihre verborgensten Winkel schauen, mit Leuten schwätzen (mein Vietnamesisch hat an diesem Tag große Fortschritte gemacht), nach Herzenslust fotografieren. Niemand drängt mich, etwas anderes zu tun, als was mir gerade einfällt. Und wenn ich mir manchen Wunsch auch nicht erfüllen kann (wie zum Beispiel in das Malteserkrankenhaus zu gehen), ist mein Aktionsradus ansonsten nur durch die Hitze und durch meine eigene Ermüdbarkeit begrenzt. Ein faules, zufriedenes Gefühl der Freiheit. So empfinde ich auch diesen Abend mit Phuc, mit Duc, mit Sau, unserem Fahrer, als unerwartetes, aber uns durchaus zustehendes kleines Geschenk. Er ist zu einem eigenen, selbstbestimmten Programmpunkt geworden: was nur für nebenher, für unterwegs eingeplant war, können wir jetzt zum Thema, zum Mittelpunkt machen: die Erinnerungen, die jeder von uns aus seinem Leben mitbringt, unsere Vorstellungen, wie diese Welt aussehen soll, unsere Wünsche und Hoffnungen. An der Bar, die zugleich Intershop ist, kaufe ich französischen Brandy (Cognac ist unbezahlbar) und Johnny Walker Red Label: um unsere Freundschaft auch alkoholisch zu besiegeln.

Phuc ist ganz versessen auf französische Schnulzen-Schlager. Sie plärren aus dem kostspieligen Sony-Taperecorder, der im Speisesaal aufgestellt ist: sicher noch aus Zeiten, wo sich hier amerikanische Soldaten und Unteroffiziere nach ihren »search and destroy operations« allabendlich betranken. »La fille que j'ai embrassé . . . é – é«: er kennt den Sänger genau, wie auch die meisten andern. Warum orientiert er sich, wie soviele andere Jugendliche aus sozialistischen Ländern, an solchem Kulturmüll? Liegt es daran, daß viele westliche Kulturerzeugnisse, gute wie schlechte, in Hanoi jahrelang verfemt waren, verbotene Früchte, die auch dann noch süß schmecken, wenn sie noch unreif oder schon durchgefault sind? Oft hat sicher der Zufall entschieden, welches Tonband, welche Platte man in die Hände bekam. So mag sich die absurde Gleichung ergeben haben: westlich gleich aufregend gleich gut. Wenn man an alles herankommt, fällt es wohl leichter, Spreu vom Weizen zu scheiden . . . Bevor er mit seiner Arbeit am Solidaritätskomitee begann, war Phuc Student, zum Kampf hat man ihn nie herangezogen. An seinen Kleidern haftet nicht (wie an Tuong, wie an Nguyen, wie an Dang) der Geruch der Wälder – und doch mag ich ihn, so menschlich ist er, gerade in seinen kleinen Schwächen.

Sau, unseren Fahrer, lerne ich an diesem Abend zum ersten Mal etwas näher kennen. Er stammt aus Hoang Phuong, in der Provinz Thanh Hoa. Ich sage ihm, woher ich seine Provinz kenne: vom berühmten Protoporzellan her, und von der »Brücke der Helden«, Ham Rong, der Lebensader des Nachschubs zum Süden im Krieg, die allen amerikanischen Luftangriffen standgehalten hat (ein einziges Mal traf sie eine Laserbombe: sieben Tage später war sie wieder in Betrieb). Er ist gerührt, ein Fremder, der das weiß . . . Und vielleicht auch vom Brandy, der jetzt anfängt, seine Zunge zu lösen. Sein Vater war Vorsitzender eines Dorf-Gemeinderates, ein alter Revolutionär, die Mutter einfache Bäuerin. Auf die Mittelschule ist er gegangen, dann kam er zur Armee. Er gehörte zur Luftabwehreinheit, die die Ham Rong Brücke zu verteidigen hatte. Über hundert Geschütze standen an den Brückenköpfen, erzählt er, sieben Mann an jeder Kanone. Nach einem Luftangriff seien nur noch er und ein verletzter Kamerad übriggeblieben: sie schossen weiter, 500 Granaten, bis aus den Ohren Blut floß. Eine F 111 (ein Schwenkflügelflugzeug, der modernste Jagdbomber der US-Luftwaffe damals) hätte einen Tiefangriff auf die Brücke versucht, sie hätten sie abgeschossen, die Maschine stürzte in den Fluß. Sau redet sich immer stärker in Erregung. Einem Kameraden hätten Bombensplitter das Bein zerschmettert: er schnitt es sich ab, kämpfte weiter. Bei ihm selber seien – kein Wunder – nach einiger Zeit Nerven und Ohren kaputt gewesen. Aus gesundheitlichen Gründen hätte man ihn 1972 vom Militärdienst freigestellt, seither sei er Fahrer, in den letzten Jahren in Danang bei Vietnam-Tourist. Erst am nächsten Morgen, wo ich mir diese Geschichte noch einmal vergegenwärtige, entdecke ich das in sie hineinverstreute Jäger-(Sieger?)latein. An diesem Abend aber reißt mich die Bewunderung hin für diesen Helden, den ich hier leibhaftig vor mir habe, aus einer Legende herausspaziert, um mit uns zu feiern. Gehört auch das zum Service von Vietnam-Tourist? Wir prosten uns zu, umarmen uns, sind ein Herz und eine Seele. Ich erzähle von meiner Kindheit in Estland, zeige Fotos von Edith und den Kindern. Ein Anflug von

Schwermut überzieht Saus jugendliches, hübsches Gesicht: sein ältester Bruder sei 1968 gefallen, er kommandierte die Division, die Khe Sanh eroberte, auf der Heimfahrt fuhr sein Auto auf eine amerikanische Magnetmine. Wieder laufen Fäden aufeinander zu: Khe Sanh, das ich kannte (und liebte), als es noch ein verträumtes Bru-Dorf mit einigen französischen Kaffeeplantagen war. Am Ende dreht sich der Speisesaal, wir gehen zu Bett.

Am nächsten Morgen kommen Tuyet Mai und Ngó, um uns zum Flughafen zu bringen. Für beide, besonders aber für Ngo, der auch heute so zerbrechlich und durchsichtig wirkt, als sei er eben erst aus dem Gefangenenlager zurückgekehrt, empfinde ich aufs neue Freundschaft, Zuneigung, Bewunderung, Dankbarkeit. Ich versuche, das zu sagen, aber es werden Klischees. Sind es die eigenen Schuldgefühle, die die Worte, die ich vergeblich suche, immer noch gefangenhalten? Ngo erwidert, wenn das vietnamesische Volk siegen konnte, so danke es dies auch deutschen Menschen wie Marx und Engels. Er leidet seit seiner Haft an Kopfschmerzen, an Schwäche und Gefühllosigkeit an Armen und Beinen. Ein paar Worte französisch kann er noch, er bemüht sich, sie ins Gespräch einzubringen, aber es ist schon zu lange her. Er ist in Hué zur Schule gegangen, hat dort auch eine technische Fachschule besucht, wurde danach Bahnarbeiter, Schiffsmechaniker. Jetzt falle es ihm schwer, einen etwas sperrigen Wasserhahn aufzudrehen, die Kraft in den Händen fehlt. Tuyet Mai hat die Gefangenschaft besser überstanden, obwohl auch er gefoltert wurde: aber das liegt schon weiter zurück; nachdem er freikam, zu Diems Sturz im November 1963, mußte er gleich wieder zurück in den Kampf, das verlangte, schon um zu überleben, erneute Anspannung, über 12 weitere Jahre hinweg. Bei Ngos Befreiung war der Krieg zuende. Anderes, Neues wird jetzt von ihm erwartet, und ganz ohne Druck.

Während Tuyet Mai sich um die Erledigung der Abflugformalitäten kümmert, die anscheinend alles andere als einfach sind, betritt ein Herr in mittleren Jahren, mit braunviolettem hochgeschlossenen Anzug im Mao- (Nehru??-) Look den kleinen VIP-Raum für besonders Privilegierte, in dem wir auch diesmal wieder untergebracht sind. Sein Handgepäck wird ihm von einer Art Burschen nachgetragen. Wir begrüßen uns. Zwischen ihm und meinen vietnamesischen Begleitern kommt sogleich ein lebhaftes Gespräch ingang: sie kennen sich offenbar schon seit langem. Der Neuhinzugekommene bildet dabei das Zentrum der Aufmerksamkeit. Besonders Phuc und Duc hängen an seinen Lippen, stimmen in sein Lachen ein, signalisieren ihre Zustimmung, wenn er eine rethorische Pause macht. Er muß ein wichtiger, vielleicht sogar ein mächtiger Mann sein. Ich selber komme mit ihm erst ins Gespräch, als Duc mit Tuyet Mai zum Abflugschalter geht, um nochmals nach dem rechten zu sehen. Er spricht perfektes Französisch. Leiter des statistischen Amtes der Regierung ist er – (wie Duc mir etwas später zuflüstert, mit Ministerrang), seinen Namen, Hoang Trinh, bekomme ich erst am nächsten Tag heraus. Auch er stammt aus Hué – genauer aus einem Dorf in der Nähe der Stadt. Fast 30 Jahre hätte er Hué nicht gesehen, seit 1946, als der Krieg gegen die Franzosen begann. Nach der Befreiung war er nun schon dreimal da. Von Beruf ist er eigentlich Eisenbahnarbeiter, alter Gewerkschaftler übrigens, zu siebt hätten sie, noch zu der Zeit der Franzosen, eine illegale Parteizelle am Huéer Bahnhof (ja, meinem Haus gegenüber) aufgebaut, zwei von ihnen seien tot, die übrigen inzwischen alle hohe Kader, Partei oder Staat. Jetzt sei die Nahrungsmittelproduktion das größte Problem, bei einem Geburtenüberschuß von 2,7 pro Mille im ganzen Land, ja, im Norden 2,3. Am 20. 9. 78, bei seiner letzten Reise ins Mekong-Delta, hätte die Reisernte sich so gut angelassen, ja Rekorde versprochen, ein paar Tage später stand alles unter Wasser, im ganzen Land, nicht nur dort. Der Wasserkreislauf sei durcheinandergekommen, auf den Bergen da draußen vor dem Fenster hätten vor 30 Jahren dichte Wälder gestanden, jetzt wüchse dort nur noch Gebüsch, wieviel Jahrzehnte würde es dauern, das alles aufzuforsten.

Hoang Trinh kennt auch Ngo, sie hatten »in ihrer Jugend« zusammen die Huéer Technische Fachschule besucht. Ngo arbeitete eine Zeitlang auch dort am Bahnhof. Nein, zu den ersten sieben der Parteizelle gehörte Ngo nicht, der machte damals nur Gewerkschaftsarbeit, stieß erst später dazu, lacht der Minister, mit einem kleinen Schuß auf die Schulter klopfender Jovialität. Tran Hoai Nam hingegen, der Generalsekretär des Solidaritätskomitees . . . Ngo lächelt, geht darauf nicht weiter ein. Ganz leise spricht er zu mir von den seelischen

Störungen als Folge des Krieges. Er weiß, daß ich Psychiater bin. Über Jahrzehnte getrennte Ehen. (Soai, der Budapester Botschafter, ich besuchte ihn vor zwei Jahren, er war von 1954 bis 1968 illegaler Kader im Quang Ngai, danach erst fand er seine Frau wieder, jetzt haben sie einen Nachkömmling, aber nicht überall war es, wie hier und in den erbaulichen Geschichten der Hanoier Fremdsprachenedition, Odysseus' Heimkehr nach Ithaka.) Kinder ohne Eltern. Die Bomben, die Angst, der Lärm der Explosionen, die Druckwellen. Das jahrelange Leben unter der Erde, im Gefängnis, die Foltern schließlich. Unzählige Menschen trügen noch daran. Dabei denkt Ngo vor allem an die Widerstandskämpfer, deren Schicksal er am genauesten kennt. Mir fallen aber auch alle die Menschen ein, die mit den Amerikanern zusammengearbeitet haben. Sie hatten ihre Sinne an andere Reize, an andere Freuden gewöhnt, die Bestandteil ihres Alltagslebens geworden waren, heute aber daraus verschwunden oder gar verfemt sind. Welchen Haß, welchen Neid, welche Schuldgefühle müssen sie haben – oder noch schlimmer – abwehren durch Verleugnung, Verdrängung, fehlgeleitete Aggression?

Phuc studiert die Holzsessel, auf denen wir uns niedergelassen haben. Er will sie zuhause nachbauen. Der Minister hockt sich neben ihn auf den Fußboden nieder, hilft beim Abmessen und Aufzeichnen. Das tut er ganz selbstverständlich, als wenn er Phucs Onkel oder Nachbar wäre, der sein technisches Wissen zur Verfügung stellt und zugleich selbst ein wenig mit zupackt: wenn er Zeit hätte wie hier (stundenlange Wartezeit), würde er das wohl jedesmal tun, sofern sich dazu Gelegenheit böte. Seiner Geste fehlt völlig das Bewußtsein ihrer Außergewöhnlichkeit, das sie bei Zuschauern (vielleicht nur bei Fremden) erwecken muß, und damit jene verlogene, gönnerhafte Launigkeit, mit der die Mächtigen sich ärmelaufkrempelnd niederbeugen, um ihre Verbundenheit mit dem Volk zu bezeugen. Ich bin beeindruckt, überzeugt davon, daß sie authentisch ist, keine Inszenierung. Duc erzählt inzwischen dem Minister von unserem Pech, der verunglückten Reservierung, und daß wir auch heute nicht ganz sicher sind, mit einer der Maschinen nach Hanoi mitzukommen. An dieser Stelle ertappe ich mich dabei, daß ich ihre vietnamesisch geführte Unterhaltung ziemlich mühelos verstehen kann. Ich geniere mich, sage es den

beiden, will kein Lauscher an der Wand sein. Sie lachen herzlich und nehmen mir damit das Gefühl, das sich schon eingestellt hatte, ich täte schon wieder etwas Verbotenes, diesmal durch den Besitz einer Sprache, die eine Art Staatsgeheimnis, ja ein Geheimcode ist. So schnell wird man hier in seinem eigenen Kopf zum Agenten: wenn Agent heißt, daß man sich in die Lage versetzt hat, unkontrolliert Informationen zu entschlüsseln, die das Gastland lieber selbst vorher auswählen möchte. Ja, ich bin wirklich Prinz Malko, nur ohne Auftraggeber.
Bei all seiner Einfachheit und Natürlichkeit ist er sehr selbstsicher, dieser Minister, und gleichzeitig ganz terre à terre. Das unterscheidet ihn von Ngo, von Tuong, von Nguyen, von Dang und Tuyet Mai. Er schlägt sich mit Maßen, Größen, Zahlen herum, in einem Universum, das für ihn im Großen wohl nicht anders aussieht als der nachzubauende Stuhl, nur etwas komplizierter. Daß er und seine Freunde die Macht haben, ja selber (wie die fünf Überlebenden der Huéer Parteizelle) der Staats- und Parteiapparat sind, ist ihm schon lange selbstverständlich geworden. Fünfundzwanzig Jahre ist das schon her: ein Vierteljahrhundert. Von diesem sicheren Boden aus wird alles zur Aufgabe, die in kalkulierbaren Größen formuliert und mit vernünftigen Mitteln gelöst werden muß. Dabei sind auch die Alternativen durchzudenken. In dieser Hinsicht, nur auf eine mehr handwerkliche Art, erinnert Trinh an Walt Rostow und Kissinger mit ihren Planspielen. Allerdings sind die seinen stärker an die Notwendigkeiten, an die Bedürfnisse und an die Not seiner Landsleute geknüpft, nicht an Herrschaftsansprüche und an Profitstrategien, deshalb sind sie für die Betroffenen wohl auch weniger willkürlich, keine tödlichen Spiele aus dem All, sondern schrittweise, nachvollziehbare Vorwegnahmen der Veränderung ihrer Alltagswirklichkeit, hin zum Besseren. Dennoch redet auch Trinh wie ein Herrschender: der über sein Aktionsfeld mit seinen, zugegeben, vergleichsweise bescheidenen Mitteln voll verfügt, und dies nicht im mindesten in Frage zu stellen braucht: so selbstverständlich ist es für ihn. Tuong, Nguyen, Ngo und die anderen, die aus den Wäldern gekommen sind, auch sie sind jetzt zu Herren geworden: zu Herren ihres eigenen Schicksals. Aber sie empfinden das noch immer als Wunder: als die Verwirkli-

chung eines Traumes. Ja, für sie ist die Wirklichkeit noch nicht ganz aus ihrem Traum emporgetaucht, beides vermischt sich noch, und das macht die neue Arbeit als öffentliche Verwaltung, die sie jetzt auch sind, zugleich faszinierend und schwer. Wie kann man Traum und Wirklichkeit trennen, damit man an der Wirklichkeit arbeiten kann und sich dabei den Traum doch bewahrt? Sie sind jetzt da, in Hué, in Danang, alles hat kaum erst begonnen. Noch ganz aufgeladen sind sie von Zukunft, von Hoffnung, und die Leiden liegen erst ein kurzes Stück Wegs zurück. Deshalb muten sie mich wohl alle an wie Gestalten aus einer andern Welt, aus der Welt der Märchen und Wälder, manche von ihnen, wie Ngo, auch wie auf Urlaub auf Ehrenwort aus den Armen von Madame La Mort (noch halb auf der andern Seite des Spiegels). Sie sind die Zukunft, das Geheimnis, das ich während meiner Huéer Jahre in der Tiefe der Landschaft wahrnahm und heute dort vermisse, auf den Serpentinen des Wolkenpasses, den Dünen von Phu Loc, der Cau Haier Lagune. Jetzt sind sie hier, in den Städten, mitten unter uns, wie der erschossene Arbeiter in »Les jeux sont faits«, der seinen Körper wiederbekam, um noch einmal zu lieben: nur mit dem Unterschied, daß keine Fatalität der Welt sie mehr in ihr altes Reich zurückzwingen kann. Das Schlimmste, was ihnen passieren kann, ist, daß sie jede Verbindung dorthin verlieren und dann nur noch Körper und Zahl sind wie Trinh, der Minister. Heute schwingt die Zukunft, die sie aus den Bergen, den Wäldern, den Reisfeldern mitgebracht haben, schwingt der Traum noch in ihrer Stimme, an der man sie wiedererkennt wie an Linien der Hand. In der Stimme des Ministers, der ehrlichen, freundlichen, ist nichts mehr davon, obwohl auch er aus Hué stammt und wie die andern sich dem Akzent dieser Stadt unterwirft. Sie ist banal geworden, wie die Huans und seiner Freunde, als sie an die Regierung gekommen waren, banal wie eben Stimmen hoher Hanoier Funktionäre (nur Nguyen van Tin, der Vizeminister für Gesundheit, hatte sich etwas davon bewahrt), banal wie die Stimme Hoas (nicht Nghis) und des Präsidenten der Saigoner Patriotischen Front. Banal auch wie die Landschaft, die die Befreier zurückgelassen haben. Nur in dem kleinen Stück Erde, zwischen dem Nam Giao und dem Belvedere, vor den Toren Hués ist noch etwas zurückgeblieben von dem Geheimnis, das Gegenwart in Vergangenheit und Vergangenheit in Zukunft verzaubern kann: in der Intimität dieses Mikrokosmos, der die Welt in sich hereingeholt hat, in die kleinen Wege und Brücken, die Reisgärten, die Hütten, die Gräber. Existiert dieses Bild nur in meinem Kopf? Aber sucht nicht auch Tuong darin Kraft, bei den Menschen, die es geschaffen haben und am Leben erhalten: den Bauern? Kraft, um sein Land aufzubauen und eine andere, bessere Welt, die die Mittel nicht nur zum Überleben, sondern auch zur Entfaltung, zur Stärkung und zur Freude hergibt: und in der dieses klassische Bild von anderen, die erst noch montiert werden müssen, abgelöst werden kann? Wie lange werdet ihr noch so bleiben, Freunde, getragen von eurem Traum: als Wunder erfahren, was ihr euch selber erkämpft habt? Wie lange wird euer Wort noch Gesang sein, der Huéer Canto General? – Zehn Minuten, bevor der Jet aus Saigon landet, auf dem der Minister sich einen Platz gesichert hat, werden wir von einer kleinen Propellermaschine nach Hanoi mitgenommen.

Diesmal kommt mir das Thanh Loi schon vertraut, ja geradezu anheimelnd vor. Ich finde Gustavo wieder, der in Hanoi und Umgebung ein einwöchentliches Programm absolviert hat und übermorgen mit mir nach Berlin fliegen wird. Hanoi putzt sich für das Tet-Fest zurecht. Überall sind kleine Stände aufgebaut, die bunte Papierdrachen, Laternen und Blumen feilbieten, aber auch das übrige Warenangebot auf dem freien Markt – Obst jeder Art, Gemüse, Kunstgewerbe, Geschirr – ist reichhaltiger und vielfältiger geworden. Manche Händler verdienen in diesen Tagen mehr als im ganzen Jahr, sagt Duc – und das bedeutet wohl auch, daß manche Kunden mehr als im ganzen Jahr ausgeben. Ab und an regnet es, die Stadt wirkt immer noch grau, auch wenn es etwas weniger kühl ist als zu unserem Abflug nach Danang. Was ist hier anders als dort? Auch hier sieht man, besonders vor dem Tet-Fest, Blumen, Farben, Laternen, Bilder, man sieht lebende Hühner und Ferkel auf Gepäckträger von Fahrrädern geschnallt. Aber diese Buntheit hat ihre Zeit und ihren Ort, sie ist ein Moment der Bewegung, sie stagniert nicht, wie in Danang, wo sie schon etwas faulig geworden scheint. Hier in Hanoi stehen die Menschen auch nicht soviel auf der Straße herum: sie sind meist zu Zielen unterwegs, morgens, in dichten Fahrradarmeen zur

Arbeit, nachmittags nach Hause zurück. Vielleicht erklärt das den etwas graueren, weniger orientbasarhaften Eindruck, den diese Stadt erweckt. Hanoi ist eine Stadt der Arbeit. So wird eines Tages ganz Vietnam aussehen, auch der Süden. Nur zu den Festen wird es sich bunt aufschminken, wie Hanoi jetzt zum Tet. So hat in Hanoi das Grau auch eine eigene Würde: man braucht sich seiner hier nicht zu schämen, man kann stolz darauf sein, es ist die neue Grundfarbe, aus der die andern, die bunten, sich erst herausdifferenzieren können. Die Farbe der Arbeit? Stimmt es, was E. mir in Paris erzählte, ein französischer Diplomat, der eine Zeitlang in Hanoi stationiert war: daß ausgewaschene, abgetragene schlotternde Kleidung, die grau und unscheinbar wirkt, hier geradezu Mode geworden ist, Bekenntnis, aber auch Tarnung für diejenigen, die sie aufgrund ihrer Mittel und Macht gar nicht zu tragen bräuchten? Aber selbst diese pervertierte Form, es zu betonen, würde dem Grau die Würde und Kraft, die es in dieser Stadt gewonnen hat, noch immer attestieren.

Abends im Zirkus (die Artistinnen sind etwas kurzbeinig, die Ho Chi Minh Hymne, die die Vorführung einleitet, wird hingeschmettert wie Begleitmusik für Trapezakte) zeigt Gustavo mir den Vizeminister für Kultur (gleichzeitig Vorsitzenden des Chilekomitees). Er und seine Frau tragen alte graue Steppjacken, seine greisenhafte Mutter und einige andere Verwandte, die mitgekommen sind, das ärmliche braune Gewand Tonkiner Bäuerinnen. Dafür sitzen sie alle in der ersten Reihe wie wir. Liegen darin die Privilegien? Duc hat mir erzählt, daß alle Kader höhere Rationen bekommen, mit Ausnahme von Reis, daß manche sehr knappe Waren ausschließlich ihnen vorbehalten sind, und vom Vizeminister aufwärts würden sie noch besonders bedacht, dies alles bei nur wenig vom Durchschnitt abgehobenem Gehalt. Das sind, in Jahren des Mangels, vernünftige, ja unverzichtbare Regelungen, die sicher auch der Korruption vorbeugen sollen und dies in den Jahren des Kampfes wohl auch taten. Wie ist es jetzt? Wer hat mir erzählt, (E.?) daß die bestechlichsten Kader zugleich am schlechtesten (und damit am modischsten) angezogen sind? Ein Fußballspiel zwischen einem Elefanten und einem Affen unterbricht meine Überlegungen. In der Pause treffe ich Nga, den »Genossen Verantwortlichen« von meinem letzten Besuch, im November

1972, mit Dorothee Sölle, Annemarie Fabian und der Ranke-Heinemann (damals hatte ich, was seine Funktion anging, allerdings nur vage Vermutungen). Er freut sich, mich wiederzusehen, wir unterhalten uns lange auf Vietnamesisch (er kann keine andere Sprache). Ich erzähle ihm, daß ich inzwischen zwei Kinder habe. Wir werden uns noch sehen, sagt Nga, er müsse Dienstag früh den Rest der AAPSO-Delegation zum Flughafen bringen.

Der nächste Morgen führt uns zu Hoang Minh Giam, dem Präsidenten des Solidaritätskomitees, früheren Außenminister und ehemaligen Minister für Kultur. Er ist kein Kommunist, er gehört der Sozialistischen Partei an, die innerhalb der Vaterländischen Front das übliche Schattendasein verbündeter Blockparteien führt. Trotz seines greisenhaften Äußeren (stilisiert er das nicht auch ein bißchen?) ist er geistig noch voll auf der Höhe. Er schlägt vor, wir sollten uns gleich ohne Dolmetscher, auf französisch unterhalten. Ich spende Duc und Phuc großes Lob (es kommt von Herzen), trage die Projekte, aber auch die Probleme unserer Freundschaftsgesellschaft vor. Zu den letzteren gehört auch die antivietnamesische Kampagne in unserm Land. In deren Rahmen sei auch Tran Van Tuyens Verhaftung und Tod hochgespielt worden, sage ich, und erzähle, wir hätten dem Buch Pierre Darcourts, eines französischen Rechtsextremisten über den »Fall« Saigons entnommen, Tuyen hätte nur wenige Tage zuvor versucht, antikommunistische Kämpfer der letzten Stunde zu bewaffnen, in der Stadt und im Mekong-Delta. Aber wir müßten doch wissen, ob er nach dem 30. 4. 1975 noch Dinge getan habe, die seine Verhaftung rechtfertigten. Giam ist nicht verärgert über meine Fragen, wie es in Saigon der Präsident der Patriotischen Front war, er fühlt sich nicht angegriffen, kommt ins Erzählen. Tuyen sei vor dem 2. Weltkrieg Lehrer an der Thanh Long-Schule in Hanoi gewesen, an der damals auch Giap unterrichtete, und deren Direktor er, Giam, war. Zu jener Zeit waren Tuyen wie Giap beide Pfadfinderführer, »sie trugen das rote Halstuch«, ja, die Pfadfinder waren damals eine patriotische antifranzösische Organisation, eine der wenigen, die noch offen auftreten konnten. Tuyen und Giap waren damals eng befreundet. Dann aber hätten die Franzosen Tuyen einen Mandarinatsposten angeboten, und er hätte begonnen, mit ihnen zu kollaborieren. An der August-Revolution, die zur Unabhängigkeitserklärung Vietnams führte, beteiligte er sich nicht mehr, und als die chinesischen Kuomintang-Truppen ins Land kamen, schloß er sich den vietnamesischen Emigranten an, die diese mitbrachten, Mitglieder der ehemals kleinbürgerlichen revolutionären Viet-Nam-Quoc-Dan-Dang-Partei (VNQDD), die in der Emigration auf den Hund gekommen war und zunächst mit den Chinesen und später mit den Franzosen gemeinsame Sache machte. Tuyen hätte sich 1945/46 dann auch an der Anti-Viet-Minh-Kampagne beteiligt, die der VNQDD im Auftrage der Chinesen anzettelte, zusammen mit dem Dai Viet (einer anderen, großbürgerlich-nationalistischen Partei, die im Krieg auf die Japaner gesetzt hatte). Bei dieser Kampagne blieb es nicht nur bei Worten: sie kostete damals viele Opfer, durch Attentate, Hinterhalte, Überfälle. Als es im Dezember 1946 zum offenen Widerstandskampf gegen die Franzosen kam, blieb Tuyen mit diesen in Hanoi, auch in diesem entscheidenden Augenblick konnte er sich nicht dazu entschließen, der Regierung seines Landes in die Berge zu folgen. 1954 sei er dann nach Saigon gegangen, hätte zunächst mit Bao Dai und später mit Ngo Dinh Diem paktiert. Ja, später hätte er sich zwar mit Diem zerstritten. Hätte dieser oder einer seiner Nachfolger ihm aber ein besseres Angebot gemacht, so hätte Tuyen es bestimmt angenommen. Für sein Land und die Revolution hätte er bis 1975 nie etwas getan, immer nur für sich selber. Querelen seien es gewesen, in die er mit den verschiedenen Saigoner Cliquen verstrickt war, keine wirkliche Opposition. Nie hätte er zum Beispiel zur »Dritten Kraft« gehört. Ja, er, Giam, habe auch gehört, daß Tuyen tot sei. Ob er im Umerziehungslager oder in Untersuchungshaft war, wisse er nicht: auf alle Fälle habe es kein Urteil gegeben. Von Beweisen über Komplotte nach der Befreiung sei ihm nichts bekannt – (und es interessiert ihn wohl auch nicht sonderlich). Er scheint überzeugt zu sein, Tuyens Verhaftung sei eine gerechte Strafe gewesen für seine gesamte Kollaborateursexistenz. »Er ist es nicht wert, daß man sich soviel Gedanken über ihn macht«, sagt Giam, und er verwechselt dabei die Zeiten, so als ob Tuyen noch lebte.

Viel persönliche Bitterkeit verrät diese Geschichte. Ein Mann, der sich in seiner Jugend als Patriot gebärdet, hat seine

Freunde von damals, sein Land verraten, um der eigenen Karriere willen. Und Giam ist ein friedlicher alter Mann, ein Lettré, kein Kämpfer im Busch. Um wievieles bitterer muß Vo Nguyen Giap damals gewesen sein, schon bald nach dem Verrat Tuyens folterten dessen neue Brotherren, die Franzosen, seine Frau und seine Schwester zu Tode. Danach kamen die geschichtsträchtigen schweren Jahre, 1945 und 1946. Ho Chi Minh erklärt die Unabhängigkeit des Landes und versucht, sie und den Frieden in einem waghalsigen Balanceakt zwischen Frankreich und dem Kuomintang Tschiang Kai Schecks zu sichern. (Ein Jahr vorher war eine Million Vietnamesen verhungert.) Für den Fall, daß bewaffneter Widerstand doch unvermeidlich wird, muß er Zeit gewinnen, denn das Land ist auf den Kampf noch ungenügend vorbereitet. Und hier begeht Tuyen seine Todsünde. (Gut, er hatte sich vorher schon von den Franzosen kaufen lassen, aber das war noch verzeihlich, vor 1945 hatten das viele getan, die Hoffnung auf Unabhängigkeit war noch zu fern, zu irreal.) Er, ein früherer Freund, verbündet sich jetzt also mit den reaktionärsten Kräften im Land, die die junge Staatsmacht untergraben und zugleich, in einer ultranationalistischen Gebärde, durch Attentate einen Krieg mit den Franzosen provozieren wollen, zu dem noch niemand gerüstet ist. In diesen 15 oder 16 Monaten hing das Schicksal des Landes an einem Haar. Eine einzige unbedachte Handlung konnte zu einer irreparablen Katastrophe führen. Deshalb ist diese Zeit – ja sie, viel mehr als die Jahre des Kolonialismus vorher und die des Befreiungskampfes nachher – wohl für viele Revolutionäre von damals noch heute eine Art Scheidewasser: sie zeigte unmißverständlich, was einer war: ein Patriot oder ein Verräter. Deshalb sind die Sünden von damals (mit den reaktionären Parteien, wie VNQDD und Dai Viet, gegen die erste unabhängige Regierung des eigenen Landes konspiriert zu haben) bis heute so schwer zu tilgen. Das einzige was zählte, war tätige Reue, wenn einer sich später doch dazu durchrang, mit der Befreiungsbewegung zusammenzuarbeiten. Alle andern Formen politischer Opposition und Intrige, gegen Diem, gegen Thieu, wie diejenige Tuyens, wie diejenige Huans, mußten demgegenüber Menschen wie Giam und wie Giap als Wiederholungstaten erscheinen, als erneute Versuche in letzter Minute, die Revolutionäre um ihren Sieg zu betrügen, wie 1945/46. Sie sind deshalb noch unverzeihlicher als die unverhüllte Kollaboration derjenigen, die es nicht besser wußten oder es um des groben persönlichen Vorteils willen taten. Wie verständlich ist das, politisch und menschlich, daß Giap (sicher auch Giam und viele andere) nach dem Sieg Tuyen endlich die Rechnung präsentieren wollten und – beim Politbüro? – seine Inhaftierung auch durchsetzten. Menschlich und politisch verständlich: sicherlich. Aber ist es auch klug, mit Verhaftungen so weit zurückdatierte Rechnungen zu begleichen? Wäre es nicht besser gewesen, den ersten Schritt erneuten Verrates abzuwarten und dann erst zu handeln? Vielleicht haben die vietnamesischen Behörden dies auch getan: sie sollten dann aber die Beweisstücke vorlegen, auch ihren Freunden im Westen, schon damit man aus hartnäckigen Kollaborateuren wie Tuyen dort keine Märtyrer machen kann. Ich sage das Giam, er will sich bemühen. Doch das sind für ihn nur Finessen, nicht sonderlich wichtig. Tuyen hat bekommen, was er verdiente, wozu noch weiter darin herumwühlen. Er hat gegen die Gebote des Clans verstoßen, die Strafe dafür hat ihn endlich ereilt, gut, vielleicht hat die Bruderschaft sie selber vollzogen, bevor man ihm neue Sünden, die auch vor dem allgemeinen Gesetz strafbar sind, nachweisen konnte, was macht das schon aus. Ihr, Freunde, werdet schon eine Erklärung finden, die in eurem Land zugkräftig ist. Das ist eure Aufgabe, nicht unsere, wir vertrauen darauf.

Das letztere sind nicht Giams Worte, aber sie resumieren wohl seinen Gedankengang. Mit Stalinismus haben sie nichts zu tun. Wie sollte Giam, der alte, liberale Sozialist, ein Stalinist sein? Wenn ich an die Enthüllungen Darcourts denke, denen zufolge Tuyen noch nach Thieus Flucht den Krieg zu verlängern und zu diesem Zweck ein antikommunistisches Maquis in den Hoa-hao Gebieten an der kampucheanischen Grenze aufzubauen suchte, dann erscheint mir ein solches präventives Verfahren – wenn es wirklich ein solches gewesen sein sollte – in seinem Falle wahrscheinlich sogar gerechtfertigt. Ein solches Maquis, wie Tuyen es konzipiert hat, existierte später ja wirklich, sein letztes Aufgebot hat erst 1977 die Waffen gestreckt. Vielleicht hat man nur nicht mit letzter Schlüssigkeit beweisen können, daß Tuyen an seiner Organisation tatsächlich beteiligt war: daß er selbst und kein anderer seinen Vorsatz also auch in die Tat umgesetzt hat. In der Revolution fallen bekanntlich Späne, vielleicht hat der Indizienbeweis (und die Hinweise auf Tuyens Beteiligung sind erdrückend) für ein abgekürztes Verfahren genügt. Aber warum dann keinen öffentlichen Prozeß (kam nur Tuyens Tod dazwischen?) und warum berufen sich Giam und andere, die ich nach Tuyen frage, nicht auf diese jüngste Vergangenheit, sondern auf ganz alte, unverzeihliche Sünden? Sie sind von der Rechtmäßigkeit ihrer Handlungsweise (wie bei den Buddhistenprozessen) so rechtschaffen überzeugt, daß es mir schon wieder Angst macht. Wie leicht geraten administrative Präventivmaßnahmen außer Kontrolle, besonders wenn später nicht nur Politbüromitglieder wie Giap, sondern auch lokale Kader zu ihnen befugt werden? Verrat, der auch solche persönlichen Leidenschaften weckt wie die Giaps, gab es wohl überall und zu jeder Zeit, in den letzten dreißig Jahren der Geschichte Vietnams. Auch Hoang van Giau sitzt wegen seines Verrates an Phan und Tuong im Gefängnis – nicht im Umerziehungslager. Ich bemitleide ihn nicht, ich erinnere mich noch, wie er 1966 mir gegenüber Tuongs und Phans Inhaftierung zu rechtfertigen suchte – (am gleichen Abend schrieb ich Tri Quang einen Brief und bat ihn, sich für ihre sofortige Freilassung einzusetzen). Phan und Tuong waren sicher nicht die einzigen, die er denunziert hat – vielleicht sind seinetwegen auch Menschen gefoltert und getötet worden. Dennoch fürchte ich den Mechanismus präventiver Verhaftungen, allein aufgrund von politischen Biographien. Einmal angeworfen ist er kaum mehr zu stoppen, und allzu leicht dient er dazu, persönliche Abrechnungen zu rechtfertigen. Bisher hat er nur einzelne erfaßt: und das spricht für den Bedacht, aber auch für die Menschlichkeit der meisten Kader, die ja fast alle Grund zum Haß und zur Rache hätten, diese sich aber nicht gestatten, wie sie 1975 auch auf ein revolutionäres Blutbad verzichtet haben. Sind aber Bedacht, Menschlichkeit, Klugheit und Güte genügende Garantien gegen Willkür und Unrecht? Sind jetzt, vier Jahre nach dem Sieg, rechtsstaatliche Garantien, wie Hoa sie fordert, nicht doch unverzichtbar geworden? Wird sonst nicht eines Tages die Zeit kommen, wo Kalkül und Bequemlichkeit anstelle von Leidenschaft, Veständnis und Güte treten: Einsperrung als die einfachste und sicherste Lösung, als Absicherung auch gegen Vorwürfe von oben? Jede Polizei ist dafür anfällig, und um so stärker wird sie es sein, wenn ihre Führung sich nicht mehr aus Revolutionären, sondern aus Fachleuten und Karrierebeamten zusammensetzt. Muß man für diese Tage, die unweigerlich kommen werden, nicht Vorsorge treffen: durch unverrückbare rechtsstaatliche Prinzipien? Kontrolle der Exekutive? Nur so kann auch das Absicherungsbedürfnis der Beamten nach oben ausbalanciert werden: durch die Sorge, bei ungerechtfertigten Verhaftungen genauso zur Rechenschaft gezogen zu werden wie beim Herumlaufenlassen erwiesener Verräter und Konterrevolutionäre. Es macht mich besorgt, daß die meisten meiner vietnamesischen Gesprächspartner, wie Giam, dafür so wenig Verständnis haben, bestenfalls Lippenbekenntnisse zu rechtsstaatlichen Verfahrensregelungen ablegen. Aber nicht nur auf so abstrakten und theoretischen Geleisen bewegen sich meine Überlegungen: ich frage mich, ob nicht auch Huan vor allem deshalb immer noch festgehalten wird, weil er mit 20 Jahren (vor nunmehr bald 35 Jahren!) ein Asche- und Diamant-Held war (vielleicht damals und in der Rückschau sich auch nur gerne als solcher darstellen wollte?) – und gar nicht so sehr als früherer Senator der buddhistischen Opposition gegen Thieu, als ehemaliger Minister Khanhs und Duong van Minhs. Sind es diese unverzeihlichen Jugendsünden, die auch ihm für immer den Stempel aufgedrückt haben, das Brandmal des Verrats? Denn selbst, wenn es stimmte, was Huynh Cong Minh mir sagte, man wolle Huan im Lager vor sich selber schützen, in Freiheit drohe seiner Person, auch ohne sein Zutun, zum Kristallisationskern reaktionärer Gruppen zu werden – worauf stützte sich eine solche Prognose: doch wohl in erster Linie auf die »reaktionären Anfänge« in seiner politischen Biographie. Und: selbst wenn sie zuträfe, diese Prognose: wurde »Schutzhaft« je anders begründet? Auf der andern Seite: Schutzhaft und Schutzhaft ist nicht das gleiche. Es kommt auch darauf an, was geschützt werden soll: eine Gesellschaft, die sich zur Zukunft aufgemacht hat, wie in Vietnam, ist nicht das gleiche wie damals die nazistische Barbarei. Zugegeben: aber vielleicht verselbständigen sich die Mittel, zerstören gerade das, was man mit ihnen schützen will. Wieder bin ich bei diesen quälenden Gedanken, ich kann ihre Verknotungen nicht lösen.

Mittags kommt Tran Duy Hung angefahren, selbst am Steuer seines kleinen Dienstwagens. Am 19. Dezember 1946 stand er an der Spitze des Hanoier Aufstands gegen die Franzosen. Ich freue mich, daß er sich die Mühe genommen hat, zu kommen, umarme ihn. »Wie war es?«, fragt er, etwas besorgt, »erzähl!« Ich erzähle ihm von Tuong, von Nguyen, von Qué, von der Freude, Hué wiederzusehen. Wie in meinem Herzen, behält auch in meinem Bericht das Glück die Oberhand über Ärger, Zweifel und Schmerz. Hung freut sich. Er erzählt von seiner Nichte und Dao, seinem angeheirateten Neffen. Dieser arbeite jetzt im Ministerium, sie hätten zwei Kinder, leider hätte Dao heute nicht mitkommen können. Einen ganzen Abend müßte ich Zeit haben, um Hung auch meine Skrupel und Zweifel mitteilen zu können, Vertrauen genug hätte ich zu ihm. Aber er muß fort, ein paar Postkarten an Verwandte in Paris gibt er mir noch mit, damit sie zum Tet-Fest noch rechtzeitig dort ankommen.

Das letzte Abendessen in Hanoi, mit Duc, Phuc und Tran Hoai Nam, dem Generalsekretär des Solidaritätskomitees und, Hoang Trinh zufolge, einem der ersten sieben der Huéer Parteizelle der Eisenbahnarbeiter. Ein luxuriöses Essen. Ich mag Nam lieber als den etwas esoterischen Giam, der mich allzusehr an das Bild des mandarinalen Gelehrten vergangener Jahrhunderte erinnert. In Giams Anwesenheit wurde die Vergangenheit farbig und stark, Gegenwart und Zukunft jedoch nahmen die durchscheinende Blässe seiner Hände und Wangen an. Mit Nam sind Kraft und Gewicht der Tempora wieder ausbalanciert, außerdem wirkt er klug, gütig, handfest. Sein Vater stammt aus Saigon, seine Mutter aus Danang, seine Frau aus Hué. Auch er hatte Saigon seit 1945 nicht mehr wiedergesehen: damals lebten 23 seiner Verwandten in der Stadt, als er 1975 dorthin zurückkehrte, waren es 164 geworden. »Sie sind mir nun alle böse«, sagt er. Früher sei es für jemanden, der eine Stellung wie seine bekam, selbstverständliche Pflicht gewesen, für die ganze Verwandtschaft zu sorgen, durch Amtspatronage, aber auch durch geldliche Zuwendungen, selbst wenn man sich dafür korrumpieren lassen mußte. »Sie begreifen nicht, daß ich das heute nicht kann, ohne mich selbst zu verraten – und daß es heute auch außerhalb der Familie Hilfe gibt.« Seine Onkel, Neffen, Vettern und Cousinen hätten früher größtenteils auf dem Lande gelebt, der Krieg hätte sie in die Stadt geschwemmt, jetzt versuchten sie sich dort schlecht und recht durchzuschlagen, die meisten von ihnen als Kleinhändler. Nam erzählt mir diese sehr persönliche Geschichte, um mir die Notwendigkeit der Transformation des Handels im Süden klarzumachen. »Schwer ist es für sie«, sagt er, »besonders für diejenigen von ihnen, die nicht mehr an körperliche Arbeit gewöhnt sind. Aber auch für mich ist es schwer, der Riß geht mitten durch die Familie, sie werfen mir vor, daß ich ihnen nicht beistehe – und daß ich zu denen gehöre, die ihnen das antun.« Unendlich viel Geduld gehöre dazu, ihr Vertrauen zu gewinnen und sie schließlich zu überzeugen. Nam sagt nicht, bei wievielen seiner Verwandten ihm das schon gelungen ist. Aber die Sorge und den Schmerz sieht man ihm an. Ich solle versuchen, darum bittet er mich, diese Probleme unserer Öffentlichkeit verständlich zu machen, damit sie die jetzige Fluchtbewegung aus Vietnam nicht als Folge politischer Unterdrückung mißversteht. Aber noch mehr liegt ihm unsere Solidarität mit seinem Land im Konflikt mit der VR China am Herzen. Beschwörend sagt er, Vietnam wolle – und verdiene endlich – den Frieden: wie ein Vermächtnis gibt er mir diese Worte mit auf den Weg, bewegt, in den Augen Tränen. Ist das wohleinstudiertes Theater, wie E., der französische Diplomat, dies von den so spontan wirkenden Gefühlsäußerungen der vietnamesischen Führer behauptet? Ich glaube es nicht. Die Gefühle sind echt, wenn vielleicht auch die Personen, an die sich hängen, austauschbar sind. Und ist es nicht auch denkbar, daß in der Revolution die Trennung zwischen sachlich neutralen Beziehungen in der öffentlichen Arbeit und privaten Gefühlen durchbrochen, ja vollständig aufgehoben werden kann? Vielleicht ist diese Aufhebung sogar ein unverzichtbares Stück Revolution, das die Vietnamesen auf ihre diskrete Art in ersten Schritten schon in Angriff genommen haben? Oder mache ich auch hier etwas vor, verwechsle selber – zu ihren und meinen Gunsten – das Ziel und die Wirklichkeit? Oder noch schlimmer: auch wenn E. nicht recht hätte mit seiner Inszenierungstheorie: gibt es nicht auch einen Opportunismus der Zuneigungen, der Gefühle – und wird dieser hier nun institutionalisiert? Doch meine Sympathie für Nam hält auch diesen Überlegungen stand.

Am nächsten Morgen – meinem letzten in Vietnam – sorgt Nga dafür, daß wir unser Frühstück noch bekommen, obwohl es erst ½ 6 Uhr ist. Dann sammelt er unsere Pässe ein, versieht sie mit dem Ausreisestempel. Er ist der geborene Antibürokratiespezialist, für diese Aufgabe auch mit den nötigen Vollmachten ausgestattet. An den beiden Brücken, vor denen sich Fahrzeugkolonnen stauen, sorgt er dafür, daß wir als erste durchkommen, obwohl keine Sirene uns heute den Weg freischrillt. Ist Nga eine Sirene? Die Verführung seiner Papiere scheint genauso wirksam wie pure Lautstärke zu sein. Der Regen hat aufgehört, am Horizont erscheinen die Berge des Viet Bac, auch wenn die Sonne sich noch hinter einer weißlichen Wolkendecke verbirgt. Auf einem Kilometerstein lese ich Viet Tri: Name einer der größten Schlachten des ersten Indochina-Krieges. Dort versuchte Giap 1951, nach Hanoi durchzustoßen, damals noch vergeblich. Schmale, gerade Lateritwege, rötlich, die zu dunkelgrünen Bambushecken führen, ein paar graubraune Strohdächer dahinter: die Reisbauerndörfer liegen auch hier ein paar hundert Meter weit ab von der Straße. Jetzt, auf der Rückfahrt, nehme ich sie erst bewußt wahr, verwechsele sie nicht mehr mit den provisorischen Tagesunterkünften der Kleinhändler, der Imbißstubenwirte, der Auto- und Fahrradmechaniker, die sich in ihrer schäbigen Häßlichkeit die Hauptstraßen entlangducken. Bauern auf Reisfeldern, eine Frau, das Tragholz mit herabpendelnden Körben auf der Schulter, spielende Kinder: ich ertappe mich dabei, daß ich diese Szenen ländlicher Idylle hastig in mich hineinpumpe, – wie ein Junkee sein letztes Heroin?

Im kleinen Abflugraum, ich habe meine übriggebliebenen Dongs zu Kaffee gemacht, den wir mit Nga, Duc und Phuc zusammen schlürfen, kann ich meinen Blick vom schönen, dunklen Gesicht Tiens nicht wenden, der Dolmetscherin Gustavos, die vor uns am Nebentisch sitzt. Engel bedeutet ihr Name. Sie trägt eine schwarze Hose, ein einfaches weißes Hemd, hat ziemlich kurzes gewelltes Haar und ist sicher nicht mehr ganz jung, wohl schon an die 40. Aber alle ihre Gesten und Bewegungen wirken spontan, sie hat ein freies Lächeln, klug, erfahren und doch eine Spur mädchenhaft. Ich habe bis jetzt kein einziges Wort mit ihr gewechselt, aber ich möchte mit ihr schlafen, hier, sofort, so stark und absurd ist dieses Bedürfnis. Phuc sagt mir, sie sei glücklich verheiratet.

Gegen 10 Uhr gehen wir alle herüber in den Speiseraum für die vietnamesischen Reisenden und Flughafenangestellten. Nga hat seine Beziehungen spielen lassen, es wird für uns vorzeitig geöffnet. Wir setzen uns an die niedrigen, mit verblichenem Wachstuch gedeckten Tische, auf die wackeligen Hocker. Einfache Bambusstäbchen in grauen Gläsern, Nuoc Mam, kleingehackte rote Pepperoni. Duc und Phuc haben Hunger, seit gestern Abend haben sie nichts mehr zu essen bekommen. Jetzt drängen sich auch die übrigen vietnamesischen Passagiere und ein paar Flughafenangestellte durch die Bresche, die Nga für uns geschlagen hat. Im Augenblick, wo ein hereingestürmter Air-Vietnam-Steward uns aufgeregt zum Abflugraum zurücktreiben will, kommt endlich das Pho auf den Tisch. Wir schlürfen die Suppe herunter. Ich versuche, den Geschmack nach Meer, Koriander und Zwiebel in meinem Gedächtnis zu speichern, verbrenne mir die Zunge. Nga beruhigt uns, das Flugzeug startet nicht ohne uns, er verfertigt und stempelt drei kleine Zettelchen, die Tien, Phuc und Duc den Zutritt zum Startplatz der Maschine erlauben sollen. Dort begrüßt uns Nguyen thi Binh: ist sie zu unserem Geleit gekommen? Nein, sie fliegt selbst mit nach Berlin. Die letzten Umarmungen. Phuc sagt: »Das nächste Mal ziehen wir beide mit Fahrrädern los in Hué.« Ich installiere mich, neben Gustavo, diesmal in der allgemeinen Touristenklasse, erschöpft, ausgewrungen, mit dem Augenblick, wo ich die Kabine betrete, zu keiner inneren Bewegung mehr fähig. Die meiste Zeit des Fluges verschlafe ich. In Karatschi kaufe ich im Duty Free Shop noch ein paar blauweiße Keramikteller, döse wieder ein. Gustavos Freund Maoro von der sandinistischen Befreiungsfront Nicaraguas, der vor uns sitzt, versucht auf englisch mit mir ein Gespräch über die antiimperialistische Arbeit in der BRD anzufangen. Aber ich stottere nur, die Worte wollen sich nicht einfinden. Über Berlin kreisen wir lange, Nacht ist es inzwischen geworden, dichter Nebel umhüllt uns. Plötzlich taucht im milchigen Licht und leicht schräggestellt, 20 Meter unter uns das Flughafengebäude auf, gleich sind wir tot, durchfährt es mich, wir haben die Landebahn verfehlt. Doch der Pilot startet durch, die Maschine gewinnt wieder an Höhe.

Fast eine halbe Stunde kreisen wir wieder, trockene, falbe Angst sitzt in der Kehle, Gesichter und Gegenstände verlieren ihr Relief, verziehen sich, alle gleich weit entfernt, auf den konkav gekrümmten Bildschirm der Kabineninnenwand: ich kann doch nichts tun, und die Zeit ist zu lang, um wie bei der Landung Edith und die Kinder ganz nahe zu spüren. Ist es so, wenn man ohne Zukunft, ohne Vergangenheit noch weiterlebt? Einen Augenblick, aber diesmal ganz ohne Prägnanz, fast beiläufig der Einfall: jetzt am Ende haben sie, hat es dich doch erwischt, doch er löst sich auf in der Angst, in der Leere, in der ruckartigen Verschiebung der Gravitation: dann sind wir sicher, trotz Nacht, Nebel und Schneesturm, in Berlin-Schönefeld gelandet. Sind sie wirklich grau, die Gesichter der Menschen, die gekommen sind, die Passagiere unserer Maschine abzuholen? Ein noch ganz aufgeregter DDR-Funktionär, der eine vietnamesische Delegation in Empfang nimmt, sagt: »Ich bin so froh, Genossen, daß ihr planmäßig gelandet seid«, stockt: »Nun ja, planmäßig nicht, aber doch immerhin gelandet«.

An der Haltestelle des Transitbusses wartet ein hochgewachsener gutangezogener Herr, knapp 40. Ich habe sein Gesicht aus dem Abflugraum in Hanoi in Erinnerung: dort stand er neben mir nach Kaffee Schlange. Er sprach Englisch mit seinen Begleitern, ein Araber oder Libanese, dachte ich. Jetzt stelle ich fest, daß er Deutscher ist, Ostpreuße von Geburt; er arbeitet in New York für die Vereinten Nationen, am Mekong-Entwicklungsprojekt, zu einer Sitzung des Mekong-Komitees war er eine Woche lang in Hanoi. Ruhig, gemessen, mit respektvoller, aber unverhohlener Bewunderung spricht er von Vietnam, seinem Sieg, seinen Aufbauleistungen, von Pham van Dong, den er schätzt und mag. Gerne wäre er länger im Lande geblieben; man müsse viel mehr tun, mehr Hilfe mobilisieren, denn dort würde es lohnen. Sind das die typischen Heimkehrergefühle, wenn man zum ersten Mal aus Vietnam wiederkommt? Oder ist er wirklich auf dem Absprung in eine neue Phase seines Lebens, von der coolen Atmosphäre der UN-Projektadministration in eine tiefergehende, auch persönliche Verstrickung mit diesem Land? »Vor Jahren habe ich einmal ein Buch gelesen, das mich beeindruckt hat«, sagt er, schon im Bus, »von einem deutschen Arzt aus

Hué; es hatte etwas mit Lehrjahren zu tun.« Begegne ich in ihm mir selber, wie in einem Verjüngungsspiegel, mir selber vor 17 Jahren? Nein, er ist ganz anders als ich damals war. Kein ängstlicher Abenteurer, Chaos in Herz und Hirn, eher ein Beamter, der Gedanken und Gefühle jederzeit griffbereit in Ablagen einsortiert hat. Benutze ich also nur die Gelegenheit, gerade heute, nach solch einer Reise, in diesen fremdartigen Körper, in diesen noch fremderen Geist hineinzuschlüpfen, damit ich dort alles noch einmal beginnen kann? Das Prinzip Hoffnung als Seelenwanderung? Nein, schlimmer, als vampyrhafte Dr. Mabusische Operation? Aber die Gänsehaut hilft nicht weiter. Als ich ihn vor einem Charlottenburger Haus in Nebel und Schneeflocken verschwinden sehe, ist mir doch, als ginge dort ein Stück meiner selbst davon; zurück bleibt eine ausgelaugte Hülle. Ich laufe ihm nach, hole ihn ein, unter einer Laterne schreiben wir unsere Adressen auf nasses Papier. M. K. heißt er. Erst jetzt ist der Spuk verflogen. Abends bei Frigga und Wolf Haug. Das Buch wird geschrieben.

Knapp drei Wochen später sitze ich in Kim Lans Zimmer. Tuongs Rat, sie solle Thuan oder einen andern ihrer Freunde heiraten, war keine verschlüsselte Botschaft. Er drückte wohl nur ihrer beider kompliziertes Verhältnis aus: My Da sei sehr eifersüchtig, sagt Kim Lan (vielleicht wäre sie es weniger auf eine verheiratete Frau). Im Zimmer hängen mehrere Portraits Kim Lans, gezeichnet oder gemalt von verschiedenen Huéer Malern, darunter auch von Dinh Cuong. Sie zeigt mir Tuongs neuen Gedichtband, er ist in Hanoi erschienen. Sie hat sich während der Monate, die sie in Hué war, übrigens auch in Saigon, frei bewegen können, erzählt sie mir: nur bei der Miliz melden mußte sie sich, wenn sie irgendwo über Nacht blieb. Auch Thich Don Hau hätte sie gesehen, und in Saigon Thich Tri Quang. Abende lang hätte sie mit Tuong, Cuong, Y, Nguyen Daç Xuan und den andern Huéer Freunden über die dortigen Probleme diskutiert. Die Buddhistenprozesse sieht sie, anders als Tuong, so ähnlich wie ich. Tuong habe nur die Zukunft im Auge, sagt sie, er sei immer noch ein Dichter, ein Visionär. Die Maler hätten es damit schon schwerer. Und sie erzählt mir die Geschichte von den zu mageren Babys. Sie muß die Muse in diesem kleinen Kreis Huéer Dichter, Maler und Musiker gewesen sein, als die meisten von ihnen noch Junggesellen waren, ist es ein bißchen wohl heute noch. Mit ihren Freunden hat sie das sozialistische Vietnam gewollt, vielleicht etwas anders, als es heute aussieht, offener, weniger beengt, aber sie nimmt es auch hin wie es geworden ist und versucht die Gründe dafür zu verstehen. Alles andere ist sie als eine Konterrevolutionärin, wie dumm die beiläufige Bemerkung eines DKP-Freundes, man müsse vorsichtig sein mit ihr, sie hätte Unruhe nach Vietnam gebracht, mit den regierungsfeindlichen Buddhisten gekungelt. Das kommt also heraus, wenn jemand aus alter Treue und Anhänglichkeit einen Freund und Lehrer wie Thich Tri Quang besucht und das offiziöse Abschlußresumée des Heimaturlaubes über Parteikanäle bis zu uns in die Freundschaftsgesellschaft durchsickert. Natürlich hat sie auch wahrgenommen, worüber sich die Leute in Hué ärgern: und sie erzählt mit wohlwollender Ironie groteske Geschichten: von den endlosen politischen Versammlungen, an denen sie teilgenommen hat, aus Interesse und Neugierde. Die Leute sagten da offen ihre Meinung, sie kritisierten und schimpften auch – nur leider beeindrucke das die Kader nur wenig. So seien die Menschen in Hué darüber sehr aufgebracht, daß sie ihre Wohnorte ohne Erlaubnis des Stadtviertelkomitees nicht verlassen dürften, nicht einmal für eine bloß mehrstündige Bus-, Fuß- oder Fahrradtour. Wohl bekäme man fast stets diese Erlaubnis, aber man müsse 2 oder 3 Wochen lang auf sie warten. Kleine Sonntagsausflüge zu Verwandten auf dem Lande, zu denen man sich kurzfristig entschließt, würden so unmöglich. »Wo ist denn da die Freiheit, die ihr uns gebracht habt?«, hätte eine alte Frau auf einer politischen Versammlung gefragt. »Wieso«, hätte der Kader, ein Mann aus dem Norden, verständnislos erwidert, »ihr seid doch frei, sobald ihr die Erlaubnis habt.« Auch die Hierarchie der Kader sei ein Problem, wenn auch in Hué nicht so stark wie in Saigon: ganz oben stünden die Kader aus dem Norden (oder doch diejenigen, die zumindesten seit 1954 im Norden gelebt hätten). Dann kämen die Widerstandskämpfer aus den Bergen, dann die illegalen Kader aus der Stadt, und an letzter Stelle schließlich die ehemaligen Angehörigen der »Dritten Kraft« – fortschrittliche Buddhisten, Linkskatholiken. Diese Hierarchie trage sehr weit: Direktor eines Krankenhauses, einer Schule, eines größeren Betriebes könne nur ein Mann aus Hanoi werden, sein

Stellvertreter sei dann meist ein örtlicher Widerstandskämpfer. Hat das etwas mit Verwaltungserfahrung zu tun? Oder spielt auch der sicherheitspolitische Gesichtspunkt eine Rolle, daß die Biographie der Hanoier Kader seit 25 Jahren lückenlos überprüfbar ist? Kim Lan steckt voller kleiner Anekdoten wie derjenigen über Freiheit auf Bezugschein. Aber sie ist nicht zynisch geworden, nicht bitter, allerdings auch nicht gläubig visionär, sondern humorvoll, gemäßigt optimistisch. Die Schwierigkeiten können überwunden werden – wenn man sie erkennt, bereit ist, sie sich einzugestehen. Viele Anfangsschwierigkeiten seien dabei, aber auch schon einige Verhärtungen. Sie würde trotzdem gerne für ganz zurückgehen, darf es aber noch nicht. Mit der hier erlernten Philosophie ist in Vietnam vorerst wenig anzufangen.

Am nächsten Abend, der gesundheitspolitische Kongreß des Bundes demokratischer Wissenschaftler, dessen Arbeitsgruppe Prävention ich leiten mußte, geht gerade zuende, holen mich einige Münchener Mitglieder unserer Freundschaftsgesellschaft aus dem Saal. Truppen der VR China sind auf breiter Front nach Vietnam eingefallen. Fängt alles noch einmal an? Das darf nicht sein, auch wir sind dazu da, es zu verhindern. Wäre meine Reise anders ausgegangen, ohne den sich anbahnenden Krieg?

Nachwort

Am Ende dieser Reise ist es nötig, zu analysieren (und nicht nur darzustellen), wohin sie schließlich führte, und was mit dem Reisenden – mit mir – geschah. Nur auf dem Hintergrund einer solchen Analyse findet eine subjektive Reportage wie die meine ihren Platz und ihre Grenzen. Vietnam, mein Reiseziel, befand sich – und befindet sich noch heute – mehr denn je in einer Periode des Umbruches, notwendig nicht nur für seinen Aufbau, sondern schon für sein Überleben. Die Hinterlassenschaft zweier imperialistischer Kriege – desjenigen der Franzosen, desjenigen der Amerikaner –, die koloniale und feudale Erbschaft müssen überwunden werden. Dies bedeutet: die Errichtung einer unabhängigen nationalen Ökonomie, Wiederherstellung einer tragfähigen Landwirtschaft – Abräumen von Minen, Fruchtbarmachung von Brachland, Aufforstung zerstörter Wälder, Wiederurbarmachung vergifteten Bodens; aber auch den Aufbau einer Industrie, die zunächst die lebensnotwendigen, später aber auch sich ausweitende und differenzierende Bedürfnisse der Bevölkerung befriedigen muß. Gleichzeitig – auch um die genannten beiden Ziele zu erreichen – müssen Gesundheits- und Bildungswesen, Verkehr und Verwaltung auf einen modernen Stand gebracht werden.

Mit freundlichen Worten und Überzeugungsarbeit alleine lassen sich die Probleme Vietnams, die aus dem Mißverhältnis zwischen Aufgaben und Zielen und den dafür zur Verfügung stehenden Mitteln entstehen, nicht lösen. Dazu bedarf es straffer ökonomischer Zügel – und man wird des administrativen Zwanges dabei auch nicht ganz entraten können. Wenn die Vietnamesen ihr Schicksal in die eigenen Hände nehmen, so müssen sie dies (ökonomische und administrative Zwänge) nicht nur hinnehmen, sondern auch wollen: den vorläufigen Verzicht auf alle nicht-lebensnotwendigen Bedürfnisse, den vorläufigen Verzicht aber auch auf manche Freiheiten. Sie müssen sich also selber Barrieren bauen.

Wie hart die Beschränkungen zu sein haben, wie rasch man sie einführen muß (und später, wann man sie wieder aufheben kann), darüber gibt es in Vietnam, aber auch bei den Freunden

Vietnams, unterschiedliche Meinungen, auch Auseinandersetzungen. Über das Prinzip dürfte es keine geben. Zweifelt man es an, so müßte man auch dem dreißigjährigen Befreiungskampf seine Berechtigung bestreiten. Vietnam tritt – mit sehr begrenzter äußerer Hilfe, die fast ausschließlich aus den sozialistischen Ländern kommt – nunmehr ein in seinen Wiederaufbau, aber zugleich auch in den Prozeß sozialistischer Akkumulation, wie die Sowjetunion seinerzeit mit ihrem ersten Fünfjahresplan. Daß es dabei Härten, Ungerechtigkeiten, ja Fehler gibt, ist unumgänglich. Der Hauptverantwortliche auch für sie ist immer noch der Imperialismus: die USA haben Zehntausende erfahrener Kader aus dem Süden umgebracht; und das Ausmaß der Zerstörungen gebietet Eile.

Den Opfern der Härten, Fehler, gehört unser Mitgefühl – mit dem Anliegen derer, die den Härten aus dem Wege gehen wollen, die sie zu Willkürakten oder gar zu politischer Verfolgung umdeuten, können wir uns jedoch nicht identifizieren. (Ich weiß, wenn man weit weg ist und selber alles hat, klingt derartiges, auch wenn es wahr ist, hohl und heuchlerisch.) Solidarisch sein sollten hingegen mit denjenigen, die den Aufbau Vietnams – zusammen mit dem größten Teil des vietnamesischen Volkes – planen und durchsetzen: mit der Regierung und der Partei dieses Landes. Zu dieser Solidarität gehört aber auch, unnötige Fehler und Härten zu sehen, sie zu kritisieren. Und auch greifbar, spürbar zu machen, was selbst die notwendigen Härten in den Menschen, die sie treffen, anrichten können: beitragen also zu einer Sensibilisierung der Führer gegenüber den Geführten.

Dabei sind die getroffenen (und zu treffenden) Maßnahmen nicht nur ökonomisch-administrativer Art. Es geht auch um ein neues Bild vom Menschen – und ein neues Gegenbild. Hatte die industrielle Revolution im heraufbrechenden Kapitalismus den Triumph der Vernunft über die verschiedenen Formen der Unvernunft, der Verrücktheit und des Chaos notwendig gemacht, zugleich aber auch die Freiheit und Verantwortlichkeit des einzelnen, des Individuums – auch noch in der verkrüppelten Form der »freien Lohnarbeit« – gegenüber den feudalen Bindungen exaltiert, so entsteht im Sozialismus heute ein Menschenbild des vernünftig-freiwilligen Zusammenschlusses der Produzenten zu einer Gemeinschaft auch im

Wahrnehmen, Denken, Fühlen. Am Pranger steht nunmehr nicht mehr der Irre, wie im 17. Jahrhundert, mit seinen chaotischen Verhaltensweisen, sondern der »Subjektivist«, der seine privaten Gefühle, Wünsche und Bedürfnisse nicht in die gesellschaftlichen Ziele eingebracht hat. Wie damals das Sich-Überlassen den »tierischen Instinkten«, dem Aberglauben, dem Nichtstun, der Schlampigkeit, ist heute im Sozialismus der Subjektivismus zum neuen Bild der Unvernunft geworden, zu einer neuen Form des Wahnsinns, wenn man so will, in der individuellen emotionalen und kognitiven Dissidenz. Die Durchsetzung des Paradigmas sozialistischer Vernunft gegen die neue Unvernunft, die ein Stück der alten Vernunft war, geschieht dabei manchmal noch mit groben Mitteln – auch in Vietnam. Hier muß es sich allerdings nur einer verhältnismäßig kleinen (wenn auch in den letzten 20 Jahren erheblich angeschwollenen) Schicht von Mittelklassenangehörigen aufprägen, die zudem noch ohne eigene wirtschaftliche Basis ist. Und der vietnamesische Sozialismus kann überdies versuchen, in seinem Kampf gegen den Subjektivismus auf vorbürgerliche, kollektive Bewußtseinsformen zurückzugreifen, die in der nationalen Tradition verwurzelt sind: wenngleich auch dies nicht ohne Probleme abgehen dürfte.

In diesen Prozeß materieller und geistiger Umwälzungen (mit Fremdwort: Revolution) platzte ich mit meiner Reise, ein bürgerlicher Intellektueller, der fünfzehn Jahre zuvor zum Marxismus gefunden hatte, aber als Parteiloser ohne derartige kollektive Erfahrungen war. Ich stieß auf feste Regeln, die vor allem den Umgang mit Ausländern betrafen. Diese sollten sich kein eigenes (subjektives) Bild der Wirklichkeit im Lande machen, sondern durch ihre Betreuer und Übersetzer in diese eingeführt werden. Eine durchaus vernünftige Regelung könnte es scheinen, wenn man an die historische Ahnungslosigkeit der meisten Fremden denkt, die nach Vietnam kommen – von potentiellen Spionen oder Agenten ganz zu schweigen. Gäbe es eine solche Betreuung nicht, so würden die Fremden das meiste, was in Vietnam vor sich geht, mißverstehen. Man muß sie also anleiten, fürsorglich von ihnen fernhalten, was ihre Verarbeitungskraft übersteigt, für sie ein Bild zeichnen der Wirklichkeit (anstelle dieser), in der Gewünschtes und Erreichtes dann allerdings nicht mehr klar voneinander unterscheidbar sind. Zeigte man ihnen nur die schon erreichte Wirklichkeit, so könnten sie es nicht verstehen, warum man nicht schon weiter ist, und dementsprechend am gesamten sozialistischen Konzept verzweifeln. So muß man wegretuschieren, was nicht hereinpaßt, das Wegretuschierte geschickt ergänzen, damit das Bild vollständig bleibt. Solche Bilder sind dann – in der Struktur, nicht im Inhalt – denen nicht unähnlich, die zu der vorbürgerlichen Wirklichkeitswahrnehmung der Vietnamesen gehörten: der traditionellen Szenerie, die sich in der Wahrnehmung durchsetzte, wenn es ein mußte auch gegen die Tatsachen. Anders gesagt: man muß die Wirklichkeit auf die gewünschte Szenerie hin zuschneiden, »in der Wirklichkeit«, indem man diese verändert; wenn man allerdings noch nicht soweit ist, dann wenigstens doch in der Vorstellung.

Dabei kann es durchaus geschehen, daß auch die Betreuer selbst Opfer ihrer Wirklichkeitsextrapolierung und Retusche werden, sie nötig haben, um in Mangel, Not, Härte, Disziplin und manchmal Ungerechtigkeit zu überleben. So entsteht »sozialistischer Realismus« nicht nur in Bildern, sondern in der Wahrnehmung, in Kopf und Herz der Menschen. Deshalb bekommt das den Fremden angebotene Bild auch eine außerordentliche Überzeugungskraft: wer es in Frage stellt, bringt auch das seelische Gleichgewicht der Betreuer in Gefahr.

Bei meinen vorangegangenen Reisen (1970, 1972) hatte ich ein solches, aus Hoffnung, Plänen, Illusionen und einem Kern Wirklichkeit zusammengesetztes Bild vorgesetzt erhalten und es akzeptiert. Ich hatte allerdings auch keine Wahl. Niemand vermittelte mir etwas anderes, und selbständige Informationsmöglichkeiten hatte ich nicht. Überdies: der Krieg, die übermenschliche Anstrengung zwangen wohl fast alle Menschen des Landes damals dazu, dies Bild für wahr zu halten und es auch möglichst wahr zu machen. Ich nahm also keine Fugen wahr, hatte die Illusion, die sozialistische Utopie, wenn auch nicht der Befriedigung der Bedürfnisse und des materiellen Wohlstandes, aber doch die der Gleichheit und der Brüderlichkeit sei hier verwirklicht – und dazu noch nicht einmal auf Kosten der Freiheit. Ein Stück dieser Wahrnehmung entsprach sicherlich der Realität; ein anderer Teil war Illusion, bestenfalls Sichvorwegsein in der sozialistischen Gebärde. Aber nach 17, 18 Jahren Engagement für Vietnam brauchte ich diese wirklichkeitsverzerrenden, hoffnungsvollen Illusionen wohl auch selber, vielleicht ebenso sehr wie meine neuen Betreuer.

Diesmal jedoch war der Krieg zuende; und ich kam nicht nur nach Hanoi, das mir vorher fremd war, sondern auch nach Saigon, nach Hué, zu Menschen und Städten, die ich gekannt und geliebt hatte. Natürlich brachte ich bei diesem Besuch auch meine individuellen, persönlichen Wünsche mit: Freunde wiederzusehen, Stücke meiner eigenen Vergangenheit wiederzufinden – und ich wollte das Bild, das ich mir von der Wirklichkeit gemacht hatte, durch eigene Wahrnehmung bestätigt finden. Dies stieß auf den Widerstand (mancher) meiner Betreuer. Dieser Widerstand mußte sich jedoch selbst (und seine Motive) verbergen. So enthüllte er mir – unfreiwillig – immer mehr Fugen in meinem Wirklichkeitsbild. Sie wurden immer breiter, diese Fugen, bis ich selbst – bei Nghi und Hoa – Gelegenheit bekam, auch andere Meinungen als die offiziellen kennenzulernen, und das durch Menschen, die jahrelang selbst für die vietnamesische Revolution gekämpft hatten und ihr bis heute verbunden sind. Dies sprengte das Bild, entzog mir den Boden, von dem aus ich die Welt sah und verstand. Wie bei einer psychotischen Dekompensation neurotischer Wirklichkeitsverbiegung waren plötzlich nur noch Bruchstücke da, aus Wirklichkeit, Angst, Wunsch und Phantasie, und sicher auch aus meinen eigenen, mitgebrachten antikommunistischen Vorurteilen – Bruchstücke, die sich zu labilen Wahngebilden zusammensetzten. Ich konnte ja von Hoas und Nghis Bericht und von meinen eigenen, flüchtigen Eindrücken, kaum etwas überprüfen; so erschien plötzlich alles, jeder Einfall, jeder Verdacht, alles Denkbare möglich, ja fast wirklich.

Ein solcher Wahn war gleichwohl nicht bloß ein privates, persönliches Mißgeschick. Wird jemandem die Wirklichkeit, so wie sie ist, vorenthalten, und statt dessen ein retuschiertes Bild von ihr angeboten, mit dem man sich identifiziert, werden in dem Bild dann aber Fugen sichtbar, ohne daß man die durchschimmernde Wirklichkeit selbst überprüfen kann, so wird daraus zwangsläufig ein Wahn. Er bahnt sich langsam an, wie in einem Mescalin-Trip, die Oberfläche, die Erscheinungen werden zunehmend mit Bedeutung überladen, blasen sich zu Totalitäten auf, weil man Ursachen und Zusammenhänge

nicht erkennt. Dann platzt der Luftballon, und man findet sich – oder verliert sich – in einem Horror-Trip der Eigenbeziehung, des Verfolgtseins und der Angst. Deprivation von Alltäglichkeit ruft einen solchen Wahn hervor, und zwar dann, wenn das Bild, das diese Alltäglichkeit ersetzt hat, plötzlich brüchig wird. Dies kann, in einer Situation wie meiner, jedem passieren. Ja es wird jedem passieren, der bereit ist, sich einer solchen Situation überhaupt auszusetzen.
Ich muß dazu aber präzisieren: die Situation von Wahn und Angst, in die ich hineingeriet, ist in Vietnam nicht die Lebenssituation der Vietnamesen (der Besuch bei Kim Lan hat mir das gezeigt), sondern vorprogrammiert nur für Ausländer, für die allein die strengen Kontaktbeschränkungen in Vietnam gelten, und da besonders für solche unter ihnen, die das Land von früher kennen, so daß sie die ihnen angebotene illusionäre Wirklichkeitskorrektur nicht durchhalten können. Ich bin überzeugt, derartiges geschieht nicht nur in Vietnam, auch in anderen Ländern, wo ähnliche Beschränkungen wirksam sind. So ist vielleicht auch der totale Umschlag in der Einstellung mancher Sozialismusreisenden von rosaroter Euphorie zu totaler antikommunistischer Verdammung zu erklären (wie z. B. bei André Gide in der Sowjetunion vor sich ging). Denn natürlich kann man die Angst auch dadurch lösen, indem man den Wahn (und das in diesen eingebaute antikommunistische Vorurteil) einfach zur Wirklichkeit erklärt. Viele werden das tun, schon um der Angst, dem Zwiespalt zu entkommen. So glaube ich, daß die Wirklichkeitsversagung und -korrektur, die auf Delegationsreisen von den Betreuern garantiert wird, zwar kurzfristig bei manchen dieser Reisenden einen Elan von Solidarität hervorruft, aber auf lange Sicht böse enden muß: nämlich in der Provokation eines antikommunistischen Wahns.

Ich selber habe mich bemüht, nicht zum Opfer eines solchen Wahns (und der eigenen bürgerlichen Vorurteile, die auch ich mitbringe) zu werden. Vietnamesische Freunde, die mich doch ein Stück weit an ihre Wirklichkeit heranließen, haben mir dabei geholfen. So war diese Reise, dieser Horror-Trip, nur eine Krise – aber eine Krise, von der man, glaube ich, lernen kann. Der einzelne, indem er hinfindet zu einer auf Realität und Hoffnung, nicht auf Illusionen begründeten Solidarität;

vielleicht aber auch die Behörden des Gastlandes, indem sie sich klarer darüber werden, was sie mit den Kontaktbeschränkungen sowie den anstelle der Wirklichkeit offerierten offiziellen Versionen und deren Verteidigung – koste es was es wolle – bei Ausländern anrichten können: nämlich oft das Gegenteil der angestrebten Solidarisierung: Unsicherheit, Angst, und deren Abwehr durch antikommunistische Schablonen.

Hier sollte dieses Nachwort eigentlich enden. Die sehr summarische Erklärung der Verhältnisse in Vietnam war ja kein Selbstzweck. Sie sollte die persönliche Erfahrung der Wiederbegegnung mit diesem Land verständlicher machen, ihren Geltungsrahmen gleichzeitig aber auch begrenzen. Die Ereignisse der letzten Monate, vor allem die antivietnamesische Kampagne in den Massenmedien fast aller westlicher Länder, die sich um das tragische Schicksal der Menschen rankt, die Vietnam illegal auf dem Seewege zu verlassen suchen, zwingen mich jedoch zu einer aktuellen Stellungnahme:

Vom Problem der Flüchtlinge ist ja schon im Reisebericht die Rede gewesen, wenngleich auch nur sehr lapidar: bei der Schilderung des Empfanges der AAPSO-Delegation beim Präsidenten der Vaterländischen Front von Ho-Chi-Minh-Stadt (S. 43). Was der Präsident der Vaterländischen Front dort sagte, scheint mir in den wesentlichen Punkten auch heute noch zutreffend zu sein. Ein paar zusätzliche Informationen sind jedoch gleichwohl am Platz:

Von den westlichen Massenmedien, aber auch von maßgeblichen Politikern wird nämlich der Versuch gemacht, die Verantwortung für das Elend der Flüchtlinge – es sind inzwischen Hunderttausende – und die Verantwortung für den Tod einer unbestimmten Anzahl von ihnen im Meer der vietnamesischen Regierung anzulasten. Diese solle gefälligst dafür sorgen, das Leben in Vietnam so lebenswert zu machen, daß niemand dieses Land mehr unter Risiken zu verlassen braucht. Eine unerfüllbare Forderung, wenn man die Bilanz des Vernichtungskrieges der USA bedenkt und die Lasten, die die chinesische Invasion im März 1970, aber auch ihre Abwehr mit sich brachte und immer noch bringt. Ein verzehnfachtes 1945 bei uns – und wahrscheinlich ist das noch eine Untertreibung. Kein Marshall-Plan. Nur tröpfchenweise Hilfe von westlichen Ländern – die jetzt auch noch aufgekündigt werden soll. Brüsker Abbruch der chinesischen Unterstützungslieferungen 1978. Naturkatastrophen (Überschwemmungen und Trockenheit), die zum Teil Nachwirkungen der ökologischen Kriegsführung der Amerikaner sind. Ein bis zwei Millionen Kriegstote; 700 000 Kriegswaisen, ebenso viele Invaliden. Weit über ein Drittel der Bevölkerung aus ihren Dörfern in die Bidonvilles der großen Städte und der US-Militärbasen vertrieben. Schon nach dem teilweisen Abzug der Amerikaner, 1973, Millionen Arbeitsloser, deren Zahl nach dem Zusammenbruch des Saigoner Militär- und Polizeiapparates im April 1975 noch weiter sprunghaft in die Höhe geht. 500 000 Kleinhändler (dazu kommen noch ihre Familien), die nichts produzieren, bei schrumpfendem Warenvolumen durch immer längere Zwischenhandelsketten, die Preise hochtreiben und sich selbst so durchzuschlagen suchen; sie hatten vorher vom Verkauf der aus den USA ohne materielle Gegenleistung importierten Produkte gelebt, deren Erlös – nach Abzug der Handelsspannen – in Gehälter für Soldaten, Polizisten und Agenten umgewandelt worden war. Mit dieser Art von »Hilfslieferungen« finanzierten die USA die zunehmende »Vietnamisierung« ihres Krieges. Die halbe Million Prostituierte, die halbe Million Drogensüchtige habe ich noch nicht erwähnt, auch nicht die 24 Millionen Bombenkrater, 10 Millionen Hektar verwüsteter landwirtschaftlicher Nutzfläche, den um die Hälfte durch Bomben und Napalm verminderten Waldbestand. Jedes Jahr sterben noch Tausende von Bauern durch Minen und Bomben, die noch heute auf ihren Feldern explodieren.

In meinen Augen ist es deshalb Zynismus, wenn diejenigen, die für diese Zerstörungen verantwortlich sind, die USA, jetzt der vietnamesischen Regierung abverlangen, sie solle alle ihre Bürger sofort satt und zufrieden machen, so daß diese gar nicht auf den Gedanken kamen, das Land zu verlassen. Zynismus sind auch entsprechende Forderungen der Regierungen derjenigen Länder, die die USA in ihrem Zerstörungskrieg materiell oder moralisch unterstützt haben.

Dennoch stellt sich die Frage, wer die Leute sind, die vor diesen Lebensumständen fliehen. 80 Prozent von ihnen gehören der chinesischen Sprachminderheit an (sie sind gleichwohl vietnamesische Bürger). Von diesen wiederum sind die meisten

Kaufleute, die im März 1978 von der Verstaatlichung des Handels in Vietnam betroffen wurden. Ein kleinerer Teil sind frühere Kollaborateure, denen im April 1975 die Flucht nicht gelang (nach Frank Snap, einem amerikanischen CIA-Agenten, konnten damals nur 6000 von 200 000 engeren Kollaborateuren der USA evakuiert werden; die anderen Flüchtlinge aus jenen Tagen waren Wirtschaftsflüchtlinge oder Opfer ihrer eigenen Angst). Zu einem andern, kleineren Teil der heutigen boat-people zählen Angehörige des früher privilegierten vietnamesischen Bürgertums. Bauern, Kulis, Arbeiter sind kaum darunter. Kurz: zu fliehen versuchen diejenigen, denen es früher erheblich besser ging als dem Großteil ihrer Landsleute, und die heute, blieben sie in Vietnam, deren Schicksal teilen müßten. Dies gilt nahezu für alle. Bei einigen, ganz wenigen Menschen mögen darüber hinaus politische Motive im engeren Sinne im Spiele sein: daß sie etwa in ihren Berufen im sozialistischen Vietnam heute keinen genügenden Entfaltungsspielraum finden; dies mag für einige Intellektuelle, Künstler, Wissenschaftler zutreffen. Für das Gesamtproblem des Exodus in seinem heutigen Ausmaße spielen diese wenigen politischen Flüchtlinge kaum eine Rolle.

Dies galt zumindest bis zum Februar 1979. Wie Wilfried Burchett, ein alter Freund Vietnams, der diesem Land bis jetzt die Treue gehalten hat, schreibt, mag es nach der chinesischen Invasion auch gelegentliche Ausschreitungen der vietnamesischen Mehrheitsbevölkerung gegen Angehörige der chinesischen Minderheit gegeben haben. Argwohn, Schikanen, Diskriminierungen, durch Arbeitskollegen, Nachbarn, wohl aber durch übereifrige Kader, die überall, auch bei harmlosen Bürgern, eine ›Fünfte Kolonne‹ witterten (die es – und das kompliziert das Problem – in Wirklichkeit in Vietnam auch gab). Solchen – bedauerlichen – Übereifer, solch eine auch ungerechtfertigte Diskriminierung Angehöriger eines Volkes, dessen Staatsmacht gegen das eigene Krieg führt, hat es leider immer schon gegeben: nicht nur in vergangenen Jahrhunderten, auch in unserem eigenen. Ich erinnere an die Internierungslager für antifaschistische deutsche Flüchtlinge in Frankreich, ab 3. 9. 1939 (nicht wenige von ihnen fielen im Juni 1940 den Nazis in die Hand). Ich erinnere an die Konzentrationslager in Kalifornien, in die nach Pearl Harbour die

Japano-Amerikaner unter unmenschlichen Verhältnissen eingesperrt wurden; viele starben dort. Demgegenüber hält sich die Diskriminierung der chinesischen Minderheit in Vietnam, so bedauerlich und verurteilenswert sie von einer absoluten Moral her gesehen auch sein mag, in sehr engen Grenzen. Das christliche Gleichnis vom Splitter im Auge des Nächsten und dem Balken im eigenen Auge wäre hier mehr als am Platz.

Die meisten der Menschen, die Vietnam heute verlassen, tun dies nicht, weil sie politisch verfolgt werden, sondern aus ganz anderen, meist wirtschaftlichen oder sozialen Gründen. Sie wollen – oder können – das entbehrungsreiche Leben nicht länger ertragen, das ihnen in Vietnam noch über Jahre bevorstehen würde. Viele von ihnen sehen ihre Privilegien als naturgegeben an – sie versuchen sie und ihre bisherige Lebensform, als selbständige Händler oder als Angehörige der mandarinalen Oberschicht, zu retten; körperliche Arbeit ist ihnen nicht nur zu hart, sondern dazu oft auch noch eine Schande, durch die sie ihr Gesicht verlieren würden. Im Ausland winkt die Möglichkeit, die alten Lebensformen wieder zu finden. Diese Möglichkeit wird um so größer, je eher sie aus Vietnam wegkönnen; je weniger Geld sie dort für ihren Lebensunterhalt noch aufbringen müssen. (Die Großhändler beziehen ja für ihre Warenlager vom vietnamesischen Staat noch eine erhebliche Entschädigung mit hohen ersten Raten). So verringert jeder Monat, den sie bleiben müssen, ihre Chancen im Einwanderungsland. Dies erklärt wohl auch die Eile und die Hast, mit der viele von ihnen nach der Verstaatlichung des Handels weg wollten – und immer noch wollen.

Aus dem gleichen Grunde – soviel Startkapital wie nur möglich mitnehmen zu wollen – verbietet sich jedoch auch für viele der Flüchtlinge eine legale Ausreise (mit der die vietnamesische Regierung sich in ihrer Vereinbarung mit dem Hochkommissar der Vereinten Nationen für Flüchtlingsfragen im Mai 1979 einverstanden erklärt hat). Ein Teil des Vermögens der Flüchtlinge stammt nämlich aus Kriegsprofiten, ein anderer aus Spekulationsgewinnen mit Reis und anderen lebenswichtigen Gütern noch nach 1975; er ist zumeist in Gold, Edelsteinen und Devisen angelegt. Die Ausfuhrbestimmungen Vietnams würden diese Flüchtlinge dazu zwingen, den größten Teil ihres Vermögens im Lande zu lassen: da sie ja über seinen legalen Erwerb zumeist keine Rechenschaft ablegen können. So bleibt ihnen, wollen sie es mitnehmen, nur die risikoreiche Flucht über das Meer. Es ist ja wohl kein Zufall, daß die Boote und Schiffe der vietnamesischen Flüchtlinge Piraten anlocken, wie Honigtöpfe Fliegen: die Piraten des südchinesischen Meeres wissen nur zu gut, wo es etwas zu holen gibt. Soll man, weil diese Menschen für ihr oft durch zweifelhafte Geschäfte gemachtes Geld, für die Rettung ihrer bisherigen Lebensformen ihr eigenes Leben und das ihrer Frauen und Kinder aufs Spiel setzen, von Vietnam fordern, ihnen ihr zum Teil erpreßtes oder ergaunertes Vermögen in Gold und Devisen ins Ausland mitzugeben? Kein Land in einer so schlechten Wirtschaftslage wie Vietnam würde das tun. Auch in der BRD gab es ja 1945 strenge Ausfuhrbestimmungen für Gold und Devisen.

Hinüberrettung der eigenen tradierten Lebensformen und eines Startkapitals, Flucht vor den Härten des Lebens in Vietnam und vor dem Verlust der eigenen privilegierten sozialen Stellung, das sind die Motive der meisten Flüchtlinge von heute, die eigentlich Auswanderer sind. Wie die Auswanderer im 18. Jahrhundert nach Amerika, die auch ihre eigenen Lebens- und Glaubensformen hinüberretten wollten (und von denen auf den Cholera- und Skorbutschiffen oft auch nur die Hälfte drüben ankam) nehmen sie Risiken in Kauf; viele sogar ein Risiko von 1:1, einen endgültigen Bestimmungsort lebend zu erreichen. Aus diesem tragischen Sachverhalt ein Holocaust, ein Auschwitz, eine Endlösung zu konstruieren, ist nicht nur verlogen, sondern dumm. Wie der Dieb, der selber »Haltet den Dieb« schreit, versuchen die USA und die VR China, die bis heute noch die Fluchtbewegung in Vietnam anheizen (vor allem durch Rundfunksendungen), vor ihrer eigenen Hauptverantwortlichkeit für diese Flucht durch eine von ihnen angezettelte antivietnamesische Kampagne abzulenken. Die USA versuchen damit zugleich, ihren Krieg nachträglich als notwendig zu rechtfertigen und ihr ramponiertes Image damit wiederaufzupolieren. Gleichzeitig wird propagandistisch der Boden vorbereitet für eine weitere chinesische Invasion Vietnams. Eine historische Studie würde wahrscheinlich zeigen, daß Flucht und Emigration nach andern Revolutionen (angefangen mit der französischen 1789) ähnliche Ursachen hatten – und ähnliche Kampagnen provozierten.

Neben dieser Hauptverantwortung für Flucht und Auswanderung gibt es auch Fehler in der Durchführung der notwendigen gesellschaftlichen und wirtschaftlichen Veränderungen in Vietnam, Bürokratismus, unnötige Verdächtigungen, Korruption. Ich habe in diesem Reisebericht auf einige solcher Mißstände hingewiesen. Sie werden, so hoffe ich, in Zukunft seltener werden können. Ganz vermeiden lassen sie sich nicht. Bei jeder Revolution macht man sich die Hände schmutzig. Auf der Höhe seiner erhabenen Moral bleibt nur derjenige, der nichts verändern will. Aber jeder Revolutionär sollte sich bewußt bleiben, daß er Ungerechtigkeiten begeht, daß er Leid verursacht, notwendiges und überschüssiges – und sich darüber nicht hinwegzulügen suchen in eine bonbonfarbene Selbstgerechtigkeit. Ein solches Bewußtsein der eigenen Verantwortung ist zugleich die Bedingung dafür, das Ausmaß der Härten und Ungerechtigkeiten in Zukunft zu verringern. Georg Lukács hat einmal gesagt, jeder Revolutionär sei für alle Opfer mitverantwortlich, die die kommunistische Weltbewegung durch die von ihr gemachte Revolution fordert; wie aber auch jeder, der sich aus ihr heraushält, für alle Opfer verantwortlich sei, die dadurch entstünden, daß die nötigen Veränderungen unterbleiben. Es gibt Politiker innerhalb der kommunistischen Weltbewegung, die sich dieses Dilemmas bewußt sind und es trotzdem auf sich genommen haben. So hat Janos Kádár 1956 die sowjetische Armee zur Hilfe gerufen, um zu verhindern, daß Ungarn aus dem sozialistischen Lager herausgebrochen und zur Beute der Konterrevolution wird; er hat sich – und seine Politik – danach aber konsequent zum Exponenten der Wiederherstellung der im Stalinismus mit Füßen getretenen Menschen- und Freiheitsrechte gemacht: bis zur Grenze dessen, was die Verhältnisse zuließen. (Vom – auch nach kommunistischen Maßstäben meiner Meinung nach ungerechtfertigten – Einmarsch der Warschauer-Pakt-Staaten in die CSSR (1968) und die daran anschließende »Normalisierung« läßt sich ähnliches leider nicht berichten.) Ich habe jedoch keinen Grund, daran zu zweifeln, daß auch die politischen Verantwortlichen Vietnams zu einem solchen, die Menschenrechte sichernden Wege finden werden. Ihnen und alldenen, die die Mühen des Wiederaufbaus Vietnams auf sich nehmen, gehört weiterhin meine Solidarität: wie den Opfern des Krieges und der Revolution (den Schuldigen wie den Unschuldigen) und so auch den Flüchtlingen und ihrem Leid mein Mitgefühl und meine Unterstützung gehört, soweit meine Kraft auch dazu noch reicht.

Ganz am Ende dieses Buches hat sein Leser aber noch Anspruch auf eine Information, die mich mit Freude und Hoffnung erfüllt: meine Intervention für meinen Freund Bui Tuong Huan bei Ministerpräsident Pham van Dong, von der in diesem Bericht die Rede ist, hatte Erfolg: vor einer Woche erhielt ich von Phuong, Huans Frau, die in den Vereinigten Staaten lebt, einen Brief, der mich von Huans Entlassung aus dem Umerziehungslager in Kenntnis setzte. Er lebt jetzt bei seinem Schwager Nguyen van Huong in Ho-Chi-Minh-Stadt, den ich dort besuchen konnte. Wenn Huan ein Einreisevisum in die USA bekommt, wird er schon bald mit seiner Frau und seinen Kindern vereint sein. Zieht er es jedoch vor, in Vietnam zu bleiben, so werden diese, so hoffe ich, dorthin zurückkehren können.

Personenverzeichnis

Organisationen, Behörden etc.:

Von Georg W. Alsheimer
erschien im Suhrkamp Verlag

Vietnamesische Lehrjahre. Bericht eines Arztes aus Vietnam 1961 bis 1967. Vorwort von Wolfgang Fritz Haug. Zweite verbesserte Auflage mit einem Nachbericht von 1972. 1972. 488 S. *suhrkamp taschenbuch* Band 73

st 564 Jorge Semprun
Der zweite Tod des Ramón Mercader
Roman
Aus dem Französischen von Gundl Steinmetz
392 Seiten
Diese Spionagegeschichte dient dazu, die politische Gegenwart aus der inneren Perspektive von Menschen vorzuführen, für die Existieren und politisches Engagement gleichbedeutend sind.
»Man kommt von der Lektüre nicht los. Denn Sempruns Erzählweise, die Leuchtkraft und Treffsicherheit seiner bildstarken Sprache überzeugen und reißen jeden Leser bis zum dramatischen Ende der Geschichte mit.«
Peter Jokostra

st 565 Dorothea Zeemann
Einübung in Katastrophen
Leben von 1913–1945
168 Seiten
»Vom Widerstand als Begriff oder Kategorie, von Schuld und Gewissen mag ich nicht reden. Es ging bei uns um die Praxis des Überlebens ... Das Problem war: Überleben – und neugierig war ich auch. Neugierig bin ich noch immer auf das, was ich erlebt habe, denn ich weiß noch immer nicht, wie es zuging: Das ist es, was mich zum Schreiben zwingt.«

st 566 Wolfgang Utschick
Die Veränderung der Sehnsucht
Erzählung
168 Seiten
Die Geschichte eines in der Nachkriegszeit Aufgewachsenen wird zur Biographie einer Generation, die seit den studentischen Unruhen dem patriarchalischen Alptraum zu entkommen versucht. Utschick ist in dem Kampf um die Wahrnehmung anderer Welten und um die Rettung der eigenen die Phantasie nicht ausgegangen. Diesen Kampf, von dem *Die Veränderung der Sehnsucht* in einer schönen Verbindung von Eigensinn und Einsicht erzählt, lesend zu verfolgen, macht Spaß – und Mut.

st 567 Karin Struck
Lieben
Roman
452 Seiten
Dies ist ein Buch über die Liebe und ihre Nähe zum Tod – ein Bericht über erotische Erfahrungen von Menschen und ein Roman der Entwicklung einer Frau im dreißigsten Jahr. ». . . ein Psychogramm gegenwärtiger Umbrüche im Selbstverständnis der Frauen – ein Psychogramm der rebellischen Unruhe. Deshalb wird sich *Lieben* vielleicht in absehbarer Zeit schon wie ein Dokument für den weiblichen Aufbruch der siebziger Jahre lesen lassen.«
Beatrice von Matt, Neue Zürcher Zeitung

st 568 Bernard von Brentano
Berliner Novellen
Mit Illustrationen nach Linolschnitten von Clément Moreau
96 Seiten
In dieser 1934 erstmals erschienenen Sammlung erzählt der Autor die Geschichte des sechsjährigen Rudi, eines angeblichen Attentäters, er erzählt die Geschichte eines außerordentlichen Mädchens (»Von der Armut der reichen Leute«), eines Straßenmusikanten (»Der Mann ohne Ausweis«). Er sieht Zusammenhänge dort, wo Zeitungen Berichte bieten. Arbeiter, Arbeiterinnen, Bettler treten auf, aber auch das Berlin der Bankhäuser und des Geldes. Klaus Michael Grüber entdeckte die Novelle »Rudi« für eine Inszenierung durch die *Schaubühne am Halleschen Ufer* im Berliner *Hotel Esplanade*.

st 569
Der große Charlie
Eine Biographie des Clowns
von Robert Payne
Deutsch von Jakob Moneta und Werner Koch
Mit einem Nachwort von Werner Koch
276 Seiten
Woher kommt der Clown? Wohin geht er? Was bedeutet seine Maske? Welche Räume hat er durchstreift, um auf die Erde zu kommen? »Clown sein«, sagt Chaplin, »ist eine Sache, über die man verzweifeln kann.«
»Dieses Buch gehört zu den besten, die bisher über Charlie Chaplin geschrieben wurden.«
Saturday Review of Literature

st 570 Stanisław Lem
Der Schnupfen
Kriminalroman
Autorisierte Übersetzung aus dem Polnischen von Klaus Staemmler
Phantastische Bibliothek Band 33
202 Seiten
Eine Serie von mysteriösen Todesfällen beschäftigt die italienische Polizei. In einem süditalienischen Badeort verschwinden oder sterben fast ein Dutzend Kurgäste. Sie alle sind Ausländer, es sind ausnahmslos Männer mittleren Alters. Den Verdacht auf Selbstmord muß man nach genauem Aktenstudium und Befragen der Angehörigen in den meisten Fällen ausklammern. Und was soll man davon halten, wenn ein ehemaliger Champion im Crawlen im seichten Strandgewässer ertrinkt?

st 571 ›Quarber Merkur‹
Aufsätze zur Science-fiction und Phantastischen Literatur
Herausgegeben von Franz Rottensteiner
Phantastische Bibliothek Band 34
262 Seiten
Aus dem ›Quarber Merkur‹, einer der unbekanntesten wie einflußreichsten Amateurzeitschriften zur Science-fiction, werden hier die interessantesten Artikel vorgestellt. Neben literaturtheoretischen Abhandlungen und Übersichten stehen Einzeldarstellungen zu wichtigen Autoren der utopisch-phantastischen Literatur wie George Orwell, Jean Ray, Stanisław Lem u. a. Einige der scharfsinnigsten Aufsätze von Stanisław Lem, wie z. B. »Roboter in der Science-fiction«, sind ebenfalls in dem Band enthalten.

st 572 Hermann Broch
Gedichte
Kommentierte Werkausgabe, herausgegeben von Paul Michael Lützeler
Band 8
232 Seiten
»Die Motive der menschlichen Aufrüttelung, Verwandlung und Läuterung durch den lebenbegleitenden Tod sind kennzeichnend für Brochs lyrische Dichtung. Die Spannweite der Formen reicht dabei vom karikaturistischen Couplet bis zur gehobenen Elegie.« *Erich von Kahler*

st 574 Materialien zu Rainer Maria Rilkes
›Duineser Elegien‹
Herausgegeben von Ulrich Fülleborn und Manfred Engel
Erster Band: Selbstzeugnisse
416 Seiten
Dieser Teil einer dreibändigen Materialsammlung zu den *Duineser Elegien* belegt umfassend die krisenreiche äußere und innere Entstehungsgeschichte von Rilkes lyrischem Hauptwerk und enthält alle Selbstdeutungen des Dichters. Die folgenden beiden Bände der *Materialien* werden die allgemeine und wissenschaftliche Rezeption der *Duineser Elegien* bis zur Gegenwart dokumentieren.

st 575 Christiane Rochefort
Eine Rose für Morrison
Roman
Aus dem Französischen von Eugen Helmlé
230 Seiten
Eine Rose für Morrison – das heißt nichts anderes als eine Huldigung für Norman Morrison, der sich aus Protest gegen den Krieg in Vietnam vor dem Pentagon in Washington verbrannte. Der Roman handelt vom Aufstand der Jugend gegen eine Welt, die das Falsche, das Gemeine, das Verbrecherische von ihr verlangt.
»Das Buch stellt einen imponierenden Versuch dar, die Materialien der Zeitstimmung in den Roman einzubringen. Und zugleich plädiert er für das elementare Recht des Jungen, des Neuen, des Kommenden, sich zu verwirklichen.« *Heinrich Vormweg*

st 576 Felix Philipp Ingold
Literatur und Aviatik
Europäische Flugdichtung 1909–1927
Mit einem Exkurs über die Flugidee in der modernen Malerei und Architektur
Mit zahlreichen Abbildungen
510 Seiten
Der vorliegende Band will für den Zeitraum, der durch Blériots Kanalüberquerung und Lindberghs Ozeanflug markiert ist, die Wechselbeziehungen zwischen den »zwei Kulturen«, zwischen den »geistigen« und den »praktischen Erneuerern« (Musil) aufzeigen, belegen und deuten. »Anordnung und Präsentation des Stoffes sind in ebenso geschickter wie überzeugender Weise bewerkstelligt. Der

Autor ist zu seinem Werk zu beglückwünschen, das vom Thema her als völlig neu gelten darf und dessen Materialfülle immens ist.« *Robert Minder*

st 577 Fritz Rudolf Fries
Das nackte Mädchen auf der Straße
Erzählungen
186 Seiten
Der Band versammelt eine Auswahl der besten Erzählungen von Fritz Rudolf Fries aus den fünfzehn Jahren, von 1959 bis 1974. »Die Geschichten dieses ungewöhnlich phantasiebegabten, an Jean Paul und Marcel Proust geschulten Autors sind nachträgliche Entfaltungen kleiner, im allgemeinen Getriebe kaum oder gar nicht beachteter Begebenheiten, in denen wie in jedem Menschen ein Kern von Unverwechselbarkeit steckt. Jede dieser Geschichten hebt einen solchen ungeschliffenen Diamanten und bringt ihn, geschliffen, zum Glänzen ans Licht.«
Gisela Lindemann, Norddeutscher Rundfunk

st 578 E. Y. Meyer
Die Rückfahrt
Roman
428 Seiten
»E. Y. Meyers Roman *Die Rückfahrt* ist ein Werk von außerordentlicher Gedankenfülle und Gedankendichte, eines der wenigen Bücher der Gegenwartsliteratur, die man zwei- und dreimal wird lesen wollen.«
Aargauer Tagblatt

st 579 Arthur Koestler
Die Nachtwandler
Die Entstehungsgeschichte unserer Welterkenntnis
Einzig berechtigte Übertragung aus dem Englischen von Wilhelm Michael Treichlinger
Deutsche Fassung vom Autor überarbeitet und genehmigt
560 Seiten
In dieser Darstellung der Geschichte der Astronomie entwickelt Koestler ein Bild der sich im Laufe der Jahrhunderte wandelnden Anschauungen des Menschen vom Weltall und vermittelt gleichzeitig einen Überblick über die Geschichte des menschlichen Denkens schlechthin. Damit wird ein Thema von größter Aktualität aufgegriffen, nämlich die Suche nach den Ursachen des geistigen Dilemmas unserer Zeit, wie es sich in dem immer ausgepräg-

teren Antagonismus zwischen wissenschaftlichem und philosophischem Denken manifestiert.

st 580 Hans Eppendorfer
Der Ledermann spricht mit Hubert Fichte
Nachwort von Herbert Jäger
224 Seiten
Als Hubert Fichte Hans Eppendorfer das erste Mal traf, war Eppendorfer gerade aus dem Gefängnis entlassen. Mit 17 Jahren hatte er eine Frau umgebracht. Warum? Jahre, nachdem Eppendorfer das Gefängnis verlassen hat, spricht Fichte erneut mit ihm.
»Ohne den unerschrockenen Versuch, in das große Dunkelfeld der Erkenntnis menschlicher Grausamkeit, ihrer Ursachen und Erscheinungsformen, hineinzuleuchten, wird es kaum möglich sein, mit Aggressivität differenziert umgehen zu lernen und Grausamkeit wirklich einzudämmen.« *Herbert Jäger in seinem Nachwort*

st 581 Alexander Trocchi
Die Kinder Kains
Aus dem Englischen übersetzt von Wulf Teichmann
232 Seiten
Das Buch von Joe, dem Junkie, der auf einem Schleppkahn im New Yorker Hafen lebt, dessen Welt sich bevölkert mit all denen, die die Gesellschaft exiliert hat. Einzige Verbindung zur »Gesellschaft« ist die Polizei. *Die Kinder Kains* ist neben *The Naked Lunch* von William Burroughs das bedeutendste Zeugnis der jüngeren amerikanischen Rauschgiftliteratur.

st 583 Jörg Steiner
Ein Messer für den ehrlichen Finder
Roman
196 Seiten
José Claude Ledermann – genannt Schose – sucht früh den Ausweg aus den häuslichen Verhältnissen. Er möchte Radfahrer werden, aber ein Unfall macht die Hoffnungen zunichte. Aus dem Krankenhaus entlassen, muß er erleben, daß ein Schulkamerad sein Rad verkauft hat. Schose sticht ihn mit dem Taschenmesser nieder und muß für Jahre in die Erziehungsanstalt. Nach seiner Entlassung findet er Arbeit auf einem Frachtkahn. Aber es bleibt ungewiß, ob es ihm gelingt, endlich Fuß zu fassen.

st 584 Manuel Scorza
Trommelwirbel für Rancas
Eine Ballade
Aus dem Spanischen von Wilhelm Plackmeyer
276 Seiten
Eine Ballade, die von der Macht der Mächtigen und der Ohnmacht der Armen in Peru erzählt. Scorca führt den Leser in die grausigen Verhältnisse ein, in die in den Zentral-Anden gelegenen Dörfer, die auf keiner Karte verzeichnet sind, es sei denn auf denen der Militäreinheiten, die im Sinne ihrer Befehlshaber das Elend bestimmten und schließlich die Dörfer auslöschten um eines Reingewinns willen.

st 585 Herbert W. Franke
Zone Null
Roman
Phantastische Bibliothek Band 35
190 Seiten
Stellen Sie sich vor: Zwei Supermächte haben sich nach einem atomaren Konflikt in völlige Isolation zurückgezogen. Nach Jahrhunderten bricht eine Expedition auf, stößt durch das verseuchte Niemandsland – die Zone Null – in das Gebiet des ehemaligen Gegners vor. Die fremdartige Umwelt übt auf die Expeditionsteilnehmer eine seltsame Faszination aus. Es gibt keine Brücke mehr zueinander für die beiden Kulturen, es sei denn um den Preis der Selbstaufgabe.

st 587 Dieter Kühn
Josephine
Aus der öffentlichen Biographie der Josephine Baker
Mit Abbildungen
164 Seiten
»Über das ›schwarze Idol‹ Josephine Baker entstand mit Kühns straffer und kluger Sprache ein Porträt, dessen eindeutig abenteuerliche Züge nicht der leisen Tragik entbehren. Kühn läßt die ›öffentliche Biographie‹ dieses Erfolgsgirls und die kritischen Fragen im Zusammenhang damit ein formal und stilistisch raffiniertes Mosaik werden. Der Leser wird keinen Augenblick aus dieser vergnüglich-ernsten Spannung entlassen.« *Imprint*

st 588 José Maria Arguedas
Die tiefen Flüsse
Roman
Aus dem Spanischen übertragen von Susanne Heintz
296 Seiten
»Der Erzähler Ernesto, ein Sohn von Weißen, ist unter Indios aufgewachsen und später in die Welt der Weißen zurückgekehrt. Er paßt sich nicht an, bleibt Einzelgänger und evoziert so die tragische Opposition zweier Welten, die sich nicht kennen, ablehnen und nicht einmal in seiner eigenen Person schmerzlos miteinander leben können.«
Mario Vargas Llosa

st 589 Basis. Jahrbuch für deutsche Gegenwartsliteratur
Band 10
Herausgegeben von Reinhold Grimm und Jost Hermand
272 Seiten
Mit Beiträgen von Jost Hermand, Horst Denkler, Helga Geyer-Ryan, Wolfram Malte Fues, Dieter Kafitz, Frank Trommler, Ulrich Profitlich, Ralf Schnell, Peter Uwe Hohendahl, u. a. Ohne methodisch festgelegt zu sein, sucht *Basis* eine Literaturbetrachtung zu fördern, die an der materialistischen Grundlage orientiert ist.

st 590 Reinhold Schneider
Die Hohenzollern
Tragik und Königtum
Herausgegeben mit einem Nachwort von
Wolfgang Frühwald
Mit Abbildungen
304 Seiten
Es geht in diesem Buch nicht um den Anspruch der Hohenzollern, sondern um einen unbezweifelbaren Auftrag an ein Geschlecht, eine Landschaft, eine Zeit. Anliegen dieses Buches ist: Ehrfurcht vor der Geschichte, dem Gewesenen überhaupt.

st 591 Milan Kundera
Abschiedswalzer
Roman
Aus dem Tschechischen von Franz Peter Künzel
248 Seiten

Der Blick fällt auf ein Badestädtchen, dessen Reichtum die Quellen sind, die Frauen von Unfruchtbarkeit heilen. Ružena ist das Mißgeschick passiert, das für die übrigen Kurgäste das langersehnte Glück wäre: sie ist schwanger. Figuren verschlingen sich, Paare lösen sich auf und gehen neue, unerwartete Verbindungen ein.
»*Abschiedswalzer* ist nichts anderes als eine brillante Prosakomödie, eine Mischung aus Feydeau und Schnitzlerschem *Reigen*, von satirischer Groteske und ideologiekritischer Scharfsichtigkeit.«

Der Tagesspiegel, Berlin

st 593 Zehn Gebote für Erwachsene
Texte für den Umgang mit Kindern
Zusammengestellt und mit einem Nachwort versehen von Leonhard Froese
224 Seiten
Diese Sammlung geht von zehn Postulaten aus, die der Herausgeber zum *Internationalen Jahr des Kindes* der Öffentlichkeit übergeben hat. Sie ordnet diesen Postulaten bedeutende Aussagen namhafter Autoren und Schriften der Antike, des Mittelalters und der Neuzeit zu. Dabei fällt auf, daß Äußerungen weit auseinanderliegender Zeiten und Räume häufig nicht nur dem Wortsinn, sondern gelegentlich auch der Aussageform nach übereinstimmen.

st 594 Jan Józef Szczepański
Vor dem unbekannten Tribunal
Fünf Essays
Aus dem Polnischen übersetzt und erläutert
von Klaus Staemmler
160 Seiten
»... was ich jetzt schreibe, ist ein weiterer Versuch, das Schweigen zu durchbrechen, in das uns unsere kleingläubige Schwäche versetzt hat.« Dieses Zitat aus Szczepańskis »Brief an Julian Stryjkowski« könnte als Motto über den fünf Essays stehen, die dieser Band versammelt. Das Schweigen (aus Feigheit oder Dummheit) läßt Unrecht und Unmenschlichkeit zu. Jede Stimme, die es zu durchbrechen sucht, ist ein nicht zu überhörender Appell und ein Nachweis der Humanität.

st 595 Ödön von Horváth
Geschichten aus dem Wiener Wald
Ein Film von Maximilian Schell
Mit zahlreichen Abbildungen
160 Seiten
Zur Uraufführung des Maximilian-Schell-Films »Geschichten aus dem Wiener Wald« nach dem Volksstück von Ödön von Horváth liegt dieser Band mit dem Drehbuch von Christopher Hampton und Maximilian Schell und zahlreichen Fotos des 1978 in Wien und Umgebung entstandenen Films vor, der den Entstehungsprozeß des Films dokumentiert.

st 596 Hans-Georg Gadamer, Jürgen Habermas
Das Erbe Hegels
Zwei Reden aus Anlaß des Hegel-Preises
104 Seiten
»Niemand sollte für sich in Anspruch nehmen, ausmessen zu wollen, was alles in der großen Erbschaft des Hegelschen Denkens auf uns gekommen ist. Es muß einem jeden genügen, selber Erbe zu sein und sich Rechenschaft zu geben, was er aus dieser Erbschaft angenommen hat.«
Hans-Georg Gadamer

st 597 Wilhelm Korff
Kernenergie und Moraltheologie
Der Beitrag der theologischen Ethik zur Frage
allgemeiner Kriterien ethischer Entscheidungsprozesse
104 Seiten
Die vorliegende Studie ist einer konkreten Herausforderung entsprungen. Im Entscheidungskonflikt um das Projekt eines Kernkraftwerks in Wyhl/Oberrhein wurde der theologische Ethiker um eine Stellungnahme angegangen. Da die gegenwärtige ethische Theorie wenig Strategien hinlänglicher Leistungsfähigkeit bereitstellt, wandte sich der Verfasser den tradierten Modellen zu, um ihnen mögliche Gesichtspunkte abzugewinnen.

st 628 Georg W. Alsheimer
Eine Reise nach Vietnam
224 Seiten
Alsheimer kehrt in seine »Wahlheimat« zurück. Die Narben des amerikanischen Alptraums sind noch allgegen-

wärtig. So gerät die Konfrontation des Damals mit dem Heute zunächst zu einem Verfolgungswahn. Erst als er durch das Vertrauen seiner Freunde das Damals mit dem Heute verknüpfen kann, verwandeln sich in dieser Krise seines politischen Credos die gläubigen Visionen in einen gemäßigten, kritischen Optimismus. Den Prozeß, der zu dieser Einsicht führte, protokolliert Alsheimer in diesem Reisetagebuch. Alsheimers *Vietnamesische Lehrjahre* liegen als st 73 vor.

st 629 Wie der Teufel den Professor holte
Science-fiction-Erzählungen aus POLARIS 1
Phantastische Bibliothek Band 37
132 Seiten
Der Band enthält Erzählungen von Stanisław Lem, Gérard Klein, Kurd Laßwitz, Fitz-James O'Brien, Vladimir Colin.

st 630 Das Mädchen am Abhang
Science-fiction-Erzählungen aus POLARIS 2
Phantastische Bibliothek Band 38
178 Seiten
Der Band enthält Erzählungen von Wadim Schefner, Sewer Gansowski, Arkadi und Boris Strugatzki, Ilja Warschawski.

st 631 Der Weltraumfriseur
Science-fiction-Erzählungen aus POLARIS 3
Phantastische Bibliothek Band 39
144 Seiten
Der Band enthält Erzählungen von Josef Nesvadba, Gerd Ulrich Weise, Sven Christer Swahn, Vladimir Colin, Frigyes Karinthy.

st 632 Die Büßerinnen aus dem Gnadenkloster
Phantastische Erzählungen aus PHAÏCON 2
Herausgegeben und mit einem Vorwort von
Rein A. Zondergeld
Phantastische Bibliothek Band 40
122 Seiten
Der Band enthält Erzählungen von Joseph Sheridan Le Fanu, Erckmann-Chatrian, Jean-Louis Bouquet, Julio Cortázar, Manfred Wirth, Jörg Krichbaum.

Alphabetisches Gesamtverzeichnis der suhrkamp taschenbücher

Achternbusch, Alexanderschlacht 61
– Die Stunde des Todes 449
– Happy oder Der Tag wird kommen 262
Adorno, Erziehung zur Mündigkeit 11
– Studien zum autoritären Charakter 107
– Versuch, das ›Endspiel‹ zu verstehen 72
– Versuch über Wagner 177
– Zur Dialektik des Engagements 134
Aitmatow, Der weiße Dampfer 51
Alegría, Die hungrigen Hunde 447
Alfvén, Atome, Mensch und Universum 139
– M 70 – Die Menschheit der siebziger Jahre 34
Allerleirauh 19
Alsheimer, Eine Reise nach Vietnam 628
– Vietnamesische Lehrjahre 73
Alter als Stigma 468
Anders, Kosmologische Humoreske 432
v. Ardenne, Ein glückliches Leben für Technik und Forschung 310
Arendt, Die verborgene Tradition 303
Arlt, Die sieben Irren 399
Arguedas, Die tiefen Flüsse 588
Artmann, Grünverschlossene Botschaft 82
– How much, schatzi? 136
– Lilienweißer Brief 498
– The Best of H. C. Artmann 275
– Unter der Bedeckung eines Hutes 337
v. Baeyer, Angst 118
Bahlow, Deutsches Namenlexikon 65
Balint, Fünf Minuten pro Patient 446
Ball, Hermann Hesse 385
Barnet (Hrsg.), Der Cimarrón 346
Basis 5, Jahrbuch für deutsche Gegenwartsliteratur 276
Basis 6, Jahrbuch für deutsche Gegenwartsliteratur 340
Basis 7, Jahrbuch für deutsche Gegenwartsliteratur 420
Basis 8, Jahrbuch für deutsche Gegenwartsliteratur 457
Basis 9, Jahrbuch für deutsche Gegenwartsliteratur 553
Basis 10, Jahrbuch für deutsche Gegenwartsliteratur 589
Beaucamp, Das Dilemma der Avantgarde 329
Becker, Jürgen, Eine Zeit ohne Wörter 20
Becker, Jurek, Irreführung der Behörden 271
– Der Boxer 526
Beckett, Das letzte Band (dreisprachig) 200
– Der Namenlose 536
– Endspiel (dreisprachig) 171
– Glückliche Tage (dreisprachig) 248
– Malone stirbt 407
– Molloy 229
– Warten auf Godot (dreisprachig) 1
– Watt 46
Das Werk von Beckett. Berliner Colloquium 225
Materialien zu Becketts »Godot« 104
Materialien zu Becketts »Godot« 2 475
Materialien zu Becketts Romanen 315
Benjamin, Der Stratege im Literaturkampf 176
– Illuminationen 345
– Über Haschisch 21
– Ursprung des deutschen Trauerspiels 69
Zur Aktualität Walter Benjamins 150
Bernhard, Das Kalkwerk 128
– Der Kulterer 306
– Frost 47
– Gehen 5
– Salzburger Stücke 257
Bertaux, Mutation der Menschheit 555
Bierce, Das Spukhaus 365
Bingel, Lied für Zement 287
Bioy Casares, Fluchtplan 378
– Schweinekrieg 469
Blackwood, Besuch von Drüben 411
– Das leere Haus 30
– Der Griff aus dem Dunkel 518
Bloch, Spuren 451
– Atheismus im Christentum 144
Börne, Spiegelbild des Lebens 408
Bond, Bingo 283
– Die See 160
Brasch, Kargo 541
Braun, Das ungezwungne Leben Kasts 546
– Gedichte 499
– Stücke 1 198
Brecht, Frühe Stücke 201
– Gedichte 251
– Geschichten vom Herrn Keuner 16
– Schriften zur Gesellschaft 199
Brecht in Augsburg 297
Bertolt Brechts Dreigroschenbuch 87
Brentano, Berliner Novellen 568
– Prozeß ohne Richter 427
Broch, Barbara 151
– Dramen 538
– Gedichte 572
– Massenwahntheorie 502
– Philosophische Schriften 1 u. 2 2 Bde. 375
– Politische Schriften 445
– Schlafwandler 472
– Schriften zur Literatur 1 246
– Schriften zur Literatur 2 247
– Schuldlosen 209
– Tod des Vergil 296
– Unbekannte Größe 393
– Verzauberung 350
Materialien zu »Der Tod des Vergil« 317
Brod, Der Prager Kreis 547
– Tycho Brahes Weg zu Gott 490
Broszat, 200 Jahre deutsche Polenpolitik 74
Brude-Firnau (Hrsg.), Aus den Tagebüchern Th. Herzls 374
Büßerinnen aus dem Gnadenkloster, Die 632
Bulwer-Lytton, Das kommende Geschlecht 609
Buono, Zur Prosa Brechts. Aufsätze 88
Butor, Paris–Rom oder Die Modifikation 89
Campbell, Der Heros in tausend Gestalten 424
Carossa, Ungleiche Welten 521
Über Hans Carossa 497
Carpentier, Explosion in der Kathedrale 370
– Krieg der Zeit 552
Celan, Mohn und Gedächtnis 231
– Von Schwelle zu Schwelle 301
Chomsky, Indochina und die amerikanische Krise 32
– Kambodscha Laos Nordvietnam 103
– Über Erkenntnis und Freiheit 91
Cioran, Die verfehlte Schöpfung 550
– Vom Nachteil geboren zu sein 549
Claes, Flachskopf 524